U0583569

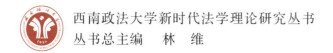

西南政法大学新时代法学理论研究丛书

丛书总主编　林　维

Corporate Resolution System
in the Era
of the Civil Code

《民法典》时代的
公司决议制度

吴飞飞　著

社会科学文献出版社

SOCIAL SCIENCES ACADEMIC PRESS (CHINA)

西南政法大学新时代法学理论研究丛书
编辑委员会

主　　任：樊　伟　林　维

副 主 任：李　燕

委　　员：刘　革　赵　骏　张晓君　周尚君　王怀勇
　　　　　胡尔贵　石经海　张　力　张吉喜　张　震
　　　　　陈　伟　陈如超　赵　吟　段文波　徐以祥
　　　　　黄　忠

主　　编：林　维

执行主编：李　燕　周尚君　张　震

总　序

　　党的二十大报告指出，"深入实施马克思主义理论研究和建设工程，加快构建中国特色哲学社会科学学科体系、学术体系、话语体系，培育壮大哲学社会科学人才队伍"。哲学社会科学是推动历史发展和社会进步的重要力量。习近平总书记在哲学社会科学工作座谈会上的讲话谈道："人类社会每一次重大跃进，人类文明每一次重大发展，都离不开哲学社会科学的知识变革和思想先导。"法学学科作为哲学社会科学的重要组成部分，承担着培养法治人才、产出法学成果、服务经济社会发展的重要职责。法学学科建设离不开法学理论研究的高质量发展。中共中央办公厅、国务院办公厅《关于加强新时代法学教育和法学理论研究的意见》提出要"创新发展法学理论研究体系"，这是新时代对法学理论研究工作提出的要求，也是广大法学工作者投身理论研究事业的使命。

　　作为新中国最早建立的高等政法学府之一、全国法学教育研究重镇的西南政法大学，自1950年成立以来，一直将法学理论研究作为事业发展基础，并取得了丰硕的研究成果。法学理论研究是推动中国法学教育发展的事业，是服务中国法治实践的事业，也是丰富中国特色哲学社会科学体系建设的事业。在党中央、国务院的坚强领导下，尤其是党的二十大以来，西南政法大学始终坚持以习近平新时代中国特色社会主义思想为指导，深入贯彻党的二十大精神和党中央决策部署，深学笃用习近平法治思想、总体国家安全观，全面贯彻党的教育方针，坚持扎根重庆、服务全国、放眼世界，坚持立德树人、德法兼修，发挥

1

法学特色优势，不断健全科研组织、壮大科研队伍，通过各个学院和各大研究机构团结带领本校科研骨干围绕中心、服务大局，在实施全面依法治国战略、新时代人才强国战略、创新驱动发展战略等方面持续做出西政贡献。

为深入贯彻党的二十大精神和习近平总书记在哲学社会科学工作座谈会上的重要讲话精神，具体落实中办、国办《关于加强新时代法学教育和法学理论研究的意见》要求，西南政法大学组织动员本校法学科研优秀骨干，发挥法学专家群体智慧和专业优势，编撰出版了"西南政法大学新时代法学理论研究丛书"。这套丛书具有四个鲜明特点：一是，自觉坚持把对习近平法治思想的研究阐释作为首要任务，加强对习近平法治思想的原创性概念、判断、范畴、理论的研究，加强对习近平法治思想重大意义、核心要义、丰富内涵和实践要求的研究；二是，紧紧围绕新时代全面依法治国实践，切实加强扎根中国文化、立足中国国情、解决中国问题的法学理论研究，总结提炼中国特色社会主义法治具有主体性、原创性、标识性的概念、观点、理论，构建中国自主的法学知识体系；三是，着力推动中华优秀传统法律文化创造性转化、创新性发展；四是，注重加强外国法与比较法研究，合理借鉴国外有益经验，服务推进全面依法治国实践。

出版这套丛书，希望能够为中国自主法学知识体系建设贡献西政智慧、西政方案、西政力量。2016年5月17日，习近平总书记在哲学社会科学工作座谈会上指出："一个没有发达的自然科学的国家不可能走在世界前列，一个没有繁荣的哲学社会科学的国家也不可能走在世界前列。坚持和发展中国特色社会主义，需要不断在实践和理论上进行探索、用发展着的理论指导发展着的实践。在这个过程中，哲学社会科学具有不可替代的重要地位，哲学社会科学工作者具有不可替代的重要作用。"2022年4月25日，习近平总书记在考察中国人民大学时深刻指出："加快构建中国特色哲学社会科学，归根结底是建构中国自主的知识体系。"这一重要论断深刻说明，对于构建中国特色哲学社会科学来说，建构中国自主知识体系既是根本基础又是必由之路。法学是哲学社会科学的重要支撑学科，是经世济民、治国安邦的大学问。西政是全国学生规模最大、培养法治人才最多的高等政法学府，师资队伍庞大、学科专业门类齐全，有条件、有义务、有使命走在中国自主法学知识体系建设的第一理论方阵。

　　是为序。

林　维

2024 年 7 月

目　录

引　言

一　问题的缘起

2017 年 3 月，第十二届全国人民代表大会第五次会议通过了《中华人民共和国民法总则》（以下简称《民法总则》），《民法总则》第 134 条第 2 款明确了公司决议的法律行为属性，公司决议与法律行为理论的"种属关系"得到了立法确认。2020 年 5 月，《中华人民共和国民法典》（以下简称《民法典》）出台，《民法典》总则编第 134 条第 2 款完全吸收了《民法总则》第 134 条第 2 款之规定，未作一字变动。公司决议作为民事法律行为"大家庭"的"新成员"，必将面临诸多"融入性"难题，这些难题会在法律适用层面不同程度地体现出来，于是笔者以"《民法总则》与公司决议制度适用对接问题研究"为题，申报了国家社会科学基金青年项目，试图对《民法典》总则编中的法律行为制度等总则性制度与公司决议制度的适用对接问题进行系统性研究。需要说明的是，尽管《民法典》总则编中的民事主体制度、法律行为制度、代理制度等多项制度与公司决议都有或多或少的联系，但是这些制度与公司决议的联系都是零星的、偶发的，缺乏系统性、体系性。法律行为制度则不然，其不仅关系公司决议的身份属性，还在宏观与具体两个层面对整套公司决议规则发挥一般法的指导、规范功能，具有系统性、体系性特点。有鉴于此，本书主要聚焦于《民法典》总则编的法律行为制度与公司决议规则的适用对接问题，对于其他制度与公司决议制度的适用对接问题尽管会有所论及，但是不作系统性展开。

公司决议本身是公司法上极为传统的研究领域，早在 21 世纪初，钱玉林教授、梁上上教授等学者就对股东会决议、股东表决权等公司决议相关问题作了专题性探讨。① 宋智慧、李志刚、赵金龙纷纷对公司决议作了跟进性专题研究。② 除了学术专著以外，有关公司决议的论文更是不胜枚举。然而，既往成果有一个共性，即基本是在比较纯粹的公司法视角探讨公司决议制度，公司决议与民法尤其是与法律行为理论之间千丝万缕的"种属关系"尚未被重视、挖掘。与之相应，此阶段决议行为作为一种法律行为类型的学术研究价值也尚未被民法学理论界所发觉。及至 2008 年浙江师范大学陈醇教授的《意思形成与意思表示的区别：决议的独立性初探》③ 一文刊出，决议行为的丰富学理内涵才开始被民商法学理论界所关注，此后有关决议行为的论著如雨后春笋般涌现出来。但此时，民商法学理论界主流观点认为，决议行为、公司决议属于团体的意思形成机制，并非一种独立的法律行为类型。也即，此时公司决议与民法法律行为理论之间一脉相承的理论联系仍旧未被真正察觉。

2015 年前后，法学理论界逐步认识到决议行为、公司决议与法律行为理论之间根深蒂固的"种属关系"，不断有文章探讨决议行为为何属于法律行为中的特殊法律行为或者团体法律行为。④《民法典》总则编"民事法律行为"一章第 134 条第 2 款规定："法人、非法人组织依照法律或者章程规定的议事方式和表决程序作出决议的，该决议行为成立。"该款旗帜鲜明地承认了决议行为、公司决议的法律行为属性，自此，有关公司决议究竟为何物的争论在立法论层面被暂时平息。

《民法典》总则编第 134 条将公司决议纳入民事法律行为"大家庭"后，引发一系列新的问题。最为核心的问题是，既往的公司决议制度并非

---

① 参见钱玉林《股东大会决议瑕疵研究》，法律出版社 2005 年版；梁上上《论股东表决权——以公司控制权争夺为中心展开》，法律出版社 2005 年版。

② 参见宋智慧《资本多数决：异化与回归》，中国社会科学出版社 2011 年版；李志刚《公司股东大会决议问题研究：团体法的视角》，中国法制出版社 2012 年版；赵金龙《股东民主论》，人民出版社 2013 年版。

③ 参见陈醇《意思形成与意思表示的区别：决议的独立性初探》，《比较法研究》2008 年第 6 期。

④ 参见王雷《我国民法典编纂中的团体法思维》，《当代法学》2015 年第 4 期；吴飞飞《决议行为与团体法"私法评价体系"构建研究》，《政治与法律》2016 年第 6 期。

直接在法律行为理论的指导下建立起来的，而公司决议纳入法律行为体系后，公司决议与法律行为理论、《民法典》总则编民事法律行为制度如何进行规范适配的问题变得尤为突出。一方面，公司决议进入法律行为体系中，会引发其他法律行为类型尤其是合同行为的强烈"排异反应"，使公司决议不断遭受"身份危机"；另一方面，《民法典》总则编中的民事法律行为制度及法律行为理论正式成为公司决议制度的"一般法"，对公司决议制度的适用与解释具有当然的适用性。进而言之，《民法典》总则编赋予公司决议法律行为身份属性后，《民法典》总则编中的民事法律行为制度等相关制度如何与公司决议制度在具体的法律适用中进行有效对接，成为《民法典》总则编、《中华人民共和国公司法》（以下简称《公司法》）及其后续将出台的司法解释都无法回避的现实问题，这也是本书的思路来源。

二　相关的主要研究命题

如问题的缘起部分所述，本书致力于解答的核心命题是，《民法典》总则编确认了公司决议的法律行为属性后，其民事法律行为制度及其法律行为理论与公司决议制度究竟应当如何具体适用对接。在此核心命题之下，本书致力于回应以下几个与核心命题紧密相关的问题。

（一）公司决议纳入民事法律行为体系的意义

民商法学理论界有关公司决议、决议行为法律属性的学术争议在近十年时间内格外激烈，其中尤以"意思形成说"与"法律行为说"之间的冲突最为激烈，《民法典》总则编的出台仍旧未消除"意思形成说"的"学术市场"。理论界当前有关公司决议属性的几种学说定性，具有一个显著的共同特点，即都试图从逻辑与法理层面对其定性，以满足公司决议定性的规范性需求。[1] 然而，对于公司决议不同定性在实质性意义层面的差异则鲜有关注。本书持公司决议"法律行为论"立场，认为公司决议定性的

---

[1] 参见陈醇《意思形成与意思表示的区别：决议的独立性初探》，《比较法研究》2008 年第 6 期；周淳《组织法视阈中的公司决议及其法律适用》，《中国法学》2019 年第 6 期；徐银波《决议行为效力规则之构造》，《法学研究》2015 年第 4 期；王雷《论民法中的决议行为——从农民集体决议、业主管理规约到公司决议》，《中外法学》2015 年第 1 期。

关键目的不在于求得逻辑上、法理上的无懈可击，而在于追求更加科学、完善的公司决议规则，达致更优的法律适用效果，甚至能够利用公司决议制度"反哺"民事法律行为制度。其实质性意义体现在两个层面。其一，《民法典》总则编民事法律行为制度中的若干制度及其理论确实可以有效填补公司决议制度的某些法律漏洞，促进后者更加科学化。如，《民法典》总则编中有关可撤销行为除斥期间的规定可以通过意思表示撤销规则的澄清，间接解释公司决议不成立的时效期间难题；民法法律行为无效理论可以用于限缩公司决议无效事由，维系公司决议治理的稳定性等。其二，《民法典》总则编中的民事法律行为制度系以合同规则为蓝本抽象提炼而来，中外民事法律行为制度概莫能外。① 公司决议纳入法律行为体系之后，其特有的程序规则、瑕疵意思表示撤销规则均可反哺民事法律行为制度，使法律行为理论获得新的理论与制度增长点。②

（二）公司决议的法理学基础

民商法学理论界之所以会在公司决议问题上存在如此之多的学术分歧，一个重要原因是公司决议的法理学基础研究空缺，公司决议制度的理论根源不明。因此，笔者试图在《民法典》总则编法律行为理论的体系框架下，以公司决议的法律行为定性为前提，从公司决议的伦理基础、核心工具价值、法教义学基础三个方面探究其法理学基础。并认为，公司决议的伦理基础是公共理性，即以公司的整体公共性利益为决策基点的团体理性哲学观；公司决议的核心工具价值是为公司科学决策谋求更高质量的"智识复合"，致力于协助公司作出最优决议方案；公司决议的法教义学基础是法人实在说。

（三）公司决议对《民法典》总则编民事法律行为制度及其理论的"反哺"意义

有关公司决议与法律行为制度的比较性研究，多数聚焦于对二者的共性、差异性的提炼，甚少思考公司决议的特殊性对于作为"一般法"的民

---

① 参见瞿灵敏《民法典编纂中的决议：法律属性、类型归属与立法评析》，《法学论坛》2017年第4期。

② 参见吴飞飞《决议行为"意思形成说"反思——兼论决议行为作为法律行为之实益》，《比较法研究》2022年第2期。

事法律行为制度有无"反哺"意义。公司决议的下述两个特性，引起了笔者对其"反哺"意义的思考。其一，根据意思表示瑕疵规则，在合同关系中，表意人可因其意思表示瑕疵而撤销合同并使之归于无效，在公司决议中，团体成员却不能因意思表示瑕疵而撤销整个决议，这到底是因为意思表示瑕疵规则本身亦有瑕疵，还是确如团体法领域学者所确信的决议有"排除"意思表示瑕疵规则适用的特殊之处，有待进一步深挖。其二，在个人法上，法律行为可撤销的致因是意思表示瑕疵；在公司法上，法律行为可撤销的致因却变为程序瑕疵。这不禁引人深思，程序是不是公司法等团体法行为所独有，法律行为理论是否本身蕴含程序理论？经由该两点的启发，笔者认为，法律行为的规范结构应重置为"意思表示+程式"，"程式"在个人法上体现为形式，在团体法上体现为程序，程序是形式的高级形态。意思表示非法律行为之全部，意思表示瑕疵能且仅能撤销表意人单方意思表示。在个人法上，撤销意思表示后，法律行为不成立；在公司法上，撤销成员意思表示后，决议呈现出有效、不成立两种效力状态，至此意思表示瑕疵究竟如何影响决议效力的困惑得以解答。"程式"分为"基本程式"、"一般程式"和"辅助程式"。"基本程式"瑕疵的法律行为不成立，"辅助程式"瑕疵在未对法律行为造成实质性影响的情况下不影响行为效力。正本清源的可撤销行为指除须经追认、批准等涉第三人行为外的欠缺"一般程式"的法律行为，《民法典》总则编中规定的法律行为的撤销其实是意思表示的撤销，至此可撤销行为与可撤销决议为何不对应的问题得以澄清。以上即公司决议对法律行为制度的"反哺"体现。

（四）《民法典》总则编与公司决议制度的具体适用对接

关于《民法典》总则编民事法律行为制度对公司决议的法律适用价值，为避免空泛论证，笔者选取了当前公司治理纠纷实践中富有争议的四个具体问题。第一，伪造股东签名决议效力判定问题。意在通过该问题解构《民法典》总则编中的意思表示瑕疵规则对公司决议中表决权瑕疵情形如何贯通适用。①

---

① 参见王延川《伪造股东签名的股东会决议效力分析》，《当代法学》2019年第3期；吴飞飞《伪造股东签名决议效力之判别》，《南大法学》2020年第3期。

第二，公司决议无效事由的扩大解释与限缩澄清问题。意在将法律行为无效理论用于公司决议无效事由法律漏洞的填补，最终限缩公司决议无效事由的范围，维系公司决议治理的安定性。① 第三，公司决议外部效力认定问题。意在通过该问题说明《民法典》总则编第 85 条规定的"善恶二分制"如何适用于公司决议对外部法律行为效力影响的判定问题。② 第四，公司治理中协议与决议的区分问题。意在通过该问题说明，公司决议与合同等传统法律行为类型的区别不只在于其形式，而重在法益目标差异，应避免合同规则过度介入公司决议治理，维系公司治理的团体法本位。

（五）法律行为定性下公司决议规则的制度更新

当前，经过全面修订的《公司法》已经出台。令人遗憾的是，此次修订对公司决议规则严格意义上说仅有一处微小幅度的调整，即针对未被通知参会的股东，将其撤销权的除斥期间改为主观除斥期间，其余改动均系对既有司法解释的立法吸收、确认。非常明显，尽管《民法典》总则编已经确立公司决议的法律行为身份，但是《公司法》并未结合其法律行为属性对既有公司决议规则作针对性改造。有鉴于此，笔者尝试在本书的最后一部分，在法律行为制度背景下，探讨公司决议规则的制度更新问题，期待对下一步《公司法》相关司法解释的出台有所助益。结合当前司法实践反映出来的问题，公司决议与法律行为制度适用对接过程中，需要进一步完善的点可以归纳为五个方面。其一，表决权瑕疵规则如何在公司决议瑕疵规则中得到落实，即法律行为制度中的意思表示瑕疵规则如何在公司决议规则中被细化。其二，公司决议不成立之诉的时效期间问题。意思表示瑕疵规则导入公司决议规则后，意味着意思表示瑕疵的股东可以撤销其瑕疵意思表示，而撤销后可能导致决议因不能满足其通过比例而不成立，于是当事人可以在多长的时效期间内撤销其意思表示，也即决议不成立之诉

---

① 参见叶林《股东会决议无效的公司法解释》，《法学研究》2020 年第 3 期；李建伟《公司决议无效的类型化研究》，《法学杂志》2022 年第 7 期；吴飞飞《公司决议无效事由的扩大解释与限缩澄清》，《社会科学》2022 年第 1 期。

② 参见李建伟《公司决议的外部效力研究——〈民法典〉第 85 条法教义学分析》，《法学评论》2020 年第 4 期；靳羽《民法典背景下公司瑕疵决议外部效力研究——以信赖保护理论为分析线索》，《法治现代化研究》2022 年第 6 期。

设置多久的时效期间更为科学，成为必须予以明确的问题。其三，除名决议有效确认之诉问题。法律行为遵循私法自治原则，原则上作出即生效，《最高人民法院关于适用〈中华人民共和国公司法〉若干问题的规定（四）》［以下简称《公司法司法解释（四）》］遵循该原则，未规定决议有效确认之诉，新修订的《公司法》亦未规定。然而，对于除名决议这类特殊决议情形，若不允许公司提起决议有效确认之诉，会导致除名决议无法实施、执行，因此下一步制定《公司法》相关司法解释时有必要针对股东除名决议，承认决议有效确认之诉。其四，公司决议特别生效规则。如前所述，法律行为作出即生效，公司决议目前亦遵循该原则，但是由于有权表决的当事人经常缺席决议现场，甚至不知道特定决议存在，影响其权利救济与行使监督权。因此，公司决议特别生效规则的设置成为问题。其五，公司决议外部效力规则。《公司法》对此问题延续了《民法典》总则编的"善恶二分制"。但是在"善恶二分制"模式下，债权人的善意究竟应当如何具体认定并不明确，公司决议外部效力规则仍需进一步厘清、细化。

三　文献梳理及本书主要的学术主张

（一）学术文献梳理

就公司决议问题的相关研究主要聚焦于下述几个层面。

第一，有关公司决议性质的研究。近些年有关公司决议的学术研究，尤以公司决议的性质之争最为引人注目。早前"合同行为（协同行为）说"[1]、"共同行为说"[2]、"法律行为说"[3] 以及"意思形成说"[4] 等各有其赞成者。近年，"合同行为说""共同行为说"悄然退出，"法律行为说"

---

[1] 参见王泽鉴《民法总则》，北京大学出版社 2009 年版，第 242 页。
[2] 参见韩长印《共同法律行为理论的初步构建——以公司设立为分析对象》，《中国法学》2009 年第 3 期；许中缘《论意思表示瑕疵的共同法律行为——以社团决议撤销为研究视角》，《中国法学》2013 年第 6 期。
[3] 参见王雷《论我国民法典中决议行为与合同行为的区分》，《法商研究》2018 年第 5 期。
[4] 参见叶林《股东会会议决议形成制度》，《法学杂志》2011 年第 10 期；李永军《从〈民法总则〉第 143 条评我国法律行为规范体系的缺失》，《比较法研究》2019 年第 1 期；周淳《组织法视阈中的公司决议及其法律适用》，《中国法学》2019 年第 6 期。

与"意思形成说"呈分庭抗礼之势。"意思形成说"论者认为，法律行为规则是意思表示的规则，公司决议规则是团体意思形成的规则，旨在通过成员的表决行为，形成团体的内心意思。因此，公司决议系团体意思形成行为，而非法律行为。① 国内"意思形成说"论者多以拉伦茨、梅迪库斯、弗卢梅等德国法学家的著述印证其观点。与之相对，"法律行为说"则认为，法律行为分为个人法行为与团体法行为两大类。前者如单方行为、合同，是民事主体处分私权、实施交易的私法自治工具；后者则以公司决议为代表，是民事主体参与团体法律生活的私法自治工具。② 其基本观点可概括如下。其一，公司决议的当事人是团体成员而非团体自身，因此参与表决的"成员的单个表决的法律性质就是意思表示"③，基于此，公司决议系调整团体成员彼此间、成员个体与团体整体间权利义务关系之行为。其二，意思自治不等于意思表示一致，"多数决定制"同样是贯彻意思自治原则的一种方式。④ 其三，民主与正当程序是公司意思自治的保障机制而非公司决议的效力来源抑或其正当性依据。概括而言，"意思形成说"系以合同为标杆来鉴定、检验决议行为，进而因公司决议与合同在具体形式上的显著差异而得出决议并非法律行为的结论；"法律行为说"则是跳出"合同帝国主义"的视野局限，从私法自治的底层逻辑找寻到决议与合同、单方行为作为私法自治工具的根本共性，进而将其归入法律行为"大家庭"。

第二，有关具体公司决议规则改进与适用的研究。2016 年通过的《公司法司法解释（四）》出台后的几年，公司法学界有关公司决议规则的研究迎来了一个"小高峰"。这一阶段的论著，多以《公司法司法解释（四）》针对公司决议的新增规则为研究对象，提出进一步改进完善建议或者法律

---

① 参见李永军《从〈民法总则〉第 143 条评我国法律行为规范体系的缺失》，《比较法研究》2019 年第 1 期；徐银波《决议行为效力规则之构造》，《法学研究》2015 年第 4 期。
② 参见吴飞飞《决议行为归属于团体法"私法评价体系"构建研究》，《政治与法律》2016 年第 6 期。
③ 孔洁琼：《决议行为法律性质辨——兼评〈民法总则〉第 134 条第 2 款》，载解亘主编《南京大学法律评论》（2019 年春季卷），南京大学出版社 2019 年版，第 141 页。
④ 参见瞿灵敏《民法典编纂中的决议：法律属性、类型归属与立法评析》，《法学论坛》2017 年第 4 期。

适用建议。如柯勇敏博士针对《公司法司法解释（四）》新增的公司决议不成立规则认为，公司决议不成立与无效在法律适用中很难清楚地区分开来，并且缺乏比较法借鉴，主张废除公司决议不成立这一瑕疵情形，重回公司决议瑕疵"二分法"。① 李建伟教授等人则对公司决议不成立之诉作了比较系统的司法实证研究，进一步廓清了导致公司决议不成立的瑕疵事由。② 针对《公司法司法解释（四）》所设的公司决议轻微瑕疵驳回裁量规则，南玉梅教授认为："《公司法司法解释（四）》引入的裁量驳回规则，其体系性意义在于补充现行《公司法》过于宽泛的瑕疵决议救济制度的准入条件，是在瑕疵决议救济与决议稳定之间寻求利益平衡的司法调整手段。立法模式方面，裁量驳回规则应坚持以表决权的共益权属性为基础建构的瑕疵决议撤销之诉的体系效应，兼顾并协调与诉讼担保制度的衔接，注重区分适用为前提的制度规则的一体性；司法适用方面，'轻微瑕疵与实质影响'的价值判断上，需明确适用范围与条件的指向对象，避免结果导向而忽略程序规则的重要性。"③ 李建伟教授则针对轻微瑕疵驳回裁量规则的法律适用乱象，提出个案审理中的精准判定方案。④针对公司决议瑕疵的立法模式，丁勇教授认为："应取消现行'三分法'的诉讼类型划分，而代之以统一的决议瑕疵诉讼及诉讼期间规则。公司变更决议仅在排除特别严重瑕疵后方可实施并获得存续效力。"⑤ 此外，另有学者尤其是诉讼法学者，对公司决议瑕疵之诉的诉讼规则进行了卓有成效的研究。⑥

第三，有关农村集体经济组织决议的研究。在决议行为的法律属性定

① 参见柯勇敏《公司决议不成立的质疑与二分法的回购》，《法律科学》2020 年第 5 期。
② 参见李建伟、王力一《公司决议不成立之诉实证研究——〈公司法解释四〉出台前审判创新实践的价值发现》，《经贸法律评论》2020 年第 3 期。
③ 南玉梅：《公司瑕疵决议诉讼中裁量驳回规则的建构与适用——兼评法释〔2017〕16 号第 4 条》，《法学评论》2018 年第 6 期。
④ 参见李建伟《论公司决议轻微程序瑕疵的司法认定》，《政治与法律》2023 年第 1 期。
⑤ 丁勇：《公司决议瑕疵立法的范式转换与体系重构》，《法学研究》2020 年第 3 期。
⑥ 参见丁勇《组织法的诉讼构造：公司决议纠纷诉讼规则重构》，《中国法学》2019 年第 5 期；周翠《公司决议诉讼的功能定位与程序机制》，《中外法学》2019 年第 3 期；李志刚《公司股东会撤销决议之诉的当事人：规范、法理与实践》，《法学家》2018 年第 4 期；陈彦晶《公司决议行为保全构成要件的确定》，《当代法学》2019 年第 5 期。

性之下，农村集体经济组织决议与公司决议同根同源。部分物权法学者针对农村集体经济组织决议作了十分有益的研究，对本论题具有参考意义。房绍坤教授提出："农村集体经济组织决议在决议主体、决议事项、决议程序上具有'特别性'，这种'特别性'在其效力认定过程中不应被忽视。应当区分决议不成立与决议效力瑕疵，决议不成立由严重的程序瑕疵所致，这些瑕疵足以导致整个决议事实上从未存在。决议效力瑕疵包括可撤销与无效两种形态，效力未定不属于决议效力瑕疵。在认定农村集体经济组织决议效力时，不成立事由应作限缩解释，可撤销事由在类型上应予以扩充，无效事由在内容上需要进一步明确。"① 王雷教授对农村集体经济组织决议的成立要件、无效与可撤销情形，作了针对性研究。② 杨萍博士对农村集体经济组织决议撤销问题作了比较详尽的司法实证分析。③ 总体来说，学界有关农村经济组织决议的研究尚处于起步阶段，相对于公司决议的成果文献，尚不够丰富。

第四，有关法律行为理论与具体公司决议规则适用对接的研究。在《民法典》总则编将公司决议纳入法律行为体系后，学界有关法律行为理论与具体公司决议规则适用对接的文献逐渐增多。如针对公司决议效力认定问题，王滢博士开创性地提出了"双阶效力评价模式"，将公司决议的效力评价区分为前后两个阶段，第一个阶段对表决人的意思表示是否存在瑕疵进行评价，第二个阶段则是对公司决议本身的合法性、妥当性以及是否存在程序瑕疵进行评价。据此可实现法律行为制度上的意思表示瑕疵规则、公司决议瑕疵规则两套规则对公司决议的双重评价。④ 瑕疵公司决议外部效力问题是法律行为理论与公司决议适用对接的典型问题领域。对此，李建伟教授认为《民法典》总则编第85条的"善恶二分制"重在保护相对人的信赖利益，是合同法本位，对公司法法益考量不周。公司决议

---

① 房绍坤：《农村集体经济组织决议效力之认定》，《法学论坛》2021年第5期。
② 参见王雷《农民集体成员权、农民集体决议与乡村治理体系的健全》，《中国法学》2019年第2期。
③ 参见杨萍《农民集体决议撤销制度的实证考察与制度完善》，《广西社会科学》2021年第7期。
④ 参见王滢《公司决议行为的双阶构造及效力评价模式》，《当代法学》2021年第5期。

外部效力的判定应脱离"善恶二分制"的制度窠臼，区分法定与意定决议事项、权力机关决议与执行机关决议等，对不同类型公司决议的外部效力采用不同认定标准，以实现组织法法益与个人法法益的利益平衡。① 徐银波教授认为，《民法典》总则编的"善恶二分制"过于简略和武断，"需区分决议主体、决议内容、瑕疵事由而类型化地认定法人依瑕疵决议所为行为之效力"②。针对伪造股东签名决议效力认定问题，王延川教授认为，司法实践部门以意思表示不真实、决议侵权为由认定此类决议无效的判定逻辑值得商榷，伪造股东签名决议之瑕疵属于通知程序瑕疵，此类决议应当为可撤销决议。③ 袁碧华教授认为，伪造股东签名决议效力的判定，应当"以民法之意思表示规则为基础、以团体法之程序规则和决议内容为辅助而构建其效力认定标准，既关注公司真意的形成，也关注决议程序是否存在瑕疵及决议内容是否处分股东个人权利"④。

（二）学术文献评价

一方面，法律行为制度与公司决议制度的适用对接问题缺乏系统性、一般性研究。如前所述，自《民法典》总则编第 134 条第 2 款确定了公司决议的法律行为属性后，理论界有不少文献开始在具体问题上关注法律行为制度与公司决议制度的适用对接问题、公司决议外部效力问题、伪造股东签名决议问题等，带有较强的就事论事的"实用主义"色彩。然而，鲜少有成果从一般性层面对二者适用对接问题作系统性研究，本题域的研究现状总的来说可以用"只见树木、不见森林"八个字概括。根据笔者所掌握的文献，李建伟教授的《决议行为特殊效力规则的民法解释》一文系少见地从一般性层面探讨公司决议与法律行为制度适用对接问题的专题性论文。⑤ 不过，囿于篇幅限制，诸多问题该文没有进一步展开。

① 参见李建伟《公司决议的外部效力研究——〈民法典〉第 85 条法教义学分析》，《法学评论》2020 年第 4 期。
② 徐银波：《法人依瑕疵决议所为行为之效力》，《法学研究》2020 年第 2 期。
③ 参见王延川《伪造股东签名的股东会决议效力分析》，《当代法学》2019 年第 3 期。
④ 袁碧华：《伪造股东签名之公司决议行为效力的区分认定》，《国家检察官学院学报》2022 年第 2 期。
⑤ 参见李建伟《决议行为特殊效力规则的民法解释》，《法学杂志》2021 年第 7 期。

另一方面，对公司决议的特殊性关注有余，对公司决议与法律行为的共性及前者对后者的"反哺"意义关注不足。既有成果的一大特色便是从不吝于强调公司决议相对于法律行为的特殊性，如强调公司决议是公司意思形成机制而非表示机制，[①] 强调法律行为的意思表示瑕疵规则无法直接适用于公司决议，甚至认为该款"与商法的原理相扞格"[②]，担忧其作为一般法规则被适用于公司决议时可能会引发"公司的灾难"[③]。诚然，公司决议作为团体法律行为，自然会与合同等传统法律行为有着这样那样的差异，但这些差异都不足以动摇公司决议作为法律行为的共性根基。法律行为是私法自治工具，公司决议是公司自治工具，这是公司决议与法律行为的最大公约数，也是公司决议属性界定的决定性因素。在实定法已然将公司决议纳入法律行为体系之中的情况下，有关公司决议的研究应当以求同存异为重，深度剖析公司决议与法律行为的共同、共通之处，并借此激发公司决议对法律行为的"反哺"功能，为法律行为理论重新提取一次公因式。

（三）本书的学术思考

笔者深知，法学等人文社会科学研究，在绝大多数情况下都是"跟着写""接着写"，是站在前人的肩膀上"写作"，一般不敢轻言创新，尤其很难进行大的创新。因此，笔者不敢贸然说本书有何创新之处，只能说在某些地方提出了或许有些新意的想法，以求教前辈方家。

1. 提出在公司决议纳入法律行为体系后，法律行为的规范结构应重置为"意思表示+程式"。"程式"在合同法等个人法上具体化为"形式"，在公司法等团体法上具体化为"程序"，"程序"是复杂的"形式"，是"形式"的高级形态。至此法律行为的规范结构可以统摄合同、公司决议等诸类法律行为。

---

① 参见徐银波《决议行为效力规则之构造》，《法学研究》2015年第4期；周淳《组织法视阈中的公司决议及其法律适用》，《中国法学》2019年第6期。
② 陈雪萍：《程序正义视阈下公司决议规则优化之路径》，《法商研究》2019年第1期。
③ 李永军：《从〈民法总则〉第143条评我国法律行为规范体系的缺失》，《比较法研究》2019年第1期。

2. 提出《民法典》总则编中的可撤销行为正本清源后应为意思表示的撤销而非法律行为的撤销，即当事人能且仅能撤销其有瑕疵的意思表示而非整个法律行为。在合同等个人法行为中，有瑕疵的意思表示被撤销后法律行为不成立而非无效；在公司决议等团体法行为中，有瑕疵的意思表示被撤销后，根据同意比例还能否满足法定、章定的最低通过比例，公司决议存在有效与不成立两种效力状态。至此，《民法典》总则编中的意思表示瑕疵规则可以贯通适用于个人法、团体法两个领域的诸类法律行为。

3. 针对"意思形成说"与"法律行为说"针锋相对的学说争议，提出"意思形成说"与"法律行为说"二者之间与其说是对与错的差异，不如说是视角和定位的不同而已。以法律行为为公司决议的属性定位，以意思形成机制为公司决议的某个形象化的特征侧面或者法律功能论解释路径，是两种观点的合适归宿。

4. 针对公司决议不成立之诉的时效期间问题，本书提出尽管理论上决议不成立即自始不成立，但从实践层面而言，决议不成立之诉必须有相应的时效期间，否则决议不成立与决议无效别无二致，公司决议瑕疵规则的差异化评价功能将会被弱化。根据意思表示瑕疵规则，如果参与决议成员的意思表示有瑕疵，应在该瑕疵意思表示被撤销后，再判定决议是否满足其最低通过比例，从而最终认定决议是否成立。因此，公司决议的时效期间与意思表示撤销规则的除斥期间应保持一致性。《民法典》总则编针对一般的可撤销行为规定了 1 年的除斥期间，考虑到公司治理的效率属性，本书提出公司决议不成立之诉设置 6 个月的主观除斥期间和 1 年的客观除斥期间较为适宜。

5. 提出公司决议应设置特别生效规则。合同须经全体当事人一致同意，所以理论上不存在对签订的合同有不知情的当事人的情况，因此合同原则上签订即生效。公司决议则不然。多数情况下，公司形成决议时，当事人未必全部在场，正因如此，实践中伪造签名决议、"抽屉决议"的情况才会如此常见。为降低此类现象的发生概率，可规定原则上除涉及商业秘密等原因外，股东会决议、有限责任公司董事会决议作出后应通知或者公告全体成员后才能生效。例外的情况是，股份有限公司董事会决议原则上作出即生效，而不应设置特别生效程序，理由是：股份有限公司董事会决议具有极强的效率导向，尤其是上市公司董事会决议，其生效时机不仅关涉公司能否抓住瞬息万变的商业机会，还会对股价以及整个资本市场波动产生影响，因此原则上股份有限公司董事会决议作出即生效。

第一章 适用对接之起点：决议行为的
法律属性争议与重释

公司决议与业主大会决议、农村集体经济组织决议同属于决议行为，《民法典》总则编与公司决议制度适用对接的基点性命题是决议行为的法律属性界定问题。民商法学理论界关于决议行为的属性界定，存在多种观点学说，其中最具有代表性的观点是"法律行为说"与"意思形成说"。前者认为，决议行为系民事法律行为项下之团体法律行为，与法律行为存在"种属关系"，法律行为理论对决议行为具有当然的适用性；后者则认为，决议行为是公司等社团的意思形成行为而非法律行为，所以法律行为理论很难适用于决议行为。本章将主要围绕"法律行为说"与"意思形成说"进行比较性分析，在解构"意思形成说"的基本观点、学术贡献并对其进行反思的基础上，申明、论证本书的"法律行为说"立场，并就决议行为纳入法律行为体系的实际益处作出分析。

第一节 决议行为定性主流学说评议

2017 年《民法总则》颁行实施，于第 134 条第 2 款明确将决议行为纳入法律行为"大家庭"，"法律行为说"据此获得实定法认证。然而，理论纷争远未消弭，尽管"法律行为说"支持者盛赞该款为《民法典》中"鲜明的中国元素"[①]，但"意思形成说"论者则认为该款"与商法的原理

[①] 王雷：《〈民法总则〉中决议行为法律制度的力量与弱点》，《当代法学》2018 年第 5 期。

相扞格"①，担忧其作为一般法规则被适用于公司决议时可能会引发"公司的灾难"②。无疑，"法律行为说"与"意思形成说"的理论交锋注定有益于进一步深化我们对决议行为的认知。遗憾的是，两派观点至今未有系统性交锋。尽管《民法典》已然确认了决议行为的法律行为属性，为"法律行为说"提供了强有力的"官方认证"。然而，一方面，"意思形成说"对决议行为属性的学理归纳具有描述性特征，非常形象化，辨识度极高，易于理解，有很强的观点"俘获"能力。甚至部分持"法律行为说"观点的学者在具体的制度分析过程中也会不自觉地走入"意思形成说"的解说路径，出现观点与逻辑前后不一致的问题。另一方面，"意思形成说"既符合传统法律行为理论的部分观念立场，又在某种程度上契合了商法的独立化诉求，拥有比较坚实的"群众基础"。因此，其在决议行为理论与实践"观点市场"的持续影响力不容小觑，其与"法律行为说"的观念之争远未平息。

一　意思形成说

"意思形成说"论者认为，法律行为规则是意思表示的规则，决议规则是团体意思形成的规则，决议行为则旨在通过成员的表决行为，形成团体的内心意思。因此，决议行为系团体意思形成行为，而非法律行为。③比如，甲有限责任公司（简称"甲公司"）股东会通过了拟为张三向乙银行借款提供担保的决议，而后甲公司与乙银行订立担保合同。双方缔结担保合同之行为系法律行为，此前的股东会决议不过是形成该法律行为中甲公司一方当事人的"内心意思"，甚至尚未对外表示出来，故不应定性为法律行为。由此可知，"意思形成说"系以团体作为决议行为的当事人，以外部第三人视角为坐标，审视界定决议行为，这是"意思形成说"一系

---

① 陈雪萍：《程序正义视阈下公司决议规则优化之路径》，《法商研究》2019 年第 1 期。
② 李永军：《从〈民法总则〉第 143 条评我国法律行为规范体系的缺失》，《比较法研究》2019 年第 1 期。
③ 参见李永军《从〈民法总则〉第 143 条评我国法律行为规范体系的缺失》，《比较法研究》2019 年第 1 期；徐银波《决议行为效力规则之构造》，《法学研究》2015 年第 4 期。

列具体观点的视角基础。

　　系统的法律行为理论肇始于德国潘德克顿法学，与之因应，国内"意思形成说"论者亦多以拉伦茨、梅迪库斯、弗卢梅等德国法学家的著述印证其观点。如拉伦茨提出："决议不调整团体（即全体成员）或法人与第三人之间的关系。要调整这种关系，必须以全体成员的名义或者以法人的名义，同第三人订立法律行为。"① 梅迪库斯指出："在重大问题上在对外从事行为之前，还必须先在内部形成社团的意思。"② 然而，有学者惊异地发现，被"意思形成说"论者反复引证观点的前述几位德国法学家其实均是在法律行为分类的逻辑下探讨决议行为，并未将决议行为从法律行为体系中抽离出来，所谓"意思形成"不过是对决议行为特征的具体描述，而非据此定义其属性。"意思形成说"因此而被批评对拉伦茨等德国学者观点的引证"有断章取义之嫌"③。严格来说，该批评略失公允。例如，尽管拉伦茨是在法律行为类型中探讨决议行为，但是他提出的决议行为不调整当事人间法律关系的观点，其实差不多是在间接否定决议行为的法律行为属性。这也说明，对于决议行为这种特殊行为，即便是拉伦茨这样的法学名宿在对其进行学理解释时也不免顾此失彼，决议行为的复杂性可见一斑。所幸的是，根据孔洁琼博士对德国文献的梳理可知，"意思形成说"在德国民法学界确实存在，只不过提出者不是拉伦茨、弗卢梅等人，而是奥托·冯·基尔克，其认为决议不是法律行为，而是团体或者共同关系中形成共同意思遵循的"内部意思形成程序"。④ 由此可见，"意思形成说"确有其比较法依据，确非我国学者所首创，也非"意思形成说"论者对德国学者观点的曲解误读。

　　一个有意思的现象是，随着决议行为理论研究的逐步深入，部分早前持"意思形成说"观点的学者观念有所调整，而新加入"意思形成说"阵

---

① 〔德〕卡尔·拉伦茨：《德国民法通论》（下册），王晓晔等译，法律出版社 2013 年版，第 433 页。
② 〔德〕迪特尔·梅迪库斯：《德国民法总论》，邵建东译，法律出版社 2000 年版，第 841 页。
③ 陈甦主编《民法总则评注》（下册），法律出版社 2017 年版，第 954 页。
④ 参见孔洁琼《决议行为法律性质辨——兼评〈民法总则〉第 134 条第 2 款》，载解亘主编《南京大学法律评论》（2019 年春季卷），南京大学出版社 2019 年版，第 138 页。

营的学者又反复引证前述学者此前的观点以支撑其论点。下面以"意思形成说"论者中引证率最高的陈醇、徐银波二位学者为例加以说明。陈醇教授在 2010 年发表的《论单方法律行为、合同和决议之间的区别——以意思互动为视角》一文中,已经在探讨法律行为理论如何兼容决议行为的问题。① 而"意思形成说"论者普遍因其在 2008 年发表的《意思形成与意思表示的区别:决议的独立性初探》② 一文而将其视为国内持"意思形成说"的代表性学者。笔者专门致电陈醇教授,求证其最新观点,其提出,"强调决议行为的意思形成功能,是为了突出其与合同等传统法律行为类型的区别,尤其是突出民主与正当程序原则,而非将其与法律行为完全撇开"。尽管徐银波教授后面提出,"《民法总则》于民事法律行为一章中以第 134 条第 2 款规定决议行为后,必须尊重法律权威,认定决议行为系法律行为,只不过其并非传统的意思表示行为"③,但理论界相关研究普遍还是以其《决议行为效力规则之构造》④ 一文作为"意思形成说"的支撑文献。尽管有两位代表性学者观念立场发生转变,但总体而言,"意思形成说"阵营一直源源不断地加入新的支持者,其中以商法学者居多。⑤ 此外,笔者以"意思形成机制"作为关键词,在北大法宝"法学期刊"子菜单进行检索,共检索到 90 篇有效法学论文样本,⑥ 尽管其中绝大多数文献未直接对决议行为的性质下结论,但都直接或者间接地表达了决议行为有形成团体意思的功能、团体意思形成与对外表示两分等观点,与"意思形成说"的主要观点相通,可见"意思形成说"在决议行为的"观念市场"拥有广

---

① 参见陈醇《论单方法律行为、合同和决议之间的区别——以意思互动为视角》,《环球法律评论》2010 年第 1 期。

② 陈醇:《意思形成与意思表示的区别:决议的独立性初探》,《比较法研究》2008 年第 6 期。

③ 徐银波:《〈民法总则〉决议行为规则之解释适用》,载陈小君主编《私法研究》(第 22 卷),法律出版社 2018 年版,第 21 页。

④ 参见徐银波《决议行为效力规则之构造》,《法学研究》2015 年第 4 期。

⑤ 参见周淳《组织法视阈中的公司决议及其法律适用》,《中国法学》2019 年第 6 期;陈雪萍《程序正义视阈下公司决议规则优化之路径》,《法商研究》2019 年第 1 期。

⑥ 北大法宝官网, https://www.pkulaw.com/apps/journallist/qikauthor_qikan?keywords=意思形成机制,最后访问时间:2024 年 9 月 6 日。

泛的影响力。

二　共同行为说

"共同行为说"是当前有关决议行为法律属性的主流性学说，该说认为决议行为在性质上属于法律行为中的共同行为。① 如韩长印教授认为公司股东大会决议、公司设立协议、业主规约、婚姻缔结行为、合伙协议都属于共同法律行为。② 许中缘教授则直接将决议行为视为典型的共同行为，如其指出："共同法律行为是在遵循既定章程（协议）的基础上，依据一定的程序、遵循多数决原则达成意思表示的一致。"③ "共同行为说"之提出有着特殊的理论背景，即合同行为研究在法律行为理论研究中"一家独大"，合同的触角穿破其既定的概念外延，并试图囊括单方行为之外的一切法律行为，婚姻合同主义④、公司合同主义⑤皆属此例。正是在这种大合同主义的理论背景之下，有学者开始反思大合同思维的局限性，试图将婚姻缔结行为、团体自治行为等合意方向相同的法律行为从合同行为中分离出来，并以共同行为统辖之。尽管"共同行为说"的提出者将决议行为从合同行为中剥离了出来，使得法律行为分类理论向前迈进了一步，然而遗憾的是，该说未能洞悉决议行为与共同行为之间的实质性差别，亦不能真正将决议行为这种团体法行为从个人法中完全脱离出来。

如果决议行为与共同行为之间仅有细微差别，则完全可以将决议行为归为共同行为之列，或者将其视为一种特殊的共同行为。关于决议行为与

---

① 参见王泽鉴《民法总则》，北京大学出版社 2009 年版，第 209 页。

② 参见韩长印《共同法律行为理论的初步构建》，《中国法学》2009 年第 3 期。

③ 许中缘：《论意思表示瑕疵的共同法律行为——以社团决议撤销为研究视角》，《中国法学》2013 年第 6 期。

④ 婚姻合同主义者认为，传统刻板的婚姻范例，必须融入更为灵活的合同主义者的观点，通过鼓励婚姻的利己主义，使婚姻当事人获得个人的满足，这有助于缩小基于性别的社会不平等。参见〔美〕罗伯特·A. 希尔曼《合同法的丰富性：当代合同法理论的分析与批判》，郑云端译，北京大学出版社 2005 年版，第 80~81 页。

⑤ 公司合同主义者认为，公司是股东等参与者所订立的一份长期性关系合同。据此，甚至可以把公司法视为是合同法在公司领域的延伸，或者说是合同法的特殊形式。参见〔美〕弗兰克·伊斯特布鲁克、丹尼尔·费希尔《公司法的经济结构》，张建伟、罗培新译，北京大学出版社 2005 年版，译者序第 1~10 页。

共同行为的差别，学界已有所关注，如朱庆育教授从意思表示数量、有无相对人、是否须参与者一致通过三个方面对二者作了区分。① 还有学者以行为是否以参与者名义做出、是否在参与者之间产生权利义务关系对决议行为与共同行为作了比较与区分。② 然而笔者认为，上述区分方法都未能辨明决议行为与共同行为的实质性差别，而正是二者之间的实质性差别才构成了决议行为独立于共同行为之外的法理基础。

共同行为也是一个长期被民法学理论研究者所冷落的概念，尽管在共同行为的概念界定问题上已经形成共识，但对共同行为之归属及其调整对象问题尚存颇多争议。根据学界主流观点，共同行为，"乃由同一内容的多个意思表示合致而成立"③ 之多方行为。其与合同或者契约行为最大的区别在于意思表示的同向性，正因如此，学界主流观点认为共同行为是团体法行为。然而，笔者认为将共同行为划为团体法行为是对共同行为的最大误解。根据学界主流观点共同行为具有以下三个特点：其一，参与者意思表示方向相同；其二，参与者意思表示内容一致；其三，参与者意思表示结果达成一致。根据这三个特点，似乎合伙协议、公司制定初始章程之行为都应当纳入共同行为之列，共同行为也因此而应当是团体法行为。其实不然，原因在于共同行为并不符合团体法规则的最关键特性——公共管理属性。笔者认为，"公共管理属性"乃是团体法与个人法的最本质区别。在个人法上，私权主体彼此之间呈现出一种离散的原子化状态，他们之间的交集经常是即时的、非持续性的，一个法律行为完成后，私权主体之间可能再无其他交集，若再发生交集即可能需要通过另一个法律行为为之。团体法则不然，团体本身就是持续性的，团体成员之间如蜘蛛网一样交织在一起，团体成员间法律关系的复杂性，就注定了团体的公共管理需求。所以，在团体之中成员为了更好地实现其私权，就必须让渡出一部分私权，形成"共益权"以及团体的公共管理机构（如董事会），这就是团体法的"公共管理属性"。因此，我们判断某种行为是否为团体法行为的关

---

① 参见朱庆育《民法总论》，北京大学出版社 2013 年版，第 133~134 页。
② 参见徐银波《决议行为效力规则之构造》，《法学研究》2015 年第 4 期。
③ 王泽鉴：《民法总则》，北京大学出版社 2009 年版，第 242 页。

键在于看它是否具有"公共管理属性"。共同行为显然不具备团体法的"公共管理属性"。在共同行为中，每个参与者的意思表示都是完全独立的，因此不会存在私权的部分让渡，更无从产生"共益权"与公共管理机构，亦无所谓的"公共管理属性"。典型的共同行为主要包括共同继承行为、婚姻缔结行为、共同处分行为等几种类型。

如前文所述，当前民法学界主流观点习惯于以是否须参与者意思表示达成一致作为区别共同行为与决议行为的主要标准，依照该标准即会得出"共同行为是非法人团体和设立中法人团体私法自治的工具，决议行为是团体成立后私法自治的工具"这样的结论。该种观点是对决议行为的误解，因为决议未必"多数决"，亦可"一致决"甚至"一票决"。决议的真正要义不在于"多数决"而在于为社团自治尤其是"社团公共管理"提供一套内部协商机制，以保障公司自治的公平性。只不过出于效率化考虑，决议在多数情况下会选择以"多数决"的方式通过而已。综上所述，共同行为根本不是团体法行为。

决议行为与共同行为的实质差异在于：决议行为是团体法行为，共同行为是个人法行为，唯有将决议行为从共同行为中分离出来才能真正突出团体法行为的独立性。区分决议行为与共同行为的核心标准在于是否产生或涉及"共益权"。典型的共同行为，如婚姻缔结行为、共有人对共有物的共同处分行为等皆是个人法行为而非团体法行为。因为，无论是婚姻缔结行为还是处分共有物的行为，尽管参与者的意思表示方向一致，但仅仅是个体性权利的同向行使而已，并不会涉及"共益权"的分配与行使，自然不能算是团体法行为。而股东会决议、农村集体经济组织成员大会决议、业主大会决议等典型的决议行为，所"议"与所"决"之事都关乎参与者的共同利益与"共同权利"。"共同权利"或者说"共益权"，并非参与者个人权利的简单加总，而是参与者针对团体让渡出个体权利后所置换的集合化的"公共事务"参与权。因此，正确的做法应当是将决议行为从共同行为中分离出来，让共同行为回归其个人法本位，将决议行为独立于团体法立场。

三 形式上的独立法律行为说

该说根据法律行为成立所须意思表示数量将法律行为分为单方行为和多方行为，并进一步将多方行为分为双方行为、共同行为与决议行为。^①一言以蔽之，该说认为决议行为是与共同行为、双方行为（如合同行为）并列的一种独立的法律行为。该说认识到了决议行为的法律行为属性及其独立性，是一大进步。然而，该说最大的问题在于未能准确界定决议行为的内涵与外延，进而无法从内涵与外延上将决议行为与共同行为彻底区分开来，最终导致该说与前述的"共同行为说"仅有形式而无实质差别。

对决议行为法律属性进行分析与界定的目的，并非单纯为了追求法律体系的逻辑完美性，而是为了发现决议行为背后所蕴含的深层法理依据，并最终为决议行为的法律实践提供规范性的指导。因此，对于决议行为法律属性的界定，以及对决议行为与共同行为之区分，重点不在其形而在其实。该说梳理出决议行为与共同行为的四个不同点，并以此为依据将二者区分开来。这四个不同点分别是：①意思表示的形成机制和约束力不同；②意思表示的内容及方向不同；③行为主体的数量规模不同；④是否可能存在对少数人的侵害不同。^②然而，这四个区分点尤其是前三点都是外在的、形式上的比较，第四个区分点亦显得牵强。任何两种事物之间在形式上的差别都是无穷尽的，而这些形式上的差别都不构成决定两种事物是否属于同一个种属的充分条件。法律属性是根本性的元命题，决议行为与共同行为之间外在的、形式上的差别同样并不构成将二者在法律性质上区分开来的充分条件。该说最终还是以是否形成一致合意这一形式标准作为区分决议行为与共同行为的关键因素，且认为二者都属于团体法行为，如王雷教授认为，共同行为是非法人团体和设立中法人团体私法自治的工具，

---

① 参见王雷《论民法中的决议行为——从农民集体决议、业主管理规约到公司决议》，《中外法学》2015年第1期。
② 参见王雷《论民法中的决议行为——从农民集体决议、业主管理规约到公司决议》，《中外法学》2015年第1期。

决议行为是团体成立后私法自治的工具。①这直接导致团体法行为规则的割裂化，并且与将决议行为视为特殊共同行为的观点区别意义不大。因此，笔者将该说归纳为"形式上的独立法律行为说"。

四　法律行为说

"法律行为说"认为，法律行为分为个人法行为与团体法行为两大类。前者如单方行为、合同，是民事主体处分私权、实施交易的私法自治工具；后者则以决议行为为代表，是民事主体参与团体法律生活的私法自治工具。② 其基本观点可概括如下。其一，决议行为的当事人是团体成员而非团体自身，因此参与表决的"成员的单个表决的法律性质就是意思表示"③，基于此，决议行为系调整团体成员彼此间、成员个体与团体整体间权利义务关系之行为。其二，意思自治不等于意思表示一致，"多数决定制"同样是贯彻意思自治原则的一种方式。④ 其三，民主与正当程序是团体成员意思自治的保障机制而非决议行为的效力来源或正当性依据。概括而言，"意思形成说"系以合同为标杆来鉴定、检验决议行为，进而因决议行为与合同在具体形式上的显著差异而得出决议行为并非法律行为的结论；"法律行为说"则是跳出"合同帝国主义"的视野局限，从私法自治的底层逻辑找寻到决议行为与合同、单方行为作为私法自治工具的根本共性，进而将其归入法律行为"大家庭"。鉴于决议行为"法律行为说"是本书的基本立场，后续对《民法典》总则编与公司决议制度适用对接问题的分析均以此为基点，后文会对该说作展开讨论，故此处不再作具体展开。

---

① 参见王雷《我国民法典编纂中的团体法思维》，《当代法学》2015 年第 4 期。
② 参见吴飞飞《决议行为归属与团体法"私法评价体系"构建研究》，《政治与法律》2016 年第 6 期。
③ 孔洁琼：《决议行为法律性质辨——兼评〈民法总则〉第 134 条第 2 款》，载解亘主编《南京大学法律评论》（2019 年春季卷），南京大学出版社 2019 年版，第 141 页。
④ 瞿灵敏：《民法典编纂中的决议：法律属性、类型归属与立法评析》，《法学论坛》2017 年第 4 期。

第二节　决议行为"意思形成说"的学术
贡献及反思

在我国民商法学理论界，"意思形成说"论者最早关注决议行为，其观点对决议行为的理论研究具有启蒙意义，也促使理论界开始重视"团体意思是如何产生的"这一"制度发生学"命题。不仅如此，其在决议行为外部效力认定问题上也拥有"法律行为说"所不具备的解释力。因此，作为观念学说的"意思形成说"所做出的卓越理论贡献不容抹杀，作为描述性词汇的"意思形成说"仍具有丰富的制度解释力。

一　"意思形成说"的主要学术观点

"意思形成说"是在否定决议行为法律行为属性的基础上提炼得来，其理论阐释的重心不在于精确地论证决议行为为何是一种"意思形成行为"，而在于彻底地否定决议行为的法律行为定性，因此"意思形成说"的主要观点通常是在批驳"法律行为说"的过程中作反面阐述时提出。其主要观点可概括归纳为以下几点。

（一）决议行为是团体意思形成行为而非意思表示行为

"意思形成说"论者认为，从逻辑上分析，法律行为是私法主体旨在设立、变更或者消灭权利义务关系所为之行为，是意思表示行为，单方行为、合同无不如此。决议行为则不然，其"并不调整参与制定决议的人们之间的关系，而是旨在构筑他们共同的权利领域或者他们所代表的法人的权利领域"①。它只是创设了团体对外进行意思表示的基础，即形成团体的"内心意思"而已。甚至可以说，它仅仅是团体拟实施某项行为的一个"念头"，人们不可能通过"念头"设立、变更或者消灭彼此间的法律关系。因此，该"内心意思"尚不具有独立的法律意义，还需通过团体的代

---

① 〔德〕卡尔·拉伦茨：《德国民法通论》（下册），王晓晔等译，法律出版社2013年版，第433页。

表人、代理人表示给外部相对人，才产生设立、变更或者消灭权利义务关系的法律效果。如在前述案例中，甲公司与乙银行最终是通过担保合同设立彼此间的担保债权关系，而非通过甲公司的股东会决议。不只学界，实务界亦有持此观点者，如在"绵阳市 A 有限公司、蒋某诉绵阳高新区 B 有限公司股东会决议效力及公司增资纠纷案"中，最高人民法院认为，"公司作为行为主体实施法律行为的过程可以划分为两个层次，一是公司内部的意思形成阶段，通常表现为股东会或董事会决议；二是公司对外作出意思表示的阶段，通常表现为公司对外签订的合同"。①

在"意思形成说"看来，决议行为的意思形成行为定性，不仅逻辑上成立，还具有扎实的实证依据。最直观的例证是非政府组织（NGO）等非营利性法人，该类团体"社员权的重要性相对较弱，它的功能主要表现在法人意思形成机制中"②。其内部组织成员之间并无融投资关系，也无需要被法人予以实现的私人利益诉求，其法人机关决议机制的主要甚至唯一功能是通过科学、民主的决策程序形成需要被表示于外部的相关决策（内心意思）。作个形象的比喻，如果说法人机关是非营利性法人的大脑，那么决议行为就是该大脑的思维运算程序，旨在助力法人形成最优决策而非调整何种法律关系。此外，另有学者从诉讼当事人视角反证决议行为并不调整成员间的法律关系，其指出，"团体成员表决形成决议后，成员因该决议产生纠纷时，被告一般为团体而非参加决议的其他成员，这也说明决议行为不调整成员彼此间的权利义务关系"。③

（二）决议行为以民主与正当程序为其效力基础而不奉行意思自治原则

在"意思形成说"看来，决议行为的效力基础并非来源于私法自治或意思自治，而是来源于民主与正当程序。④ 在这一点上，私法决议与公法决议似乎别无二致。民主原则在决议行为中主要具体化为"一股一票"、"一人一票"以及最终的"多数决定制"；正当程序则表现为流程化的议事

---

① 参见最高人民法院（2010）民提字第 48 号民事判决书。
② 王涌：《法人应如何分类——评〈民法总则〉的选择》，《中外法学》2017 年第 3 期。
③ 徐银波：《决议行为效力规则之构造》，《法学研究》2015 年第 4 期。
④ 参见陈醇《商法原理重述》，法律出版社 2010 年版，第 131~138 页。

程序、表决程序。决议行为违反民主与正当程序原则将导致其效力瑕疵。而法律行为通常并不讲程序，也不怎么讲形式，甚至曾经奉行"形式自由主义"，更无所谓民主可言。法律行为规则体系中亦没有民主与正当程序瑕疵之说。进而言之，决议行为所秉重的民主与正当程序原则，在法律行为理论中并无其理论根源，也无具体的一般法规则与之照应。既然决议行为的民主与正当程序原则同法律行为的意思表示规则风马牛不相及，也就没有将决议行为纳入法律行为体系的实际益处。

法律行为是私法自治之工具，奉行意思自治原则。法律行为对意思自治原则的贯彻体现为，法律行为以意思表示为中心，系"对个体在法律关系形成过程中的'自己意愿'的认可"①，即意思自治、责任自负。在"意思形成说"看来，决议行为并非如此。首先，决议行为的通用议事规则是"多数决定制"，多数派的意志自动升格为团体意志，少数派的意志自动归零。最终通过的决议文件并未尊重、反映少数派的意思自治权，但对少数派仍旧产生拘束力。② 不仅如此，决议文件还对未参加决议的团体成员具有拘束力，如股东会决议不仅可约束股东，还可约束董事、经理等非决议成员，这也与意思自治原则相左。其次，决议行为与法律行为的效力来源不同。法律行为的效力来源于当事人之允诺，而决议行为的效力则来源于民主与程序正义。③ 最后，法律行为理论上的意思表示瑕疵规则无法适用于决议行为。在单方行为、合同中，意思表示有瑕疵的，表意人可申请撤销法律行为，甚至可以请求法院确认法律行为无效。但是在决议行为中，参与决议的成员却不能以其个人意思表示存在瑕疵为由撤销决议或者请求确认决议无效。正因如此，公司法理论界普遍认为，法律行为理论的意思表示瑕疵规则不能适用于公司决议，④ 公司决议"是典型的团体法

① 〔德〕维尔纳·弗卢梅：《法律行为论》，迟颖译，法律出版社2013年版，第7页。
② 参见〔德〕迪特尔·梅迪库斯《德国民法总论》，邵建东译，法律出版社2000年版，第167页。
③ 参见〔德〕迪特尔·梅迪库斯《德国民法总论》，邵建东译，法律出版社2000年版，第167页。
④ 参见钱玉林《股东大会决议瑕疵研究》，法律出版社2005年版，第217~220页。

现象，与个人法上的法律行为、意思表示规则均有显著差异"①。

综上，在"意思形成说"看来，决议行为系团体意思形成行为，尚有待表示于外部，其既无设立、变更或者消灭权利义务关系的效果意思，也不遵从意思自治原则，其所秉重的民主与正当程序原则在法律行为理论中也难觅其抽象性依据。因此决议行为既非法律行为，也无经由解释技艺纳入法律行为体系之必要。

二　"意思形成说"的主要学术贡献

（一）"意思形成说"对我国关于决议行为的理论研究具有启蒙意义

在"意思形成说"提出之前乃至提出后的一段时期内，公司法、物权法等领域虽已有诸多关于股东会决议、业主大会决议等相关研究成果，但是几乎均未系统性地触及法律行为的一般性层面；民法学教材中虽然也有关于决议行为的讨论，但通常是寥寥数语、观点杂糅②、缺少共识③，至多将决议行为与合同等其他法律行为类型进行简单比较④。作为行为的决议和具体的股东会决议、业主大会决议等具体规则之间的沟通对话机制一直未被打通。甚至可以说，有关决议行为的研究处于有"分则"而无"总则"的状态。最直观的例证是，在"意思形成说"提出前，国内理论界并无一篇关于决议行为的专题性论文。2008年陈醇教授在《比较法研究》上发表的《意思形成与意思表示的区别：决议的独立性初探》一文，首次提出"意思形成说"，开决议行为系统性研究之先河。⑤自此之后，理论界才开始追问决议行为之本源，从"行为"的一般性层面而不仅仅是"规则"

---

① 李志刚：《公司股东大会决议问题研究：团体法的视角》，中国法制出版社2012年版，第102页。
② 如梁慧星老师在其所著教材中，既承认决议行为系一种法律行为类型，又引注梅迪库斯的观点认同决议行为不调整成员彼此间的权利义务关系。参见梁慧星《民法总论》（第四版），法律出版社2011年版，第163页。
③ 民法学教材中关于决议行为的定性，至少有"共同行为说""合同行为说""意思形成说""特殊法律行为说""团体法律行为说"等数种观点。
④ 参见朱庆育《民法总论》，北京大学出版社2013年版，第133~134页。
⑤ 参见陈醇《意思形成与意思表示的区别：决议的独立性初探》，《比较法研究》2008年第6期。

的具体化视角重新审视决议，决议行为与法律行为的比较性研究才逐渐兴起，相关文献开始如雨后春笋般涌现出来，决议行为也才得以从一个冷僻的学术词汇成为今日的学术热点题域，团体法行为与个人法行为二元界分亦逐渐成为风尚。因此可以说，"意思形成说"的提出使决议行为的话题意义、学术价值首次被彰显出来，对国内关于决议行为的研究具有启蒙性意义。

（二）"意思形成说"促使理论界开始重视"团体意思是如何产生的"这一"制度发生学"命题

在"意思形成说"提出前，理论界对于股东会决议等决议行为的探讨主要集中在"效力端"，主张进行事后评价，如钱玉林教授于2005年出版的《股东大会决议瑕疵研究》一书就是此阶段的代表性成果。"意思形成说"提出后，理论界开始从"形成端"审视决议行为，关注团体意思形成机制与自然人"内心意思"形成生物机能的差异性，[①] 智识与资本在决议行为中的权重分配、团体成员对表决权的不同期待性[②]等问题，作为"过程"而非"结果"的决议行为逐步受到重视。尤其是，"意思形成说"正式将公法决议以及著名的罗伯特议事规则中的民主与正当程序原则引入决议行为，[③] 为决议行为的理论研究开辟了新领域，极大地丰富了决议行为的研究视野。

尤其是在《公司法》刚实施的背景下，"意思形成说"在这方面的启发意义显著。具体而言，尽管公司法的程序性和决议行为的过程价值近年已经被理论界重视，但《公司法》中有关决议行为的程序性规定可以说十分粗疏，仅仅有召集程序、提案程序、通知程序、表决程序等几处简单的

---

① 参见蒋大兴《重思公司共同决议行为之功能》，《清华法学》2019年第6期；蒋大兴《公司组织意思表示之特殊构造——不完全代表/代理与公司内部决议之外部效力》，《比较法研究》2020年第3期。

② 参见冯果《股东异质化视角下的双层股权结构》，《政法论坛》2016年第4期；赵万一、汪青松《股份公司内部权力配置的结构性变革——以股东"同质化"假定到"异质化"现实的演进为视角》，《现代法学》2011年第3期。

③ 参见陈醇《商法原理重述》，法律出版社2010年版，第131~138页。

规定。[①] 而"英国 2006 年公司法"第 13 部分林林总总共计用了 81 个条文规定公司的"决议和会议"，可以说达到了事无巨细的程度。[②] "美国特拉华州普通公司法"第 7 节以 23 个条文对股东会的会议、选举、投票和通知等程序性事项做了详尽的规定，甚至连会议的记录程序、休会的通知程序等细节性问题均有专门的示范性规定。[③]

（三）"意思形成说"为瑕疵决议外部效力的"善恶二分制"提供了学理依据

瑕疵决议外部效力，主要指团体决议存在瑕疵时，对团体根据该瑕疵决议与外部第三人所为的交易行为效力有何影响的问题。该问题近年在公司越权担保合同纠纷审理中被集中地体现出来，公司法定代表人未经公司股东会或者董事会决议，直接以公司名义对外订立担保合同，合同效力及担保责任承担问题在理论界和实务界引发巨大争议。[④] 就决议外部效力问题，《民法典》第 85 条中规定，"营利法人依据该决议与善意相对人形成的民事法律关系不受影响"。《公司法司法解释（四）》第 6 条针对瑕疵公司决议规定，"股东会或者股东大会、董事会决议被人民法院判决确认无效或者撤销的，公司依据该决议与善意相对人形成的民事法律关系不受影响"。两处条文形成了瑕疵决议外部效力的"善恶二分制"[⑤]，即相对人善意则交易行为效力不受影响，相对人恶意则交易行为无效或者对团体不生效。"善恶二分制"遵循的是团体内外关系"划界处理"[⑥] 的原则，其法益保护的重心在于外部交易相对人的信赖利益，对团体及其利益相关方的保护有所欠缺。尽管如此，"善恶二分制"逻辑简洁，因循久矣，可以在

① 参见林少伟《程序型公司法的证成与实现》，《当代法学》2022 年第 1 期。
② 参见《英国 2006 年公司法》（2012 年修订译本），葛伟军译，法律出版社 2012 年版，第 174~223 页。
③ 参见《特拉华州普通公司法》（最新全译本），徐文彬等译，中国法制出版社 2010 年版，第 80~107 页。
④ 参见王毓莹《公司担保规则的演进与发展》，《法律适用》2021 年第 3 期。
⑤ 李建伟：《公司决议的外部效力研究——〈民法典〉第 85 条法教义学分析》，《法学评论》2020 年第 4 期。
⑥ 蒋大兴：《公司组织意思表示之特殊构造——不完全代表/代理与公司内部决议之外部效力》，《比较法研究》2020 年第 3 期。

一定程度上满足法律的安定性追求，仍旧是当前解决瑕疵决议外部效力问题最具共识性的规则。虽然理论界新近成果试图从决议机关、决议事项区分的路径绕开"善恶二分制"，精细化地解构瑕疵决议外部效力问题，① 但其成效尚有待理论与实践验证。"善恶二分制"尽管法律适用传统悠远，但是其自身也同样需要经受合法性证成的诘问。其合法性证成的路径有两条：其一为常识主义的证成路径，即团体是否作出决议、决议是否有瑕疵，交易相对人一般不容易知悉，善意的交易相对人基于常识性认知，可推定团体的代表人或代理人拥有合法权限；其二为学理层面的证成路径，即团体是否作出决议、决议是否有瑕疵，属团体意思形成程序的问题，逻辑上等同于自然人的"内心意思"，一般情况下善意的交易相对人无从知悉。据此可知，传统意义上的"善恶二分制"在某种程度上可以以"意思形成说"或者说以"意思形成说"的解释逻辑为其学理依托。尽管《最高人民法院关于适用〈中华人民共和国民法典〉有关担保制度的解释》（后称《民法典担保制度司法解释》）第 7 条在公司担保问题上明确规定了债权人对公司相关决议文件的合理审查义务，但其仍旧没有突破"善恶二分制"的基本逻辑，债权人对决议文件的合理审查其实仍旧只能集中于决议文件所"表示"出来的部分，至于该决议是如何作出的，即公司意思形成的过程，很难对债权人苛之以审查义务。

三 "意思形成说"反思

（一）"意思形成说"会消解决议行为的规范意义

对决议行为的性质作出准确界定，首先必须辨明的一个前提性问题是，我们到底站在怎样的视角审视决议行为，视角不同则结论可能大异其趣。决议行为包含两个不同的层面，也就形成了两个不同的认知视角，其一为团体内部治理视角，其二为外部第三人视角，前者为其正面，后者为其侧面。不过，绝大多数情况下我们是在团体内部治理的视角探讨决议行

---

① 参见李建伟《公司决议的外部效力研究——〈民法典〉第 85 条法教义学分析》，《法学评论》2020 年第 4 期。

为，而非站在与团体交易的第三人视角审视之。同理，对决议行为性质的界定也应当立足于团体内部治理视角。然而，"意思形成说"显然是站在与团体交易的第三人视角界定决议行为属性，因此才会得出决议行为系团体意思形成行为的结论。

两种认知视角有以下具体差异。一方面，决议行为的当事人不同。从团体内部治理视角审视决议行为，其当事人必然是团体成员而非整个团体，否则所谓的内部视角就失去其规范意义。就像我们用显微镜观察一个苹果切片的内部构造，是要洞悉其细胞结构，而不能得出它仍旧是苹果的庸俗结论。从外部第三人视角审视决议行为，其当事人必然是作为交易对象的整个团体，至于团体内部的议事和表决情况，一般推定第三人不知道也不应当知道。另一方面，对待团体内部法律关系的态度不同。市场交易靠合同、团体治理赖决议，以内部治理视角审视，决议行为必然要调整团体内部成员间的权益分配、公共治理法律关系。如在公司内部，股东间利润如何分配、表决权如何行使等问题皆属于法律关系范畴。如果依照"意思形成说"，决议行为不调整团体内部法律关系，那前述种种团体事务处理岂不成了无据可依。而从外部第三人视角审视，决议行为不过是形成了团体的"内心意思"，如同自然人内心的"念头"。然而，"内心意思"也好，"念头"也罢，都意味着法律行为尚未开始实施，至多处在"着手"阶段，自然远未延伸到法律关系层面。该种认识显然缺乏实证基础，以股东协议为例，实践中诸多有限责任公司习惯于以股东协议对内部治理事务作出约定，法院普遍将股东协议认定为股东间订立的调整彼此间权利义务关系的合同。然而，也有很多公司是以决议文件的形式对前述公司内部治理事务作出规范。进而言之，同一公司内部治理事务，若以股东协议的形式约定算调整内部法律关系，以形成决议文件的方式为之难道就不算？

"意思形成说"的视角偏差反映了其本质上还是奉行交易逻辑、个人法思路，只不过交易一方当事人由原来的自然人变为了现在的团体，然后把团体类比、拟制为自然人一样的民事主体，再将自然人作出意思表示的过程嵌套于决议行为。然而，团体法的主要功能定位在于规范团体内部法律生活，而非调整团体与外部第三人的法律关系。"意思形成说"的外部第三人视角，无疑会导致团体内部成员隐蔽不彰、身影模糊，人们借助决议行为进行团体生活的规范意义被无形中消解。以公司治理领域为例，实践中股东的利润分配请求权等股东权的具体行使多依赖于股东会决议予以规范、调整，这显然与"意思形成说"的观点相左。如果仅站在外部第三人视角审视股东会决议，股东会决议对公司内部治理的规范调整意义无疑会被消解。

（二）"意思形成说"未能洞悉决议行为作为私法自治工具的底层逻辑

法律行为是私法自治之工具，私法自治分个人法自治、团体法自治两大领域，决议行为系团体自治之工具，从未背离私法自治原则。

其一，团体法上的"多数决定制"是一种以成员意思自治为前提的意思冲突规则，而非多数派对少数派的意思强制。以公司为例，投资人或者股东自愿组建或者加入公司，本身就包含了对"多数决定制"认可的意思表示，而一旦某位股东在某次重大事项的股东会决议中成为少数派（或称异议股东），则他可以通过转让股权（抛售股票）或者请求公司回购股权的方式"用脚投票"，拒绝接受表决结果的支配影响。进而言之，"多数决定制"仅改变了成员意思自治的方式，并非突破其本身。如有学者所言："多数决的规则，其本身就是一种约定的确立，并假定至少有过一次全体的一致同意。"①

其二，意思表示瑕疵则法律行为可撤销的逻辑本身亦有瑕疵，不应成为否认决议行为法律行为属性的理由。以合同为例，一方当事人因重大误解导致其作出错误的意思表示，根据意思自治原则，他能且仅能撤销自己一方的意思表示。若允许其撤销整个合同，则相对方的意思表示也被其撤销，相对方的意思显然因此而不能自治。如有德国学者指出："可撤销者不是整个契约，而是具体的、发生错误的意思表示。"② 只不过因为法律行

---

① 瞿灵敏：《民法典编纂中的决议：法律属性、类型归属与立法评析》，《法学论坛》2017年第4期。

② Hans Brox & Wolf-Dietrich Walker, Allgemeiner Teil des BGB, 39. Aufl., 2015, Rn. 439, 转引自马强《论决议行为适用意思表示瑕疵的规则——以公司决议中表决人意思表示瑕疵为考察重点》，《华东政法大学学报》2021年第1期。

为理论的适用领域在过去长期局限于个人法范围内，对于单方行为、合同等个人法行为而言，撤销意思表示与撤销法律行为在法律后果上并无实质性差异，故为求简便，不再特意区分究竟是撤销意思表示还是法律行为。进而言之，正本清源的意思表示瑕疵规则，应为"意思表示瑕疵—意思表示可撤销"这样的逻辑构造。于单方行为、合同而言，撤销意思表示后，法律行为效力状态应为不成立而非无效；于决议行为而言，成员撤销其有瑕疵的意思表示（表决权数）后，根据决议行为是否还能满足法定、章定的最低通过比例，分为有效和不成立两种效力状态。因此，正本清源之后的意思表示瑕疵规则适用于决议行为并无任何障碍，更不应成为否定决议行为法律行为属性的说辞。

其三，民主与正当程序是团体民主、科学决策的保障机制，旨在追求更高质量的私法自治，但非决议行为的正当性基础或者效力来源。具体理由如下。第一，决议行为拘束力之根本来源，是成员意思自治，即成员愿意接受以决议的方式管理其团体生活、调整团体内部权利义务关系，而非依赖民主与正当程序。道理非常简单，假如成员系被强迫加入团体组织，团体决议无论如何民主、如何符合程序正义，均不合法。第二，民主与正当程序对于决议行为而言，工具属性大于价值属性。以民主程序为例，其在决议行为中主要体现形式是以"一人一票"、"一股一票"或"同股同权"为基础的"多数决定制"。显然，在团体决议中，"一人一票"、"一股一票"或"同股同权"均非刚性原则，可被成员意思自治所替代。如《公司法》第65条规定："股东会会议由股东按照出资比例行使表决权；但是，公司章程另有规定的除外。"公司章程完全可以规定根据股东的贡献大小行使表决权，这虽不符合民主原则，却符合股东自治精神，即当民主与意思自治发生冲突时，意思自治具有优先性。正当程序亦是如此，如《公司法》第59条对有限责任公司股东会法定决议事项作出了列举式规定，该条最后一款却规定，"对本条第一款所列事项股东以书面形式一致表示同意的，可以不召开股东会会议，直接作出决定，并由全体股东在决定文件上签名或者盖章"。也即，全体股东的意思自治可以免除决议程序，此时私法自治仍旧优位于正当程序。综上，民主与正当程序不过是团体民主、科学决策的保障机制,系因团体决议全体一致规则的成本缺陷所产生,工具属性显著。换言之,如果"组织(团体)决策的总成本为零,全体一致规则将会是最佳决策(决议)方案"①,也就不再需要民主与正当程序。进而言之,对于决议行为而言,私法自治或意思自治是精神内核、伦理基础,民主与正当程序则是实现前者的手段与工具。

(三)"意思形成说"会导致法律行为效力评价规则的体系性紊乱

"意思形成说"试图在法律行为效力评价规则体系之外,建立一套独有的决议效力规则,但该种做法会导致法律行为效力评价规则的体系性紊乱。具体原因如下。

其一,割裂决议行为与法律行为的关系,决议效力规则将陷入"身份性"危机。既有的决议效力规则均沿袭了大陆法系潘德克顿法学的法律行为效力评价理论,决议成立、生效、撤销与无效规则无不如此。英美法系国家无所谓法律行为理论,"所以其决议行为规则重在损害救济而非效力评价"②。既然如此,我们否认决议行为法律行为属性的自信来源于何处?如果决议行为不是法律行为,那决议行为还要不要继续沿用与法律行为一脉相承的效力评价规则?根据"意思形成说"的观点,决议行为不过是团体的"内心意思",尚未表示给相对人。如此一来,决议行为的效力规则就沦为"内心意思"的效力规则,而与"法律不惩罚思想犯""法律不评价人的内心想法"等古老传统背道而驰。决议行为不应该像一个叛逆期的孩子,一边迫不及待地向法律行为宣扬其独立性,一边又天经地义地沿用法律行为的效力评价规则。

或许会有观点以决议效力规则并不同于法律行为的效力评价规则为理由,来否定笔者前述观点。这种观点显然是陷入了"白马非马"的认识论误区,也反映出该类观点对法律行为这一概念的理解偏差。一般认为,法律行为具有提取公因式的功能,如朱庆育教授提出,"形式上,法律行为概念之抽象,使得民法典各编能够提取一般性的公因式,从而促成总则编

---

① 〔美〕詹姆斯·M.布坎南、戈登·图洛克:《同意的计算:立宪民主的逻辑基础》,陈光金译,上海人民出版社 2017 年版,第 86 页。

② 叶林:《股东会决议无效的公司法解释》,《法学研究》2020 年第 3 期。

的出现"①。然而，法律行为本身恰恰不是经由抽象而得来，弗卢梅教授对此明确指出："《民法典》为法律行为所制定的规范，从历史的发展过程来看，并不是为抽象的'法律行为'所制定。换言之，那些在长期的法律历史发展过程中针对单一法律行为所制定的规范，转而被适用于抽象的'法律行为'。"② 简单来说，既有的法律行为规则，并非由诸种法律行为类型抽象提取公因式得来，而是来自对某一具体法律行为类型的具体规则的直接吸收，这一具体法律行为类型就是合同，因为合同最为常见、常用。进而言之，既然法律行为效力评价规则主要来自合同效力规则，我们就不能因决议效力规则不同于合同效力规则而否定其法律行为身份。恰恰相反，决议行为被《民法典》收编，回归法律行为"大家庭"后，法律行为效力评价规则得以重新提取公因式，不再困于合同效力规则。

其二，"意思形成说"无法与代理权授予行为保持性质上的体系一致性。仅从法律关系的内外结构上看，代理权授予行为与决议行为具有相似之处，二者均系代理人（或法定代表人）以被代理人（或法人）名义与相对人实施法律行为的基础。如果按照"意思形成说"的解释逻辑，决议行为不过是形成了公司方的"内心意思"，代理权授予行为也不过是形成了被代理人借代理人之手实施法律行为的"内心意思"。然而，关于代理权授予行为的性质，理论上一般认为，意定代理授权行为原则上属于单方法律行为，通说甚至认为，意定代理只能基于单方法律行为授予，③ "代理权的授予系法律行为（单独行为），其有瑕疵时应适用民法总则规定"④。实定法上，《德国民法典》第 167 条规定，"意定代理权的授予，以对被授权人或代理应对之发生的第三人表示为之"⑤。"表示为之"即以意思表示的

---

① 朱庆育：《民法总论》，北京大学出版社 2013 年版，第 73 页。
② 〔德〕维尔纳·弗卢梅：《法律行为论》，迟颖译，法律出版社 2013 年版，第 37 页。王利明教授亦指出："法律行为是对合同法总则高度抽象的产物，但合同法总则不能完全代替法律行为。"王利明：《法律行为制度的若干问题探讨》，《中国法学》2003 年第 5 期。
③ 参见〔德〕维尔纳·弗卢梅《法律行为论》，迟颖译，法律出版社 2013 年版，第 1034 页；王利明《论民法典代理制度中的授权行为》，《甘肃政法大学学报》2020 年第 5 期。
④ 王泽鉴：《民法总则》，北京大学出版社 2009 年版，第 434 页。
⑤ 《德国民法典》（第 5 版），陈卫佐译注，法律出版社 2020 年版，第 60 页。

方式为之，显然具有单方法律行为属性。并且，代理权授予行为须产生授予代理权的法律效果，而"内心意思"不可能产生法律效果。因此，若将决议行为界定为意思形成行为，那它与代理权授予行为在性质上就会出现体系不一致的矛盾。

第三节 决议行为的团体法律行为属性证成与展开

法律行为是私法自治工具，决议行为是公司等团体自治工具，因此决议行为与法律行为作为私法自治工具的底层逻辑一致，这是决定决议行为法律行为属性的根本依据。私法自治分个人法自治、团体法自治两个维度，合同自治属于个人法自治，决议自治属于团体法自治，所以决议行为属于法律行为体系中的团体法律行为，是法律行为的两大主干之一。

一 决议行为为何系团体法律行为

（一）法律行为制度核心价值在于为私法行为提供一套"私法评价体系"

"法律行为是私法自治之工具"是当前学界对法律行为的共识性认知。然而，对法律行为的该种认知过于大而化之而无法准确地表达出法律行为制度的真正价值功能之所在。正因如此，法律行为制度在民法学上亦饱受诟病。如茨威格特与克茨在《比较法导论》中指出："（法律行为）作为一种认识工具，于私法秩序之构建而言，并无太大助益。"[1] 薛军教授亦认为："应在立法中避免采用'法律行为'这一过于抽象的学理概念。"[2] 笔者认为，之所以会有学者对法律行为的作用存疑，原因在于当前学界对于法律行为的理解与认知还主要停留在伦理层面，而未能从实证层面真正澄清法律行为制度的价值功能。我们并不能仅仅因为法律行为理论源远流长，就盲目地奉其为圭臬。法律行为理论及其制度亦无法回避价值何在的正当性追问。

① K. Zweigert & H. Koetz, An Introduction to Comparative Law, Vol. 2, trans. by Tony Weir, Znd. Clarendon Press, 1987, pp. 5-6.
② 薛军:《法律行为理论：影响民法典立法模式的重要因素》,《法商研究》2006 年第 3 期。

从实践或者操作层面而言，法律行为制度的核心价值功用在于，它使我们构筑一套法律行为的"私法评价体系"成为可能。如针对法律行为制度的实践意义，柳经纬教授认为，"其一，法律行为制度确认了意思表示效力，确立了'法无明文禁止即合法'的规则；其二，法律行为制度构建的规范体系为人们设立权利义务关系提供了行为模式；其三，法律行为制度确立了行为缺陷的救济之道"①。一言以蔽之，即法律行为制度确立了意思自治的"私法评价体系"。"私法评价体系"是与"公法评价体系"相对的一套法律行为与事实评价体系。"私法评价体系"之评价结果即法律后果主要由私权主体提前预设，"公法评价体系"之评价结果或法律后果则主要由法律强行配置。并非私法法域部门法规范的法律后果评价都是"私法评价"。如合同法在法律属性界定上应当隶属于私法法域，但合同法所给出的法律后果评价却包含了"公法评价"与"私法评价"。具体而言，如1999年颁布的《中华人民共和国合同法》②〔下称《合同法》（1999年版）〕第52条规定了合同无效的五种情形，分别是：第一，一方以欺诈、胁迫的手段订立合同，损害国家利益；第二，恶意串通，损害国家、集体或者第三人利益；第三，以合法形式掩盖非法目的；第四，损害社会公共利益；第五，违反法律、行政法规的强制性规定。当合同存在上述五种情形中的任何一种时，合同行为即产生了超出当事人范围之外的负外部效应，也不再是一个私法问题，法律对该种合同所作之评价亦不再是"私法评价"而应当属于"公法评价"。若合同没有对国家利益、社会公共利益或者第三人利益产生负外部效应，而仅在当事人之间存有分歧，如重大误解与显失公平，则法律所给出的评价属于"私法评价"。法律行为制度之核心价值功能就在于为私法行为提供一套"私法评价体系"。我们借助法律行为制度可对具体法律行为是否成立、是否有效、具有怎样的拘束力做出合法之裁断。

---

① 柳经纬：《意思自治与法律行为制度》，《华东政法学院学报》2006年第5期。

② 本法已因《民法典》的施行而废止。

（二）决议行为系构建团体法"私法评价体系"的线索与纽带

1. 团体法尚未建立适用于团体行为的"私法评价体系"

民事主体有个人（自然人）与团体之分，民法规范亦有个人法与团体法之分。然而，近代民法崇尚个人法，即便是民法学研究方法亦崇尚个人主义方法论。合同法是典型的个人法，法律行为制度在合同法中早已具体化为一套相对完善的"私法评价体系"。借助合同法所提供的"私法评价体系"，我们可以穿透合同之外衣窥探到隐匿在合同里的人及其意思表示。团体法则不然，团体法至今未能构筑一套自身的"私法评价体系"。以公司法为例，它是典型的团体法，如果我们细致地分析我国《公司法》的条文规范可知，它的"公法评价体系"已经成型，如公司资本制度、法人人格否认制度等都已有了较为完善的法律适用规则。但是《公司法》的"私法评价体系"却严重缺失。如针对"公司章程的法律属性是什么"的基础性命题，《公司法》都未能明确。司法实践中，当法官面对"涉章纠纷"时，有的法官依据章程"合同说"予以裁判，有的则以章程"自治法规说"做出裁断，裁判路径多元，裁判结果更是五花八门。章程"合同说"试图将个人法之"私法评价体系"套用于团体法，章程"自治法规说"则因无法言明章程之约束力是如何产生的而无法自圆其说。又如公司法领域存在两种自治，一为公司自治，一为股东自治，在公司治理实践中这两种自治权经常发生冲突，而《公司法》并未建立一套完善的冲突规则。《公司法》第84条集中地反映了公司自治权与股东自治权彼此对冲的紧张状态。该条最后一款规定，"公司章程对股权转让另有规定的，从其规定"。然而，公司章程到底可以以公司自治之名对股东自由转让股权之行为作多大程度之限制呢？公司法对此付之阙如，司法实践中法官对该问题之认识更是歧见丛生、莫衷一是。

我们的团体法已然建立了维护国家利益、社会公共利益、集体利益以及第三人利益的"公法评价体系"，而"私法评价体系"这一环却严重缺失。这就导致团体成为一个"治理黑箱"，我们只能了解它的外在形态而无法深入其中洞悉其内在结构。如在决议行为的"意思形成说"看来，决议并不在参与成员间产生权利义务关系。若真如此，法律借助什么对团体内部关系作出评价呢？团体岂不是"无法无天"了？对此观点，"意思形成说"或许会以决议须遵守民主与正当程序为由进行驳斥。然而，民主与正当程序显然不足以将公法团体与私法团体区分开来，更无法应对团体自治这一问题之本质。

2. 决议行为与法律行为伦理同源

决议行为的伦理基础甚至法律行为的伦理基础在民法学理论界并非不证自明，各方观点不尽相同。针对决议行为，有学者认为其伦理基础是社团自治，[①]有学者则认为是程序正义。[②] 对于法律行为之伦理基础，有学者认为是"交换正义与纯粹的程序正义"[③]。所谓伦理基础，是指源自伦理层面的正当性。笔者认为无论是法律行为还是决议行为，在最根本的伦理层面，其正当性都来源于意思自治。交换正义、程序正义、社团自治等都不是法律行为或者决议行为的伦理基础。这是因为：其一，交换正义的本质在于平等而非自治；其二，程序正义于私法而言工具理性大于价值理性，程序规则在私法中可因当事人之同意而被排除适用，如在有限责任公司中全体股东书面一致同意即可免开股东大会；其三，社团自治不等于团体自治，社团自治之主体是社团，团体自治之主体是团体成员。是故，若将决议行为之伦理基础界定为社团自治，则团体成员意思得不到彰显，团体沦为"治理黑箱"。并且，即使我们认可社团自治，它也不足以深入伦理基础这一问题根本面。

决议行为与法律行为具有共同的伦理基础，即意思自治。意思自治在私法中的原则化体现是私法自治。私法自治之实现方式多种多样，私法主体可借助单方行为为之，可借助合同行为为之，亦可借助共同行为与决议行为为之。法律行为制度对于私法的意义可以分为两个层面：其一，在价值理性层面融贯意思自治与私法自治原则；其二，在工具理性层面为私法行为构建起一套完整的"私法评价体系"。是故，如果把决议行为从法律行为中分离出来，私法自治就将被局限于个人意思自治，同属私法的个人

---

①　参见徐银波《决议行为效力规则之构造》，《法学研究》2015 年第 4 期。
②　参见陈醇《商法原理重述》，法律出版社 2010 年版，第 134~138 页。
③　易军：《法律行为制度的伦理基础》，《中国社会科学》2004 年第 6 期。

法与团体法就要遵循两套评价体系，这就造成了私法体系的割裂化。在私法体系之中，旧有民法与商法"是独是统"尚有争议，若又要割裂个人法与团体法之同源关系，实非正举。因此，决议行为属于法律行为之一类，决议行为制度乃私法主体团体生活之行为程式。

3. 决议行为之纽带与线索功能

在前文中笔者指出，我国现有团体法尚未建立起一套完善的"私法评价体系"。团体法"私法评价体系"之构建在价值层面需私法自治原则之引导，在操作层面需法律行为制度之规范。决议行为制度在宏观层面是连接团体法与《民法典》总则编的桥梁与纽带，在微观与具体层面则是构筑团体法"私法评价体系"的线索。决议行为是法律行为在团体法领域的特殊化表现，决议行为制度与《民法典》总则编中的一般性法律行为制度一脉相承。如此一来，团体法"私法评价体系"并非无源之水、无本之木。具体而言，决议行为及其制度对团体法"私法评价体系"构建之价值功用主要体现为下述两个方面。

其一，有利于明晰公权力介入团体治理的限度及其方法。团体自治抑或社团自治并非新颖的学术话题，且在一些领域，如公司治理领域，尊重团体自治甚至已经成为共识性认知。然而，不无遗憾的是，当前学界以及法律实务界对于团体自治之认识还主要停留在观念性层面，对于公权力介入团体治理的限度以及介入方法这些操作性、方法性层面的问题尚未形成初步共识。一言以蔽之，当前的团体自治尚处于有理念而无方法的阶段。公权力介入团体治理的限度并非止于不违反法律、行政法规的强制性规定或不违反社会公德与善良风俗，基于这些因素的公权力介入都属于"公法评价"而非"私法评价"。公权力对团体治理的"私法评价"主要体现为对两种正当性权利或价值理念彼此间冲突的评价与定夺，如公司自治权与股东权的冲突、公平与效率的冲突。在上述情况下公权力何时可以介入、何时不能介入、使用何种介入方法等问题都亟待明晰。而决议行为及其制度是要在私法自治理念与一般性法律行为制度的引导下，确立团体法行为的成立要件、生效要件（或效力阻却要件）、无效救济要件等，通过这些规则要件，团体法之"行为规范"才可转换为可资公权力机关援引适用的

"裁判规范"。①如此一来，公权力介入团体自治的限度与方法就规则化、明晰化了。以公司治理中经常发生的股东除名纠纷为例，根据德国公司法的规定，公司股东大会作出除名决议后，该除名决议成立而未生效，唯有向法院提出除名之诉并经由法院确认除名决议效力之后，决议方才生效。②简而言之，在德国公司法上，除名之诉乃是除名决议行为的生效要件，作此规定的法院介入股东除名决议行为的限度与方法就明确化了。

其二，有助于团体自治规则化、科学化。团体自治不是"无为而治"，而应当是"规则之治"。没有规则的团体自治，或者陷入"威权治理"泥沼，团体内部民主、公平不彰；或者落入"少数剥削多数③"的集体行动泥沼，团体治理效率低下、僵局频出。从团体自身而言，团体自治的规则化是确保团体治理公平、高效的基础性手段。然而，规则亦有优劣之分，有规则未必就有秩序，有秩序亦不意味着有效率。因此，团体自治不仅需要有规则、讲规则、用规则，还要求规则必须具有科学性。决议行为规则作为中外团体的"通用议事规则"（general/common parliamentary law）④，普适性极强，且在公法上已经形成了较为完善的议事规则与表决规则，具备科学性。团体法可在秉持私法自治理念的基础上，充分参考与借鉴公法决议规则，完善团体法自身的决议行为规则，为团体自治的规则化、科学化提供一套高质量"模板"，供团体直接借用或者做改进性适用。

二　决议行为作为团体法律行为之实益

笔者赞同决议行为的团体法律行为说定性。鉴于理论界已经有不少著

---

① 黄茂荣教授提出，"行为规范在逻辑上当同时为裁判规范。若行为规范不同时为裁判规范，则行为规范所预设之法律效力不能贯穿于裁判中，从而失去命令或引导人们从事其所命令或引导之作为或不作为的功能"。参见黄茂荣《法学方法与现代民法》，法律出版社 2007 年版，第 141~142 页。

② 参见〔德〕托马斯·莱塞尔、吕迪格·法伊尔《德国资合公司法》（第 3 版），高旭军等译，法律出版社 2005 年版，第 522 页。

③ 〔美〕曼瑟尔·奥尔森：《集体行动的逻辑》，陈郁等译，格致出版社、上海三联书店、上海人民出版社 2011 年版，第 3 页。

④ 参见〔美〕亨利·罗伯特《罗伯特议事规则》（第 10 版），袁天鹏、孙涤议译，格致出版社、上海人民出版社 2008 年版，第 11 页。

述对决议行为的法律行为定性进行了较为系统的论证，本书不再进行补强
式探讨。如果决议行为的属性界定问题，仅仅关乎决议行为、法律行为的
逻辑自洽性，则相关学说争论不免给人以"咬文嚼字"之嫌，部分读者基
于实用主义的哲学观，或许对种种学说争论嗤之以鼻。然而，事实显然并
非如此。决议行为的法律行为化，其实益体现在两个方面：其一，使法律
行为理论改变其单纯以合同为蓝本的体系构造，重新提取一次公因式；其
二，法律行为理论所秉承的私法自治精神得以从宏观价值理念与具体规则
设计两个层面渗透到团体决议治理中，使决议规则之进化完善有迹可循、
有本可依。

（一）决议行为对法律行为理论的反哺意义

迄今为止，针对决议行为，理论界关注的重点都集中在法律行为理论
是否能够适用、指导决议行为。甚少有人反其道而行，关注决议行为纳入
法律行为"大家庭"后，对于法律行为理论的反哺意义，而恰恰是后者使
法律行为理论得以"老树开新花"，重新提取其公因式。① 决议行为对法律
行为理论的反哺意义，主要体现在下述两个层面。

1. 可使法律行为与意思表示的关系更加明晰

法律行为理论虽号称是德国潘德克顿法学体系之精髓，但是在意思表
示与法律行为的关系上，历来含混不清、歧见丛生。在萨维尼看来，法律
行为与意思表示系同义词，是私人的、旨在引起某种法律效果的意思表
示。② 朱庆育教授是该观点的坚定支持者，他认为："意思表示已足以统摄
私法上一切'根据当事人意志发生法律效果'的行为，并且能够充分揭示
其中蕴含的私法自治理念。"③ 有学者将该类观点概称为"法律行为的'意
思表示说'"。④ 现如今甚少有人再坚持"意思表示说"，法律行为与意思
表示系包含性关系，法律行为是一种社会性活动，应当具有规范性，已逐

① 参见吴飞飞《论决议对法律行为理论的冲击及法律行为理论的回应》，《当代法学》2021
年第 4 期。
② 参见〔德〕迪特尔·梅迪库斯《德国民法总论》，邵建东译，法律出版社 2000 年版，
第 142 页。
③ 朱庆育：《意思表示与法律行为》，《比较法研究》2004 年第 1 期。
④ 参见窦海阳《论法律行为的概念》，社会科学文献出版社 2013 年版，第 47~49 页。

渐形成共识。但法律行为的规范性究竟以何种要素形式在法律行为的结构框架中体现出来，观点不一。有观点认为，法律行为是意思表示与"其他法律事实"的加总，"在多数情况下，根据实定法之规定，当事人若想使法律效果产生，除了应发出意思表示外，还必须从事其他行为，特别是某些实施行为"①。物之交付、登记、要式行为中的特定形式，均算"其他法律事实"。"其他法律事实"这种说法，像"箩筐"一样将法律行为中的非意思表示成分"一揽子打包"，法律行为的规范性、结构性反而无法得以彰显。

决议行为归入法律行为体系后，对我们解构法律行为与意思表示的关系确有启发意义。相对于其他法律行为类型，决议行为的法律结构比较明确，团体成员支持或反对的意思表示通过法定、章定的程序作出，即为决议。因此，决议行为的法律结构可概括为"意思表示+程序"。以决议行为为镜反观法律行为，似乎可认为，"当事人寻求特定法律效果的意思表示通过法定、约定（章定）的程序或形式作出，即为法律行为"。其中，在团体决议中体现为程序，在单方行为、合同等个人法行为中的体现可统一概括为形式，如合同之合意、书面形式等均可纳入法律行为之形式。综上所述，法律行为的规范结构可以表述为"意思表示+程式"，"程式"是程序与形式的统合称谓。团体法上的程序是个人法上形式的高级形态，形式是静态的程序，程序则是动态的形式。由形式到程序的过程，也是法律行为由简单到复杂的渐变过程。意思表示是否有瑕疵关乎法律行为是否有效，偏重价值判断；"程式"是否有瑕疵则关乎法律行为是否成立，偏重事实判断。尽管笔者不敢妄言法律行为的规范结构等于"意思表示+程式"的观点一定正确，但该观点无疑可为法律行为与意思表示关系的清晰化提供一个思考的方向。

2. 可使法律行为效力评价规则更加精准

决议行为纳入法律行为体系后，对后者的"反哺"意义是多重的，其

---

① 〔德〕卡尔·拉伦茨：《德国民法通论》（下册），王晓晔等译，法律出版社2013年版，第427页。

中最主要体现在下述两个方面。

其一，意思表示瑕疵规则的精准构造。法律行为理论上的意思表示瑕疵规则之适用，集中体现于可撤销行为规则，即"意思表示瑕疵—法律行为可撤销"，欺诈、胁迫、重大误解、显失公平法律行为的效力评价均遵循该逻辑。然而，决议成员意思表示瑕疵却不能撤销决议，正因如此，公司法理论界长期认为，公司决议"原则上不适用民法的意思表示的诸类规定"①。

决议行为法律行为化后，意思表示瑕疵规则不得不重新提取公因式，以涵射决议成员意思表示瑕疵。"意思表示瑕疵—法律行为可撤销"规则成立的逻辑前提是法律行为等于或接近等于意思表示。否则，遵循意思自治原则，表意人意思表示有瑕疵，其仅能撤销该瑕疵意思表示，而不能撤销法律行为。因为撤销法律行为，意味着他方当事人的意思表示也被撤销，导致他方当事人意思不自治。② 在个人法上，法律行为接近等于意思表示。单方行为仅有一个意思表示，意思表示瑕疵被撤销后，法律行为完全失去其基础依托；合同有两个或者多个一致同意的意思表示，一方意思表示瑕疵，合意机制无法达成。因此，"意思表示瑕疵—法律行为可撤销"规则的逻辑缺陷长期未被反思。

然而，遵循本书的逻辑，决议行为被纳入法律行为后，法律行为的规范结构可重构为"意思表示+程式"。在决议中，法律行为不再等于或接近等于意思表示，并且各个当事人或者成员的意思表示彼此间具有独立性，不需要形成合意。决议成员意思表示瑕疵，既不能撤销决议，也不能撤销其他成员的意思表示。因此，意思表示瑕疵规则重新提取公因式后，"意思表示瑕疵—法律行为可撤销"规则就应当变为"意思表示瑕疵—意思表示可撤销"，意思表示瑕疵规则得以回归其本来面貌。在个人法上，瑕疵意思表示被撤销后，法律行为的效力状态为不成立而非无效；③ 在团体法

---

① 〔韩〕李哲松：《韩国公司法》，吴日焕译，中国政法大学出版社 2000 年版，第 268 页。

② 参见张旭荣《法律行为视角下公司会议决议效力形态分析》，《比较法研究》2013 年第 6 期。

③ 参见邵建东《论可撤销之法律行为——中德民法比较研究》，《法律科学》1994 年第 5 期。

上，瑕疵意思表示被撤销后，根据决议是否还能满足最低通过比例，呈现出有效和不成立两种效力状态。

其二，形式瑕疵法律行为的效力评价获得更多共识。在法律行为理论的发展史上，"意志论"长期占据上风，重意思表示而轻形式的法律传统因循久矣，形式在法律行为中的独立意义长期未被重视，以至于形式瑕疵究竟对法律行为效力有何影响这类基本命题，至今仍旧观点不一。有观点认为，"违背形式强制的法律行为不成立"①；有观点则认为，应采"违背形式强制法律行为无效+形式瑕疵治愈、补正的立法模式"②。《民法典》第490条第2款规定："法律、行政法规规定或者当事人约定合同应当采用书面形式订立，当事人未采用书面形式但是一方已经履行主要义务，对方接受时，该合同成立。"对该款作反面解释，可得出未依法、依约采用书面形式的合同不成立之结论。但毕竟《民法典》总则编并未对该问题作出规定，第490条第2款之孤例显然不足以平抑理论纷争。

然而，无独有偶，与个人法行为之形式瑕疵对应的决议之程序瑕疵，在《公司法》第25、26条及《公司法司法解释（四）》第4、5条中有比较完善的规定。即重大程序瑕疵，决议不成立；一般程序瑕疵，决议可撤销；轻微程序瑕疵，决议有效。《民法典》第490条第2款规定的合同形式瑕疵可类比《公司法司法解释（四）》第5条所规定的重大程序瑕疵。基于体系性解释方法可得出"在实定法上'程式'瑕疵并非法律行为法定无效事由"之结论，因此形式瑕疵对法律行为效力究竟有何影响的问题可获得进一步共识。从逻辑上分析，《公司法司法解释（四）》第5条关于重大程序瑕疵公司决议不成立的规定也是正确的。具体而言，法律行为无效属于价值判断，法律行为不成立属于事实判断，意思表示问题通常是价值判断问题，形式与程序问题则主要是事实判断问题，因此形式与程序瑕疵在逻辑上仅能影响法律行为成立，而不能导致其无效。

---

① 杨代雄：《合同的形式瑕疵及其补正——〈合同法〉第36条的解释与完善》，《上海财经大学学报》2011年第6期。
② 朱广新：《书面形式与合同的成立》，《法学研究》2019年第2期。

（二）法律行为理论对决议规则的规范意义

决议规则尤其是公司决议规则，具有鲜明的实用主义特征，如若法律行为理论对决议规则无实际规范指导意义，将决议行为纳入法律行为对前者而言缺乏实质价值，显得"鸡肋"。事实显然绝非如此，实际上法律行为理论对决议规则的规范指导远远早于《民法典》总则编第 134 条对决议行为的身份确认时点，第 134 条不过是使其变得名正言顺、师出有名。

1. 法律行为理论对决议规则的抽象规范意义

一方面，法律行为理论为团体决议自治提供了私法依据。尽管团体自治是一个时常被提及的词汇，但人们甚少反思其根源依据。如公司自治是公司法上的高频词汇，却绝少有人去深究公司因何可以自治。搞不清楚团体自治的根源依据，就无法清晰、明确地界定自治、民主、正当程序等法律价值在团体治理中的位阶序列。法律行为乃私法自治之工具，《民法典》将决议行为纳入法律行为"大家庭"后，团体自治得以被私法自治所吸收，团体法得以被私法所吸收，自此私法自治的价值理念便可以借助决议行为这一通道灌注到团体治理中，成为团体自治的私法依据。如有学者所言，"决议行为制度是构建团体法'私法评价体系'的纽带与线索，在价值理性层面将私法自治理念贯穿到团体法'私法评价体系'的精神构造之中"①。最为关键的是，如此可使私法上的决议行为与公法决议彻底区分开来，避免决议规则陷入公私不分的尴尬境地，民主与正当程序在私法决议与公法决议中因此被差别对待，也就顺理成章。另一方面，法律行为理论明确了决议规则的价值位阶。团体自治、民主、正当程序等皆是决议行为所应遵循的基本价值理念。然而，诸种价值理念在团体决议治理中的冲突不可避免。在"意思形成说"看来，民主与正当程序才是决议行为、团体治理的至高价值理念，团体决议不得违反民主与正当程序原则。而在法律行为理论视角下，团体自治才是决议行为的至高价值理念，团体自治可以治愈民主与正当程序瑕疵。从公司法上的双层股权结构对决议民主原则的背离及有限

---

① 吴飞飞：《决议行为归属与团体法"私法评价体系"构建研究》，《政治与法律》2016 年第 6 期。

责任公司全体股东一致书面同意可免除决议程序规则可知，团体自治优先于民主与正当程序的位阶序列安置逻辑更有其实定法基础。

2. 法律行为理论对决议规则的具体规范意义

因法律行为理论的重心在意思表示，所以法律行为规则主要体现为一系列的效力规则，因此法律行为理论对决议规则的具体规范主要体现在对决议效力规则的指导规范意义。尽管法律行为理论对决议效力规则的具体规范意义是多维度、多层面的，但是可以抽象提炼为以下两个重要层面。第一，决议效力规则获得身份性确认与一般法支撑。如前文所述，既有的决议效力规则其实主要借鉴自法律行为效力评价规则，在决议行为未被法律行为"收编"之前，其对法律行为效力评价规则的借鉴具有"偷师"意味，名不正、言不顺。而决议行为获得法律行为的身份性认证后，其对法律行为效力评价规则的借鉴甚至照搬都变得名正言顺。决议行为获得法律行为的身份性确认，最直观的意义体现为，法律行为理论、规则可以作为一般法填补作为特别法的决议效力规则之漏洞。以公司决议瑕疵为例，《公司法司法解释（四）》第5条增设了公司决议不成立这一瑕疵情形，使得公司决议瑕疵由"二分法"变为了"三分法"，较好地克服了"二分法"的某些固有缺陷。而公司决议不成立这一瑕疵情形，显然来自法律行为成立理论，而非公司法自创得来。第二，法律行为理论对决议效力规则完善的具体规范。具体而言，包括但不限于下述几个层面。其一，意思表示瑕疵规则贯通适用于决议行为。如前文所述，法律行为不等于意思表示，意思表示瑕疵规则的正确表达方式应当是"意思表示瑕疵—意思表示可撤销"。决议行为法律行为化后，法律行为理论的意思表示瑕疵规则可贯通适用于决议行为，决议瑕疵的原因事实由内容瑕疵、程序瑕疵两分变为意思表示瑕疵（或称为表决权瑕疵）、内容瑕疵、程序瑕疵三分，意思表示瑕疵来源于一般法，内容与程序瑕疵则属于特别法范畴。伪造股东签名决议等成员意思表示瑕疵决议的效力究竟应当如何认定的问题可获得相应解决方案。其二，重大程序瑕疵决议究竟应为何种效力状态的理论争议可被进一步澄清。持"意思形成说"观点者认为，重大程序瑕疵决议应为无效决议，如叶林教授认为该类决议"违反了民主参与规则，属于无效决议"①。然而，以法律行为理论作为解释立场，民主与正当程序不过是团体自治的保障机制而非其至高价值，全体成员的一致同意、异议成员的事后追认以及团体事后决议均可补正重大程序瑕疵，故重大程序瑕疵不宜作为决议行为的无效事由。并且，实践中绝少有单纯严重违反民主与正当程序规则的决议，存在重大程序瑕疵的决议往往涉及内容违法情形，可适用"内容违法无效规则"予以认定，而没必要抬高民主与正当程序原则的效力位阶。如若某项决议单纯存在重大程序瑕疵，而无其他瑕疵情形，对于此类缺乏内容危害性的决议，从维系团体治理稳定性的角度而言，也不宜对其作无效认定。因为决议效力规则的法理定位应当是预防、制止对团体及其成员有不法侵害的决议生效，而非对作出决议的团体施加惩罚，即使惩罚也应当是惩罚具体造成决议瑕疵的团体成员或其他责任人。就此来看，《公司法司法解释（四）》第5条将存在重大程序瑕疵的公司决议规定为决议不成立，显然是正确的。其三，对决议无效事由限缩的参考意义。《民法典》并未对决议无效事由作出规定，根据《公司法》第25条，决议内容违法无效。从司法实践及理论界的反馈来看，"内容违法无效规则"无疑导致决议无效事由过宽，需要进一步限缩。但是具体如何进一步限缩，仍不明朗。在未找寻到其他成熟方案的情况下，法律行为效力阻却要件管理性规范与效力性规范二分的限缩方法，有其借鉴意义。即将纯粹的团体内部治理规范划入管理性规范，涉及债权人等第三人利益的规范纳入效力性规范，决议内容违反效力性强制性规范应认定为无效。事实上实定法也基本是按照类似思路予以规定的，以公司法为例，其强制性规范主要集中在关涉债权人利益、资本市场安全的公司资本规则部分，与效力性规范相通；任意性规范则集中于公司内部治理规则部分，与管理性规范类似。以公司决议侵犯股东权为例，司法实践中法院倾向于认定此类决议无效，而根据法律行为理论，公司决议与股东权之间的冲突属公司自治范围内的事项，将该类决议效力的否决权交由当事人自行决定是否行使更符合

---

① 叶林：《股东会决议无效的公司法解释》，《法学研究》2020年第3期。

私法自治原则。① 故该类决议依法律行为理论，应为可撤销决议而非无效决议，道理类似于欺诈、胁迫、乘人之危的合同系可撤销合同。而公司决议侵犯债权人利益的则不然，该类决议超出了公司自治的事项范围，超越了私法自治的边界，应为无效决议，道理类似于当事人恶意串通订立的损害第三人利益的合同无效。

第四节　法律行为制度适用于公司决议的空间与限度

如前文所述，有关公司决议的属性，民商法学理论界争议颇大，很多学者主张公司决议并不是法律行为，而属于公司的意思形成机制，民事法律行为制度无法适用于公司决议。尽管《民法典》总则编第134条确认了公司决议的法律行为属性，但是相关理论纷争远未结束。在部分学者看来，即便立法承认公司决议具有法律行为属性，民事法律行为制度对公司决议的适用空间也微乎其微，意义不大。② 有鉴于此，笔者试图在本节将民事法律行为制度对公司决议的适用空间与限度问题作专门解读，以回应相关理论纷争。

一　法律行为制度与公司决议规则本身一脉相承

公司决议之所以具有法律行为属性，《民法典》总则编中的法律行为制度之所以可以作为一般法适用于公司决议，根本原因在于法律行为制度与公司决议规则本身一脉相承。

其一，民法是私法，奉行意思自治；公司法也是私法，奉行公司自治。民法上意思自治原则的实现需要以民事法律行为作为手段和工具，公司自治的实现需要借助公司决议作为手段和工具。因此，公司决议与民事法律行为同根同源，都是私法自治工具。区别仅在于适用的领域不同，合

---

① 参见吴飞飞《公司决议无效事由的扩大解释与限缩澄清》，《社会科学》2022年第1期。
② 参见周淳《组织法视阈中的公司决议及其法律适用》，《中国法学》2019年第6期。

同、单方行为等传统的民事法律行为类型主要适用于个人法领域，公司决议则主要适用于团体法领域，仅此而已。① 但凡是学习过民商法的人都知道法律行为乃私法自治之工具，既然如此，公司作为私法主体其自治也必然在逻辑上要依赖于某种法律行为。如果一方面承认法律行为是私法自治工具，另一方面又坚持认为作为公司自治工具的公司决议并非法律行为，在逻辑上显然无法自圆其说。

其二，我们现有的公司决议瑕疵规则，基本沿袭了民事法律行为的效力瑕疵规则，很难甚至无力再另起炉灶。根据《公司法》的规定，公司决议瑕疵分为决议无效、决议不成立与决议可撤销三种。针对公司决议无效，《公司法》第25条规定："公司股东会、董事会的决议内容违反法律、行政法规的无效。"《民法典》针对民事法律行为无效的表述是"违反法律、行政法规的强制规定，违背公序良俗"。二者逻辑上几乎完全一致，即"违法无效"。公司决议无效与民事法律行为无效背后折射的底层逻辑是一致的，即私法自治只能在国家法律、行政法规以及公序良俗提供的合法空间范围内适用，不是无限度的自治，一旦突破该限度，就会导致行为无效的后果发生。针对公司决议不成立，《公司法》第27条明确列举了四种导致公司决议不成立的情形，理论上将其归纳为重大程序瑕疵导致决议不成立或者不存在。② 公司决议有提案程序、通知程序、议事程序、记录程序、表决程序等林林总总十余项程序，公司法很难从一般性层面给公司决议正面列举一套成立规则，且正面列举会导致公司决议成立规则过于繁复，影响公司自治，因此《公司法》第27条采取的是反面列举的方式，明确哪些情况下公司决议不成立。其所规定的四种情形，即便抛开公司法理论不谈，从公司治理常识而论，也确实会导致决议不成立或者说不存在，共识度很高。针对民事法律行为成立，《民法典》总则编第134条规定："民事法律行为可以基于双方或者多方的意思表示一致成立，也可以基于单方的意思表示成立。法人、非法人组织依照法律或者章程规定的议

---

① 参见吴飞飞《决议行为归属与团体法"私法评价体系"构建研究》，《政治与法律》2016年第6期。
② 参见殷秋实《法律行为视角下的决议不成立》，《中外法学》2019年第1期。

事方式和表决程序作出决议的，该决议行为成立。"《民法典》第 465 条第 1 款针对合同的成立规定："依法成立的合同，受法律保护。"从此三处规则可知，公司决议不成立规则实际上沿袭自民事法律行为成立制度或理论，只不过是从反面而非正面予以列举规定。该观点有据可循。在《公司法司法解释（四）》出台前，《公司法》（2005 年版）仅规定了公司决议无效、可撤销两种瑕疵情形，但是在当时的司法实践中，部分法院大胆突破《公司法》（2005 年版）第 22 条对于公司决议瑕疵类型的限定，以法律行为理论为依据，认定未实际召开的、未实际表决的股东会或董事会决议不成立。因为裁判结论反响效果较好，此后公司决议不成立规则才顺理成章地出现在《公司法司法解释（四）》之中。[①] 由此可见，公司决议成立与法律行为成立也是一脉相承的。三种公司决议瑕疵情形中，只有决议可撤销一种情形，因只针对一般程序瑕疵，属于公司决议独有的瑕疵类型。换言之，整套公司决议瑕疵规则，至少有三分之二的内容延续、继承了法律行为瑕疵规则，二者之间的同根同源关系不证自明。

二　法律行为制度对公司决议适用之主要体现

一方面，法律行为制度中意思表示瑕疵规则对公司决议的适用体现。当前法学理论界，反对法律行为制度适用于公司决议的学者，其最核心的理由便是法律行为制度的核心规则即意思表示瑕疵规则根本无法适用于公司决议，[②] 因此法律行为制度对公司决议制度的指导、规范意义极其有限。在他们看来，在民事法律行为中，根据意思表示瑕疵规则，当事人因欺诈、胁迫、重大误解等原因导致作出的意思表示不真实时，可以撤销法律行为，使之归于无效。而在公司决议中，单个股东甚至数个股东意思表示不真实的，无法撤销决议，公司决议无法适用意思表示瑕疵规则。不仅如

[①]　参见李建伟、王力一《公司决议不成立之诉实证研究——〈公司法解释四〉出台前审判创新实践的价值发现》，《经贸法律评论》2020 年第 3 期。

[②]　参见李永军《从〈民法总则〉第 143 条评我国法律行为规范体系的缺失》，《比较法研究》2019 年第 1 期；徐银波《决议行为效力规则之构造》，《法学研究》2015 年第 4 期；周淳《组织法视阈中的公司决议及其法律适用》，《中国法学》2019 年第 6 期。

此，公司决议，无论是资本多数决还是人头多数决，都是多数派对少数派的意思强制，并未奉行法律行为制度的意思自治原则。

前述观点来源于对意思表示瑕疵规则的惯性错误认知，对此笔者将会在第三章展开分析，此处不过多赘述。所谓意思表示瑕疵规则，正本清源应当是当事人可以撤销其有瑕疵的意思表示，而非撤销整个法律行为。对于合同而言，一方当事人撤销其有瑕疵的意思表示后，合同因无法形成一致的意思表示而归于不成立，理论上等同于当事人之间未订立合同而非合同无效；对于公司决议而言，意思表示不真实的股东撤销其瑕疵意思表示后，需要计算剩余同意决议的比例是否还能满足公司法、公司章程规定的最低通过比例，若仍旧满足则决议有效，若不能满足则决议归于不成立。[①]因此，正本清源后的意思表示瑕疵规则适用于各类民事法律行为包括公司决议，均无任何障碍。而部分学者却拿被曲解、误读的意思表示瑕疵规则嵌套于公司决议而得出无法适配的结论。在司法实践的部分案例中，有的法院突破性地适用意思表示瑕疵规则认定公司决议效力，并取得良好的法律效果。如在北京市第二中级人民法院审理的"北京 X 房地产开发有限公司与李某秋等公司增资纠纷案"中，法院认为李某秋主张案涉股东会决议及章程修正案中的签字均非其本身签字，X 地产公司与李某对此亦予以认可。故案涉股东会表决结果在扣减李某秋所持比例后未能达到法定的通过比例，一审认定案涉股东会决议不成立并判令 X 地产公司办理相应的工商变更登记并无不当。[②]该裁判有效地利用正确的意思表示瑕疵规则填补了公司决议瑕疵规则中有关表决权瑕疵的法律漏洞，使案涉决议回归其真实的事实状态，具有启发意义。

另一方面，法律行为制度其他效力评价规则对公司决议的适用体现。法律行为制度尤其是其效力评价规则对公司决议的适用体现在诸多层面，除了前述意思表示瑕疵规则的适用以外，还至少体现在下述几个层面。其一，法律行为无效制度对公司决议无效规则的漏洞填补。无论是《公司

---

① 参见吴飞飞《伪造股东签名决议效力之判别——兼论意思表示瑕疵规则与公司决议瑕疵规则的适用对接》，《南大法学》2020 年第 3 期。
② 参见北京市第二中级人民法院（2020）京 02 民终 728 号民事判决书。

法》（2018 年版）第 22 条还是《公司法》第 25 条，均规定公司决议违反法律、行政法规的无效。而法律、行政法规的范围极其宽阔，若严格按照该两处无效规则的字面意思解释，会导致公司决议无效事由过于宽泛，严重影响公司治理的安定性。因此，司法实践中法院通常会借助法律行为无效制度对公司决议无效事由进行限缩，即公司决议违反法律、行政法规的效力性强制性规定的才会导致决议无效。法律行为无效制度填补了公司决议无效规则的漏洞。如在北京市房山区人民法院审理的一起案件中，公司面临较大环保压力，急需资金解决公司发展面临的一系列问题。于是在未通知徐某参会的情况下，作出股东会增资决议，解决公司资金困境。徐某主张案涉股东会决议侵犯了其优先认缴权，请求法院认定决议无效。法院经审理认为，尽管此次增资决议确实侵犯了徐某的优先认缴权，但公司法对于股东优先认缴权的规定不属于效力性强制性规范，并不导致决议无效。① 其实，在本案中法院意识到案涉股东会决议系为解决公司融资困境而作出，若认定决议无效会导致公司陷入财务困境甚至濒临破产，因此借助法律行为制度关于效力性强制性规定与管理性强制性规定区分的逻辑限缩了公司决议无效事由的范围。其二，法律行为成立制度对公司决议不成立规则法律漏洞的填补。对该问题，笔者在前文已有所涉及。在《公司法司法解释（四）》出台前，《公司法》（2005 年版）仅规定了决议无效、可撤销两种瑕疵情形，对于存在重大程序瑕疵的公司决议究竟应当如何认定其效力未置可否。司法实践中，部分法院借助法律行为成立制度填补《公司法》（2005 年版）有关公司决议不成立规则的法律漏洞，能动性地认定未实际召开会议、未实际表决、通过比例未达法定要求的公司决议不成立，使得重大程序瑕疵决议与一般程序瑕疵决议在法律后果上实现梯度化、差异化区分。② 此后《公司法司法解释（四）》吸收司法裁判经验确立公司决议不成立规则，充分说明了法律行为成立制度对公司决议不成立规则的漏洞填补作用得到了制度性肯定。其三，法律行为生效规则被公司

---

① 参见北京市房山区人民法院（2018）京 0111 民初 12968 号民事判决书。
② 参见李建伟、王力一《公司决议不成立之诉实证研究——〈公司法解释四〉出台前审判创新实践的价值发现》，《经贸法律评论》2020 年第 3 期。

决议规则直接沿袭。遵循私法自治原则，民事法律行为作出即生效，除非法律对特定合同类型设定特殊生效条件或者当事人约定了生效条件，原则上不再需要其他生效条件。① 无论是《公司法》（2018 年版）还是《公司法》均未对公司决议生效规则作出规定，立法者、商主体自身、裁判者、登记机关都约定俗成地认为公司决议作出即生效，也就是说公司决议生效规则是近乎下意识地沿袭了民事法律行为生效规则。实际上，很多具有公法属性或者公共管理属性的决议文件，均需经过法定的公示期间才能生效，并非作出即生效，这是此类决议与公司决议的显著差异。

三 法律行为制度适用于公司决议的限度

遵循《民法典》总则编第 134 条及本文的观点逻辑，《民法典》总则编中的法律行为制度是公司决议的一般法规则，在公司决议规则存在法律漏洞时可用以填补其漏洞。尽管，公司决议制度与法律行为制度一脉相承，但是基于公司决议与合同等传统法律行为类型的差异，法律行为制度对公司决议的适用仍应有其限度。主要体现在如下几个方面。

第一，法律行为制度上的欺诈、胁迫、重大误解、显失公平事由适用于公司决议应严格把握。在法律行为制度中，欺诈、胁迫、重大误解、显失公平系导致法律行为可撤销的主要事由，《民法典》总则编对此作出了十分明确的规定。但是前述四个法定事由一般不会轻易适用于公司决议，实践中也鲜少有法院以这四个事由为依据支持股东撤销其同意决议的表决权数。② 原因在于，无论是在裁判者视角中，还是遵循一般生活常识，股东作为投资创业者，其理性认知能力要高于一般民事主体，尤其是当股东本身是法人等组织体时，其认知判断能力显然非自然人所能比。因此，理论上股东会决议、董事会决议，是高认知群体实施的组织决策行为。在裁判者看来，作为高认知群体的股东，其在股东会决议中被欺诈、胁迫或者

---

① 参见吴飞飞《〈公司法〉修订背景下公司决议规则重点立法问题探讨》，《经贸法律评论》2021 年第 5 期。
② 参见马强《论决议行为适用意思表示瑕疵的规则——以公司决议中表决人意思瑕疵为考察重点》，《华东政法大学学报》2021 年第 1 期。

出现重大误解、显失公平的概率非常之低，因此裁判者很难采信股东提出的此类事实主张。事实上，公司决议程序要比一般民事法律行为复杂得多，多重复杂程序的设置，给股东留足了认真研究、分析、考虑的时间，在这种情况下股东再主张其投票时受到了欺诈、胁迫或者存在重大误解等，其实是很难成立的。甚至在裁判者看来，即便在极端的情况下，股东确实因为种种原因而导致自己对待决事项缺乏了解、认知而做出了与其真实内心意思相反的表示，但是基于公司决议系"众人之事"，裁判者也难以因为一个人的错认而动摇整个公司决议。所以，在绝大多数情况下，对于股东、董事所提出的因欺诈、胁迫、重大误解、显失公平而需要撤销其瑕疵意思表示的主张，法院应格外慎重审查。

当然，也要避免走入另一个极端，即对于股东、董事提出的前述意思表示瑕疵主张一概不予认可。一方面，因为法律行为制度作为公司决议的一般法，其核心规则意思表示瑕疵规则适用于公司决议，理所应当。另一方面，在实践层面来看，股东也好，董事也罢，尽管在理论上可以归入法律所假设的"高度理性人"之列，但实质上这种"高度理性人"假设更适合用来解释控股股东、大股东、强势董事，而非小股东、弱势董事。基于公司内部股东、董事彼此间的强弱分野，强势一方利用其优势地位欺诈、胁迫弱势方同意或者反对决议，或者导致弱势方对决议事项产生重大误解，确有可能。因此，尽管对意思表示瑕疵规则的适用要慎重，但是不能一概置之不理。当然，在此种情况下，对于弱势股东而言，权利救济的方式至少有两种：一种是诉诸意思表示瑕疵规则，撤销有瑕疵的表决权数；另一种是以控股股东滥用股东权利、资本多数决为由，主张公司决议无效。

第二，法律行为效力瑕疵规则适用于公司决议的限制。法律行为的效力瑕疵形态有无效、可撤销、效力待定等几种，在适用于公司决议填补公司决议瑕疵规则法律漏洞时应有所限制。其一，效力待定瑕疵情形不宜适用于公司决议。在民事法律行为中，行为人欠缺相应权限或者行为能力时，其所实施的行为处于效力待定状态，有一个30天的追认期间。但是在公司决议中，并不存在效力待定这种瑕疵状态。假设公司董事会逾越权限，就股东会决议事项作出了决议，其效力状态并非效力待定，而是根据有权决议的机关是否追认进行区分（并且无追认期间限制）。若事后股东会作出了追认决议，则决议有效；若事后股东会未予追认，则视为有权机关未作决议，即属于决议不成立，当然亦有法院认定越权决议无效。① 其二，公司决议无效事由应格外限缩。从实定法表述来看，公司决议无效与法律行为无效的规则基本一致，即违反法律、行政法规强制性规定的无效。但是公司决议不同于其他传统法律行为类型的一点是，因为涉及团体性事务，其更加追求决议的效率性、安定性，否则一旦公司决议被认定为无效将会对整个公司治理甚至外部相关主体产生冲击。所以，公司决议无效事由应当在法律行为无效事由基础上作进一步限缩解释。比如，若公司法规定某事项属于股东会法定决议事项，但是董事会越权作出了决议，尽管违反了公司法的强制性规定，但若是股东会事后追认了该决议，尤其是在决议已经执行实施的情况下，显然没有必要横加干涉认定决议无效。其三，公司决议可撤销的限制。尽管公司决议的可撤销与其他法律行为类型的可撤销有显著差异，前者指向一般程序瑕疵，后者指向意思表示瑕疵，但权利救济的底层逻辑具有共通性。对于决议可撤销的限制，体现在两个层面：一个层面是撤销权主体的限制，即只能是股东而不包括其他主体；另一个层面是除斥期间的设置，原则上适用短期客观除斥期间，只针对未被通知参会的股东适用主观除斥期间。其四，公司决议生效规则的特殊考量。在法律行为制度上，民事法律行为遵循私法自治原则，原则上作出即生效，一般不需要其他生效程序。公司决议目前的实定法规则及裁判规则均遵循决议作出即生效的逻辑。然而，公司决议相比于合同等传统民事法律行为类型有一个特点，即有权参与决议的当事人具有不在场的可能性，且概率很大。对于不在场的当事人而言，其还未知道决议的结果，甚至不知道某项决议的存在，该决议就已经生效，会给其后期的权利救济带来诸多不便，且不利于其行使监督权。因此，笔者认为有必要针对公司决议，设置一个特别生效程序，至于具体如何设置，笔者会在后文中具体展开

---

① 参见徐银波《决议行为效力规则之构造》，《法学研究》2015 年第 4 期。

论述。

第三，法律行为制度时效期间规则对公司决议的适用限度。根据《民法典》总则编时效期间规则，法律行为无效、不成立属于确认之诉，不适用诉讼时效、除斥期间，法律行为可撤销，一般适用 1 年的除斥期间规则。《公司法》对于公司决议之诉的时效期间，除了可撤销决议外，并无特殊规定。首先，针对公司决议无效之诉，理论上既不适用诉讼时效，亦不适用除斥期间，当前的司法裁判实践也均照此裁判，并无异议。其次，对于公司决议不成立之诉，争议较大。若遵从法律行为理论，则公司决议不成立即自始不成立，且公司决议不成立之诉对应的实体权利是形成权而非请求权，故理论上既不适用诉讼时效，也不适用除斥期间。难点在于，公司决议不成立仅针对程序瑕疵，实践中有很多公司尤其是小型有限责任公司，日常经营管理并不太规范，其公司决议很容易出现程序瑕疵，但实体上未必违法，有些存在程序瑕疵的决议甚至十分有意义。若不设置一定的时效期间，就意味着当事人随时可以起诉，请求法院确认决议不成立，给公司决议的安定性带来很大的不确定性。尤其是在有限责任公司治理中，一旦股东关系失和，就会陷入无休止的扯皮斗争之中，而提起公司决议无效、不成立之诉经常成为股东之间内斗的"必杀器"。[①] 公司在很多年前作出的决议，会被别有用心的股东拿出来诉诸法院，严重影响公司治理的稳定性。有鉴于此，笔者认为应当对公司决议不成立之诉设置一定的除斥期间，至于究竟设置多长的除斥期间比较合理，笔者会在后文进行专门讨论。或许会有观点认为，针对公司决议不成立之诉设置除斥期间，会导致其对当事人的权利救济功能被弱化。然而，其实并不会。因为，如果公司决议仅有重大程序瑕疵，而无实质内容上的瑕疵，就意味着其根本就不会对当事人权利产生实质侵害。既然无实质侵害，又何来救济弱化的问题。如果公司决议不仅有重大程序瑕疵，还在实体内容上侵害了相关主体的合法权益，当事人可以通过公司决议无效确认之诉寻求救济，而无需再借助决议不成立之诉实现救济目的。最后，根据《公司法》的规定，公司决议

---

① 参见单单《公司决议不成立之诉的除斥期间》，《人民司法》2020 年第 22 期。

撤销之诉的除斥期间分两种：一般情况下是 60 日的客观除斥期间，股东未参会的情况下是 60 日的主观除斥期间。上述两种情况比法律行为制度通常设定的 1 年主观除斥期间均短，彰显了公司法的商事法思维和效率导向，值得提倡。

第二章　适用对接之基础：公司决议的
法理学释义

尽管民商法学界有关公司决议的研究成果十分丰硕，但是既有成果主要聚焦于两个层面：第一为公司决议的属性界定研究，第二为公司决议瑕疵问题研究。绝少有成果去探究公司决议的法理学基础问题，而公司决议的法理学基础，是其属性界定、瑕疵认定的根本理论依托。有鉴于此，本章尝试从公司决议的伦理基础、核心工具价值、公司法教义学基础三个层面对其法理学命题展开分析，并提出公司决议的伦理基础是公共理性、公司决议的核心工具价值是为公司决策谋求"智识增量"、公司决议的公司法教义学基础是法人实在说等观点。

第一节　公司决议的伦理基础

伦理基础是任何一类法律行为皆必须予以回答的前提性问题，伦理基础缺失、不正，则法律行为师出无名，这是由法律行为发轫之《德国民法典》所推崇的康德"伦理人格主义哲学"立法精神所决定的。[①]其充分体现了近代民法所共通的法哲学品格，即私法正义来自自主而理性的人的自由意识、行为，而非来自主权者的命令。从法律行为整体视角看，根据学界主流观点，其正义性来自交换正义和纯粹的程序正义，进而言之，意思自

---

① 参见〔德〕卡尔·拉伦茨《德国民法通论》（上册），王晓晔等译，法律出版社 2013 年版，第 45~64 页。

治基本可以满足法律行为的伦理性要求。[①]遵循这一逻辑可推导出，法律行为的伦理正当性在本源上来自理性主义、自由主义以及个人主义精神。作为法律行为项下类型之一的公司决议，其伦理基础似乎亦可直接归结为私法自治或意思自治，但答案显然不是如此简单。公司决议的伦理基础，学界已有讨论，有民主与程序正义等几种观点，但共识远未形成。

一　公司决议伦理基础解读的效率价值定位

（一）科斯理论的启示

有合同又何必有决议与有市场又何必有企业两个诘问的答案在理论层面具有高度共通性。因此，关于有市场又何必有企业的经典理论——科斯定理，对于我们解读公司决议存在的正当性具有相当大的启发意义。科斯提出，"建立企业是有利可图的主要原因似乎是利用价格机制是有成本的"，"而组成组织，并让某些权威人士（如'企业家'）支配资源，如此便可以节约若干市场成本"[②]。换言之，企业的科层制安排，相对于市场而言可以大幅减少交易成本，这即企业存在的正当性——成本优势。

科斯关于企业性质的解读被公司合同主义者"视作公司合同理论的奠基性见解"[③]。根据科斯的观点，企业是用"一个合约代替一系列合约"[④]，那么在公司合同理论者看来，企业自身也就是一个合约或者合同，只不过它是一种"长期性关系合同"，公司法则是一份标准合同，公司章程以及股东会、董事会决议在本质上也均可归之于合同。进而言之，在公司合同理论看来，公司治理就是合同治理。既然是合同治理，为何会允许"资本多数决"这种决议治理方式呢？对于这一问题，科斯定理给予我们的启示是：在股东人数众多的公司里，股东之间就公司治理问题形成一致同意的"合意"，是一件极为困难、极为不经济的事情。因此，基于决策成本和效

---

① 参见易军《法律行为制度的伦理基础》，《中国社会科学》2004 年第 6 期。
② 参见〔美〕奥利弗·E. 威廉姆斯、西德尼·G. 温特主编《企业的性质：起源、演变和发展》，姚海鑫、邢源源译，商务印书馆 2008 年版，第 25~27 页。
③ 罗培新：《公司法的合同路径与公司法规则的正当性》，《法学研究》2004 年第 2 期。
④ 〔美〕奥利弗·E. 威廉姆斯、西德尼·G. 温特主编《企业的性质：起源、演变和发展》，姚海鑫、邢源源译，商务印书馆 2008 年版，第 83 页。

率考虑，选择"资本多数决"这一决议机制，是一种退而求其次的选择。那么对于有合同又何必有决议这一诘问，科斯理论给我们的启示是：公司决议是基于法人治理的成本、效率考虑而做出的无可奈何之选，这即决议的合理性、正当性基础。笔者相信，这一观点可以得到很大一部分民商法学者尤其是公司合同论者的认同。

（二）效率价值解释的问题

根据科斯定理的启示，公司决议产生的合理性源自法人治理的决策成本节制考虑。这一有关公司决议合理性的解读，是否能够证成公司决议的伦理基础或者为其提供伦理意义上的正当性支撑呢？笔者以为显然不够。

第一，效率非伦理学命题，无法回应法律行为的伦理诉求。民法是伦理法，"特定的社会伦理观念和伦理规则是各国民法制度赖以建立的伦理基础，也是评价民法制度优劣的主要标准"[①]。纵观民法之价值理念、体系框架，乃至具体制度构造及其漏洞之填补，无不以伦理性为其价值内核与精神依托。是故，任何一类法律行为皆必须首先回答伦理基础何在这一在先性命题，公司决议亦复如此。而成本、效率都是经济学指标，并无伦理属性。比如合同，民商事主体订立合同，在经济学上而言，是对资源的优化配置，具有效率性。民商事合同订立的数量越多、频率越高，则资源配置效率越高，但我们绝不能说效率是合同行为这一法律行为的伦理基础。如果仅考虑决策成本、效率，团体的威权治理似乎更具成本、效率优势，但若采取威权治理，则公司决议就丧失了存在的必要性。

第二，效率可以解释公司决议的工具理性诘问，而无法回应其价值理性命题。遵循科斯理论以及公司合同理论的解释路径，决议是合同无法形成"合意"时的迫不得已的替代性方案，能合意则不决议，合意成本过高时才决议。换言之，决议是作为合同的"备胎"而存在的，而任何事物一旦被界定为"备胎"，则仅具有工具理性，因为"备胎"本身就是备用工具的意思，那么它自身的价值理性就不得彰显。而伦理基础本身是一个价值命题，作为合同之"备胎"的公司决议，其自身独立性沦陷，价值理性

---

① 赵万一：《论民法的伦理性价值》，《法商研究》2003 年第 6 期。

不在，伦理基础自然无以自立。

二　民主与程序正义是否足以担当公司决议的伦理基础

法人团体治理须臾不可离开民主与程序，因此将公司决议同民主、程序正义关联在一起，仿佛具有不辩自明的解释力。因此，有学者尝试从民主和程序正义的视角来解构公司决议的正当性追问。如陈醇教授认为，"决议的基本原则是民主原则和正当程序原则"[①]；王雷教授提出，"决议行为的根本特征在于其根据程序正义的要求采取多数决的意思表示形成机制"[②]。诚哉斯言：一方面，民主与程序正义本身具有价值属性，可以回应民法的伦理性诉求；另一方面，公司决议中，民主与程序居于至关重要之位置，决议违反民主原则、违反法定或章定之程序，皆可能导致效力瑕疵。然而，民主与程序正义尚不足以为公司决议的伦理正当性提供充分依据。原因如下。

（一）民主与程序正义均非公司决议之根本要义

在"泛民主时代"[③]，民主是一个为公众所熟悉、看似简单却又充满争议的概念。正如《论民主》一书的作者罗伯特·A. 达尔教授所言，"具有讽刺意味的是：民主漫长的历史导致了民主问题本身的混乱与意见的分歧，不同时空的人对民主有不同的理解，这是一个确切的事实"[④]。比较容易形成共识的界定是，民主是"人民的权力和多数人的统治"[⑤]。在私法团体中，民主意味着"多数派的统治"。民主对正当程序有近乎天然之诉求，无正当程序则无真民主。其一，程序正义可以防止团体内部的"多数派暴政"问题；其二，程序正义可以增强民主决议结果的权威性、信服力；其三，程序正义可以提升民主决议结果的科学性。因此，可以说在私法团体决议治理中，民主与程序正义是相辅相成的关系。

---

① 陈醇：《商法原理重述》，法律出版社 2010 年版，第 130 页。
② 王雷：《论民法中的决议行为——从农民集体决议、业主管理规约到公司决议》，《中外法学》2015 年第 1 期。
③ 李良栋：《论民主的内涵与外延》，《政治学研究》2016 年第 6 期。
④ 〔美〕罗伯特·A. 达尔：《论民主》，李风华译，中国人民大学出版社 2012 年版，第 2 页。
⑤ 李铁映：《论民主》，人民出版社、中国社会科学出版社 2001 年版，第 2 页。

能够作为公司决议伦理基础的价值甚或原则，必须具有贯穿公司决议之最深处的源发性解释力。然而，我们发现无论是民主还是程序正义均无法承载这一功能。民主与程序正义能够解释如何实现公司决议之目的，却不能回答公司决议目的本身是什么这一核心性命题。创业者彼此合作成立公司后的公司治理需要依赖民主与程序正义，但实现民主与程序正义绝非创业者成立公司之目的。正如有学者所言："民主创造了一个政治循环解释，即人民自己决定如何统治自己，这就解构或回避了各种令人心惊胆战的政治问题。"①

（二）民主与程序正义在公司决议中具有可替换性、可缓和性

民主与程序正义，于公司决议与公法决议而言，其意义有所差别。民主与程序正义，"在公法领域是根本性的，工具理性与价值理性并重"②。于公司决议则不然，在公司决议中，民主与程序具有可替换性、可缓和性。具体表现如下。其一，在特定情形下，效率可替换民主，或者说在效率与民主冲突时，效率优位，民主减让。如《公司法》第 65 条针对有限责任公司规定："股东会会议由股东按照出资比例行使表决权；但是，公司章程另有规定的除外。"这意味着实践中，有限责任公司股东可以在章程中约定不按出资比例行使表决权，如按照贡献大小行使表决权。这虽看似有违股东民主，但却具有效率性，可以激发"能人"股东的创造力，所以被允许。其二，在特定情形下，全体成员一致同意可免除决议之程序。如根据《公司法》第 59 条规定，全体股东书面一致表示同意的，可以不召开股东会会议。其三，轻微的程序瑕疵可被豁免。如根据《公司法司法解释（四）》第 4 条规定，股东会、董事会决议召集程序或者表决方式仅有轻微瑕疵，且未对决议产生实质影响的，可免于被法院撤销其效力。

综上，民主与程序正义在本质上应属确保公司决议合法、合章、科学、规范之手段，而非其价值本旨，故亦不足以担当公司决议的伦理基础。

---

① 赵汀阳：《每个人的政治》，社会科学文献出版社 2010 年版，第 142 页。

② 吴飞飞：《决议行为归属与团体法"私法评价体系"构建研究》，《政治与法律》2016 年第 6 期。

三 公司决议伦理基础当为公共理性

当我们在谈论、解构公司决议的伦理基础时，其实我们是在找寻何种价值理念可以为公司决议提供道德伦理以及情感支撑。秉持这一认知，我们便会发现成本、效率、民主以及程序正义均难以担负此任。而公司决议的伦理基础当为公共理性。

（一）诠释公司决议的伦理基础应立足"公共性"立场

近代民法学深受个人主义思潮影响，从价值理念到制度构造乃至法律适用方法，无不浸透着个人主义精神。换言之，个人主义、私权神圣对于近代民法而言本身即有伦理基础意味。在个人主义的伦理预设之下，"私法自治即是指个体基于自己的意思为自己形成法律关系的原则"[①]，法律行为作为私法自治之工具，自然离不开个人之自由意志，因此法律行为与意思表示才经常被含混在一起，"甚至在部分学者的观念里，法律行为等同于意思表示"[②]。是故，学界对于法律行为伦理基础之解读，私法自治说也好，交换正义说也罢，均未脱离近代民法的个人主义价值立场。

当我们在解构私法团体行为及其规则时会发现，个人主义价值理念及其方法论经常会陷入难以自圆其说的境地。在私法团体中，如果每个成员的意思都得以自治，则团体的主体性沦陷，团体治理根本无从开展。正因如此，有学者尝试以民主与程序正义来解构私法团体决议行为[③]，而在本质上看，民主与程序正义无非是为个人意志在团体中得以融合提供了一套意思表示冲突规则，进而言之，此种民主与程序正义仍旧未脱离个人主义的视野藩篱。

私法团体在本质上是私人交往的"公共性"领域。个人在意识到自身能力局限以及团体协作的诸多优势之后，与志同道合之人聚结为团体，以合众之力为个人所不能为之事。部分观点认为私法团体不过是私人手臂之

---

① 〔德〕维纳尔·弗卢梅：《法律行为论》，迟颖译，法律出版社 2013 年版，第 1 页。
② 窦海洋：《法律行为的概念》，社会科学文献出版社 2013 年版，第 47 页。
③ 参见陈醇《意思形成与意思表示的区别：决议的独立性初探》，《比较法研究》2008 年第 6 期。

延伸，是私人实现其目的之工具，依照这一观点理解，则私法团体本质上仍未脱离个人主义。然而，如果我们深入事实中的团体，则会发现私法团体对个人主义存在着近乎天然的排斥性，换言之，正是意识到个人主义之局限性，方才产生私法团体，甚至可以说私法团体是对个人主义价值观之矫正。在私法团体中，成员自我利益之实现，必须依赖团体利益的实现，即"先利团体而后利己"。为确保团体发挥最佳治理效能，成员均须让渡出部分私权，交由团体机构以及专业人士专司行使，如在公司这类团体中，股东须让渡部分私权，交由董事会、董事等公司机关及专业人士行使。并且，成员未让渡之私权，其行使亦必须十分克制，以免对团体经营治理造成影响，如公司法对股东权行使设置的持股比例要求以及前置性程序，均是为了避免股东权滥用伤及公司利益。凡此种种，均体现出私法团体中，团体利益或者说共同利益的优先性，私人利益、个体利益的劣后性、克制性。团体利益、共同利益为"公共性"利益，因此私法团体在本质上亦是"公共性"组织。所以，在挖掘、厘定私法团体决议之伦理基础时，就应跳跃出个人主义的思维局限，更多地从"公共性"立场审视。

（二）私法团体行为的伦理基础应为公共理性

公共理性，在近 20 年来，逐渐成为西方尤其是英美政治哲学领域的核心概念之一。[1]从词源上看，霍布斯、卢梭、康德等学术巨擘均在其著述中对该词有所解读，新康德主义者罗尔斯则首先在现代政治哲学的意义上正式提出并系统阐释了公共理性的概念。[2]迄今为止，绝大多数文献著述主要是在政治学视角阐释公共理性这一学术议题。然而，公共理性的解释力其实并不局限于政治学领域。如卢梭就是在与私人理性（利己主义）的对比中将公共理性理解为"公共善"；[3]哈贝马斯在《交往行为理论》一书中所提出的"交往理性"概念被视为对公共理性内涵和外延的延伸，即将公共理性的触角伸展到公共交往领域。公共理性所指涉之场域，其实应当包含一切具有"公共性"的领域，包括政治领域、公共事务领域、社会中间层

---

① 参见谭奎安编《公共理性》，浙江大学出版社 2011 年版，第 1 页。

② 参见梅景辉《"公共理性"的现代性反思与构建》，《江海学刊》2015 年第 5 期。

③ 参见谭奎安编《公共理性》，浙江大学出版社 2011 年版，第 1 页。

以及私法团体等。而所谓公共理性，则应当被界定为主体参与具有"公共性"的事务时所应秉持的一种理性、公正、积极而饱含体恤之情的主观心理状态。它是一种"公共性"美德，或者说是"理性的公共运用"①，其本身就具有伦理性色彩。

公共理性之内涵、特性与公司决议具有高度契合性。第一，公共理性之首要指向就是公共目的及公共利益。公司决议的目标指向即为社团之共同利益、整体利益。因此，公共理性可以契合公司决议的目标指向。第二，公共理性区别于直觉理性，它属于实践理性，是主体经过审慎思考、协商、辩论之后作出判断和决策的理性。② 公司决议之结果是团体成员经过提案、辩论、质询、表决等意思互动程序之后所形成的集合化的意思表示，是众人之智之凝结。因此，二者均是具有协商互动共融特点的实践理性。第三，公共理性的实践理性特性，决定了它注重理性的协商与互动程序，程序越科学、民主，则公共理性所可以达成的"重叠共识"越多，公共理性水准越高。如在美国政治、公共治理中久负盛名的《罗伯特议事规则》，全书二十章内容近乎全系程序性规则。③ 法律行为理论的一大特点是"重意思表示、轻程序"，公司决议则不然，决议行为规则的主要内容为程序性规则，即提案规则、议事规则、表决规则等，均致力于以科学、民主之程序提升社团决议的质量水准。并且，程序瑕疵是决议瑕疵的重要类型，一旦决议违反程序，其效力可能遭致否定性评价。④

某一法律行为之伦理基础，既要能为其提供价值指引，又要能够渗透于细节并发挥方法与工具层面上的具体指引功能。公共理性，在价值层面崇尚"先公而后私"之理念，在方法与工具层面秉重商谈、互动以及民主科学之程序，两个层面均高度契合公司决议之诉求，因此笔者认为公司决议的伦理基础应当为公共理性而非其他。

---

① 谭安奎：《公共理性与民主思想》，生活·读书·新知三联书店 2016 年版，第 8~41 页。
② 参见梅景辉《"公共理性"的现代性反思与构建》，《江海学刊》2015 年第 5 期。
③ 参见〔美〕亨利·罗伯特《罗伯特议事规则》（第 10 版），袁天鹏、孙涤译，格致出版社、上海人民出版社 2008 年版。
④ 《公司法》第 26、27 条及《公司法司法解释（四）》均对违反程序的公司决议之效力做了针对性规定。

（三）公司决议的伦理基础对《民法典》的启示

笔者将公司决议的伦理基础定位为公共理性，公共理性对应的精神是公共精神。那么，《民法典》总则编将决议行为纳入法律行为体系后，公司决议的公共理性定位，对于《民法典》的定位与适用又有何启示性意义呢？笔者认为，公司决议的公共理性定位，有助于培育现代民法典的公共精神。

应当承认，民法典回应国民公共精神的视角或者说切入点是极其多元而庞杂的，它既可以在总则中以法律原则的形式进行宣誓，又可以在分则各编落实于一个个具体的法律条文中。然而，从整体主义视角看，中国民法典若要以公民社会基本法的姿态对国民性问题做系统性回应，并借以重塑现代民法典的精神气质，则应实现"由个人主义为中心到个人主义与团体主义并重"及"由意思表示为中心到意思表示与程序并重"两个转变，进而实现由近代民法典到现代民法典的制度转向。

1. 由个人主义为中心到个人主义与团体主义并重

公司等团体是培育公共精神的最佳场所，团体生活是培育公共精神的最佳生活方式。中国民法典若要在世界民法典之林中发起一场公共精神启蒙运动，就必须关注团体、关注团体生活。然而，遗憾的是，近代民法典散发着浓郁的个人主义色彩，尊重自然人，而轻视团体。近代民法典的个人主义价值观在主体资格与法律行为方面均有明显表征。一是，在主体资格方面，"重自然人、轻团体"。近代法律，一般只承认两个法律主体，一个为国家，一个为自然人，国家在公法内活动，自然人在私法内活动。[1]在立法者看来，赋予团体以人格，"不免有妨碍国家目的及拘束个人自由之虞"[2]。正因如此，近代民法典普遍存在"重自然人、轻团体"的立法偏向。如《法国民法典》第一编中所规定的"人"，仅指法国人（自然人），不包括法人或团体；[3]《德国民法典》虽受日耳曼民族的团体主义精神影

① 参见〔美〕约翰·亨利·梅利曼《大陆法系——西欧拉丁美洲法律制度介绍》，顾培东、禄正平译，知识出版社1984年版，第109页。

② 郑玉波：《民法总论》，中国政法大学出版社2003年版，第174页。

③ 参见叶林《私法权利的转型——一个团体法视角的观察》，《法学家》2010年第4期。

响，明确了团体或法人的民事主体地位，但此举更多是基于实用主义的便利性考虑，而非真正在人格层面将法人与自然人等同视之。①我国《民法通则》也有如此倾向，"《民法通则》以'能够独立承担民事责任'作为法人必须具备的条件之一，从而将合伙企业等'其他组织'排除在法人之外，导致合伙企业等'其他组织'在权利主体类型上无所归属"②。《民法典》总则编相对于《民法通则》而言，对法人与组织的重视度有大幅提升。如将合伙企业等非法人组织安排在与自然人并列的位置而非如《民法通则》那样将其放置于自然人一节之内，又如以"特别法人"一节囊括进了更多的法人主体资格类型。然而，《民法典》总则编仍旧没有承认合伙企业等其他组织的法人地位，它们在自然人与法人的夹缝中存在，作为团体组织的主体资格仍旧晦暗不明。二是，在法律行为方面，偏重合同行为等个人法行为，而轻视甚至忽略决议行为等团体法行为。在《德国民法典》的法律行为一章中，专设"合同"一节内容，条文有 13 条之多。并且，《德国民法典》第 2 编"债编"也几乎全部关涉合同。但决议在《德国民法典》中并未被纳入法律行为范畴之内，仅在"法人"一节中有所体现，并且从内容表述看，决议在《德国民法典》中被当作一种机制而非一类法律行为。在我国，决议也未被上升到法律行为的一般性高度，而仅在《公司法》等特别法中有所体现。在我国民法理论研究中，有关合同的研究成果众多，而关于决议行为的研究则始终星星点点。决议行为不彰显，则决议行为规则无从建立，团体生活无法真正实现秩序化，团体生活的公共精神培育功能也无法有效发挥。

团体主义，是一个社会学、政治学概念，在某些语境下又被称为社群主义、法团主义或者合作主义，其是在对个人主义、自由主义的反思与批判的基础上发展起来的一种学术思潮。1991 年美国五十余名学者与政治家共同签发了一份长达 14 页名为"回应性社群主义政纲：权利和责任"的政治宣言，这份宣言对在西方世界占据统治地位的个人主义、自由主义价

---

① 参见王雷《我国民法典编纂中的团体法思维》，《当代法学》2015 年第 4 期。

② 柳经纬：《民法典编纂中的法人制度重构——以法人责任为核心》，《法学》2015 年第 5 期。

值观做了旗帜鲜明的批判，并得出"必须用社群主义的观点处理我们这一时代所有重大的、社会的、道德的和法律的问题"的结论。①这个事件是当代社群主义或团体主义思想发展的一个高潮事件，它发生在彪炳自由主义的美国，对一贯崇尚集体主义的中国而言或许更具启发性意义，对中国民法典的编纂亦复如此。民法典的终极制度愿景并非局限于私权的解放、经济效率的提升这些阶段性目标，而应定位于构建一个秩序化的，富有道德感、幸福感的社会生态。团体主义所推崇的责任伦理、共同的善、共同的诚信，②"共同体生活对成员合群需求及归属感的满足"③，都与民法典所承载的终极制度愿景高度契合。因此，中国民法典编纂需要团体主义方法论，中国民法典需要团体主义价值观。

中国民法典的团体主义进路在实施层面而言是多元的、庞杂的，民事主体制度、法律行为制度、民事责任制度等可能都需要被重新审视与架构，工程量之大，显然不足以毕其功于一役。然而，我们可以采取渐进式的改造立场，先找寻到一个关注团体主义精神的突破口，再经由这个突破口循序渐进地实现民法典的价值观转向。笔者认为，这个突破口就是民法典中的法律行为制度。民法典之最高精神为私法自治，法律行为既是私法自治之实现工具，又是贯穿民法典的线索与纽带，团体主义精神可经由法律行为制度如血液一样流淌到民法典的周身。一方面，民法典中的法律行为制度应当摒弃合同行为规则独霸天下的既有格局，实行个人法行为规则与团体法行为规则二元界分的结构化规则配置模式，以突出团体法行为的重要性。《民法典》总则编第 134 条第 2 款规定："法人、非法人组织依照法律或者章程规定的议事方式和表决程序作出决议的，该决议行为成立。"首次承认了决议行为的法律行为属性，是一大历史性进步。然而，对于决议行为这种基础性的团体自治行为，《民法典》总则编在"民事法律行为"一章中仅规定

---

①　参见俞可平《社群主义》，东方出版社 2015 年版，导言第 1~2 页。

②　参见〔美〕菲利普·塞尔兹尼克《社群主义的说服力》，马洪、李清伟译，上海世纪出版集团 2009 年版，第 28~38、119~136 页。

③　〔英〕保罗·赛普：《个人主义时代之共同体重建》，沈毅译，浙江大学出版社 2009 年版，第 142 页。

了不到一个条文的内容，确实与决议行为的应有地位不相称，且并未从法律行为类型化视角规范决议行为。孙宪忠教授曾以人大代表身份向全国人大提交《关于中国民法典中民法总则的编制体例的议案》，在该"议案"中孙宪忠教授针对民法典总则中的法律行为制度提出"应当承认单方行为和双方行为、团体行为的区分"①。团体法注重合作性，而个人法则偏重博弈性，这决定了团体法行为与个人法行为并不能含混在一起。《民法典》总则编并未将决议行为与合同等个人法行为放在同样的高度，在这种情况下只能依托于《民法典》物权编以及《公司法》等特别法在凸显团体法行为重要性方面有所作为。另一方面，以决议行为效力认定规则为核心构建一套团体法的"私法评价体系"，使团体走出"威权之治"与"乌合之治"的治理泥沼，让团体自治成为真正意义上的规则之治。②规则化、秩序化的团体生态，才会逐渐培养起团体成员的规则意识、公共意识及公共精神。尽管，我国《公司法》、《合伙企业法》以及《民法典》物权编中均有关于决议的规定，团体生活并非无法可依。然而，既有的决议规范存在以下问题。其一，并未视决议为法律行为，也就无法借助法律行为制度中相对成熟的效力评价体系构建出决议行为的效力评价规则，进而无法营造真正秩序化的团体生活。其二，决议规则呈碎片化分布，彼此之间缺少学理一致性，团体生活的秩序共识难以达成，公共生活的共同性规则也就无法形成，自然会影响到公共精神的养成。如笔者前文所述，《民法典》总则编首次承认了决议行为的民事法律行为属性，使人们对于决议行为的认知向前迈进了一大步。但遗憾的是，其并未就决议行为规定一套一般性的决议行为规则或者说效力认定规则，也就没有改变决议行为规则在《民法典》物权编、《公司法》等特别法中碎片化分布的状态。尽管《民法典》总则编中的民事法律行为效力规则在理论上可适用于一切民事法律行为，但实质上它主要萃取于合同法，对合同行为最具解释力，对决议行为则不然。笔者揣测，这与学界有关决议行为规则的研究相对

---

① 孙宪忠：《关于中国民法典中民法总则的编制体例的议案》，中国法学会，http://www.chin-alaw.org.cn/portal/article/index/id/16204/cid/，最后访问日期：2024 年 7 月 1 日。

② 参见吴飞飞《决议行为归属与团体法"私法评价体系"构建研究》，《政治与法律》2016 年第 6 期。

薄弱有关，也即理论界尚未能为《民法典》总则编提供一套共识性的决议行为规则理论体系，在知识给养匮乏的情况下，立法者对决议行为作"宜粗不宜细"的制度设计，也不失为一种明智之举。决议行为规则的体系化、确定化确实需要实践中漫长的经验积累，以至于各特别法中特殊决议行为规则相对成熟之后，再从一般性层面抽象出一套统一的团体法"私法评价体系"。

需要澄清的一点是，在工具理性层面看，任何团体都是以实现自然人的自由、全面发展为其终极目的。因此，尽管笔者主张中国民法典编纂应有团体主义价值观，但笔者并不主张摒弃个人主义思维，因为离开个人主义、自由主义而谈论团体主义具有极大的危险性。

2. 由意思表示为中心到意思表示与程序并重

公司决议等决议行为不同于传统法律行为类型，其有着相对完善的程序规则，该程序规则对民法典的公共精神培育具有启发作用。近代民法典一个普遍性的特点是重意思表示而轻程序。依照民法学界主流观点，一方面，民法典是私法典，调整的是公民的私事，私事私办，崇尚私法主体意思自治，也即依照自己的意志发生法律上的效果。另一方面，民法典又是私权法典，推崇权利本位，权利是当事人可依自己的意志决定为或不为。法律行为是近代民法典的线索与纽带，意思表示又是法律行为的核心性要素，而且"法律行为和意思表示的概念在许多情形中被作为同义词使用"[1]，甚至部分学者认为，"法律行为即是意思表示"[2]。因此，我们可以说近代民法典是以意思表示为中心构建的整套的体系性架构。

近代民法典对意思表示的推崇，受个人主义、理性主义以及自由主义价值观所影响，在私权启蒙、人性解放、经济发展等诸多方面发挥了至关重要的作用。然而，意思自治是一把双刃剑，它的另一面是意思的肆意、意思的非理性及意思之间的冲突。而公共精神，从某种层面可以将其理解为一种意思的谨慎、理性及宽容体恤精神。进而言之，公共精神可以治疗民法典中意思自治所引发的负面效应，而治疗所需的"药引子"就是程序。

---

① 〔德〕维尔纳·弗卢梅：《法律行为论》，迟颖译，法律出版社 2013 年版，第 29 页。

② Bernhard Windscheid, Lehrbuch des Pandektenrechts, Bd. 1, 6. Aufl, 1887, S. 186 ff, 转引自朱庆育《民法总论》，北京大学出版社 2013 年版，第 103 页。

民法典是权利法典，权利法典未必只讲意思，不讲程序。美国最高法院大法官威廉·奥威尔·道格拉斯曾言："权利法案的大多数规定都是程序性条款，这一事实绝不是无意义的，正是程序决定了法治与肆意的人治之间的基本区别。"①《权利法案》尚且如此，民法典亦不应例外于程序。当然，如果仅仅因为《权利法案》注重程序性条款，就得出民法典也应如此的结论，显然缺乏说服力。民法典应当重视程序性规则，关键在于程序性规则有助于解决民法典所面临的现代性危机，有助于彰显民法典的人文精神、公共精神。第一，民法典中的程序性规则在本质上是一种私权交往规范，它有助于提升私权交往的秩序性，避免私权彼此间的冲突、僭越以及私权行使的无规则化状态。如物权的登记公示程序，一方面在于宣示权利人对某物的财产权利，另一方面则在于通过权利公示减少权利人与第三人之间的私权冲突风险。又如，合同订立中的要约与承诺程序，就是一套意思表示的交往规范，它一方面起到确保合同当事人意思表示真实性的价值作用，另一方面又彰显了合同关系的平等、诚信特性。还有一个较为直观的例子，在公司等团体内部机关的决议行为中，议事程序与表决程序的存在，使得各团体成员可以非常秩序化地表达其意思，并进而形成科学、民主的团体意思表示。进而言之，决议行为中的议事程序与表决程序的存在，在很大程度上保障了私法团体生活的秩序性，而私法团体生活与公共生活则具有诸多的相通性。一个懂得尊重团体生活规则的人，一般也会懂得尊重公共生活规则，也更具有公共精神品性。第二，民法典中的程序性规则有助于培养私法主体的规则意识，减少私权的肆意与滥用。肇始于《德国民法典》的法律行为理论，以意思来认定行为的效力，忽略了程序。而如陈醇教授所言，"由于人际关系的陌生化和交际技术的发达，对意思的确定将越来越困难，与其以意思来确认行为的效力，还不如以程序来确认行为的效力"。②日常生活中，我们经常听到"按规则办事"这句话，而所谓"按规则办事"其实就是指"按程序办事"。在以民法为代表的私法中，我们讲究私法自治、法不禁止则为允许，而私法

---

① 季卫东：《法律程序的意义——对中国法制建设的另一种思考》，《中国社会科学》1993 年第 1 期。

② 陈醇：《程序在私法中的重要地位》，《浙江师范大学学报》2004 年第 2 期。

自治应当是规则之治、程序之治，没有规则、程序约束的私法自治会导致私权的肆意与滥用。

具体而言，笔者认为，民法典中的程序性规范当主要从下述几个方面落实。第一，建立意思表示与程序并重的法律行为制度。即将意思表示中心主义的"权利主体—意思表示—法律后果"传统法律行为制度变为意思表示与程序并重的"权利主体—意思表示—行为程序—法律后果"的新法律行为制度。在意思表示规则的基础之上细致搭建意思的"形成程序"与"表示程序"，让意思得以依照科学的、规范的程序形成、表示。第二，引入程序瑕疵评价规则。我们既有的法律行为效果评价规则主要是意思表示瑕疵规则，"欺诈""胁迫""乘人之危""重大误解"等均因为影响到了当事人意思表示的真实性而遭受法律效果评价上的不利益。而在意思表示与程序并重的法律行为制度下，不仅意思表示瑕疵会对法律行为的后果产生影响，程序瑕疵也应当对法律行为后果产生影响，唯此才能逐渐培养起国民的程序意识与公共精神。目前，在私法的部门法中已经有程序瑕疵制度的雏形，但问题是，一方面对于程序瑕疵的重视程度不够，另一方面尚未成规范化体系。如《公司法》第 26 条规定："公司股东会、董事会的会议召集程序、表决方式违反法律、行政法规或者公司章程，或者决议内容违反公司章程的，股东自决议作出之日起六十日内，可以请求人民法院撤销。但是，股东会、董事会的会议召集程序或者表决方式仅有轻微瑕疵，对决议未产生实质影响的除外。"依照该规定，公司决议违反程序的为可撤销决议，而该第 25 条却规定"公司股东会、董事会的决议内容违反法律、行政法规的无效"，由此可见"内容（即意思表示）"与"程序"并未被公司法等而视之。①《公司法司法解释（四）》在这方面有所进步，即针对决议程序缺失情况，在"决议可撤销"基础之上增加了"决议不存在"这一效力评价形态。②

---

① 吴飞飞：《论公司章程的决议属性及其效力认定规则》，《法制与社会发展》2016 年第 1 期。
② 该司法解释第 4 条规定："本规定第一条规定的原告有证据证明系争决议存在下列情形之一，请求确认决议不存在的，应予支持：（一）公司未召开股东会或者股东大会、董事会，但是公司按照公司法第三十七条第二款或者公司章程的规定不召开股东会或者股东大会而直接作出决定，并由全体股东在决定文件上签名、盖章的除外；（二）公司召开股东会或者股东大会、董事会，但是未对决议进行表决。"

《民法典》总则编中"民事法律行为"一章相对于《民法通则》而言最大的变动就是进一步强化了意思表示在民事法律行为中的核心地位。不仅在"一般规定"一节中以意思表示为核心对民事法律行为的概念进行了重新界定，还以专节内容对意思表示的解释规则作了详尽规定。在民事法律行为中强调意思表示的做法与《德国民法典》《法国民法典》等近代民法典一脉相承，也契合私法之意思自治精神。而《民法典》总则编"民事法律行为"一章所能找到的有关程序的规定仅有第134条第2款中的"议事方式和表决程序"寥寥几字。其实由《民法典》总则编对民事法律行为程序作出规定确实是一个技术难题，因为程序相对于意思表示而言是琐碎的、繁杂的，这与总则的高度抽象特质格格不入，这也注定它很难在民法典的总则部分栖身。因此，总则重意思表示，分则重程序，对于中国民法典而言或许是一种好的选择。

第二节　公司决议的核心工具价值

公司决议的伦理基础亦可被解释为其价值理性，任何事物须价值理性与工具理性并存方可为之用，公司决议亦然。从工具价值层面理解，公司决议的功能效用是多元的，它可以提高公司决策的效率性、民主性，可以确保公司决策的信服力等。然而，在公司决议的诸多工具价值之中，谋获"智识增量"才是其核心指向。

一　公司决议的核心工具价值不是作为合意机制的补充或者替代性方案

公司决议在公司治理中到底担当怎样的角色，公司意思表示是否必然要以决议的方式作出，关乎决议的工具价值定位。对该问题，在民商法学理论界有一种观点认为，在公司治理中，公司决议是作为合意机制的补充性方案而存在的。[①] 换言之，合意而不能的情况下才有决议的必要性和存

---

① 参见张谷《对当前民法典编纂的反思》，《华东政法大学学报》2016年第1期。

在空间，公司合同理论者多持此观点。其一，整个民商法均遵循一套个人主义的价值秩序观，在团体与其成员的关系中，作为成员的自然人的地位与利益始终是独立而不可侵犯的。进而言之，团体本身对其成员而言都是作为一种工具而存在的，团体是手段，成员才是目的。"自然人的民事主体地位是一个先于实证法的伦理问题，法人则是立法者有目的的法律构造物、是目的的联合体。"① 其二，在个人主义价值秩序观之下，最具正当性的团体决策方式是在团体成员之间形成意思表示一致的合意，以确保团体意思表示不会僭越每一个成员的独立意思表示。正因如此，在近现代民法上，合同或契约始终占据核心地位，决议在民法典中甚至连一个条文的位置都不能获得。因此有学者提出，"在整个法律行为制度当中，最重要的就是契约；在整个法律行为制度当中，契约是'唱主角的'，是'大腕儿'，单方行为和决议行为都是'唱配角的'，是'跑龙套的'"②。这一观点在民法学理论界具有一定代表性。其三，只有在团体成员人数过多，以至于团体决策以一致同意的合意机制通过在操作层面不具可能性时，方才退而求其次以多数决的决议机制形成团体意思表示。如《公司法》第59条第1款对有限责任公司股东会的职权与议事事项作出了列举式规定，但对所列事项股东以书面形式一致表示同意的，可以不召开股东会会议，直接作出决定，并由全体股东在决定文件上签名或者盖章。这是全体成员合意替代决议的典型表现。其四，在团体决策中，以合意形成的决策要比以决议行为通过的决策具有更高的效力层级。

该种观点在直观上具有相当的说服力，团体的合意机制近乎完全地吸纳尊重每个成员的独立意思表示，具有伦理道德意义上的正当性，尤其是在成员人数不多的团体中，合意优先于决议的确是正确之选。然而，该种认识存在以下问题。其一，视决议为合意的补充性方案，忽略了公司决议的独立功能价值，对此下文将予以详述。其二，将个人主义价值观直接嫁接于民商事团体之上，既埋没了团体本身的独立价值，也忽视了团体对于

---

① 王雷：《我国民法典编纂中的团体法思维》，《当代法学》2015年第4期。
② 张谷：《对当前民法典编纂的反思》，《华东政法大学学报》2016年第1期。

成员之外的利益相关者群体乃至社会所负载的责任。其三，容易致使团体治理因为成员的个人主义倾向而陷入难以调和的治理僵局，如成员以"小我"挟持团体之"大我"的情况在团体治理中不乏其例。

在公司法上，将公司决议作为合意的替代或者补充机制的做法在司法裁判中实有体现，并经常带来诸多裁判困扰，其中最为典型的例证便是在裁判争点关涉公司章程的"涉章纠纷"中。我国《公司法》自2005年修法以来，赋予了公司章程极大的自治空间，最典型的体现是《公司法》上的"公司章程另有规定，从其规定"和"公司章程另有规定除外"条款，这些条款在近年的商事治理实践中成为公司进行内部制度创新的制度利器。实践中大量公司在股权转让、利润分配、股东知情权等问题上作区别于公司法规范的"另有规定"，由这些"另有规定"条款引发的诉讼纷争层出不穷。最直观的是公司章程设限股权转让纠纷，实践中大量公司通过章程限制、变相禁止股权转让，针对此类章程条款的效力引发很多争议。在前些年的司法实践中，相当一部分法院认为，此类设限股权转让的条款要根据是规定在初始章程还是章程修订案中区别对待。具体而言，如果案涉条款是规定在公司的初始章程中，因为初始章程系经过全体股东或者发起人一致同意通过的，具备合意机制，效力等同于合同，此类章程中的设限股权转让条款应为有效。相反，如果案涉章程系非经全体股东一致同意的章程修订案，则因为不具备合意机制，设限股权转让条款取决于当事人股东在修订章程时是否投赞同票而定，赞同则有效，反对则无效。① 此类裁判思维背后所折射的公司法逻辑是将公司初始章程视为合同，将章程修订案视为合意不能时的替代物，所以会得出章程修订案效力不如初始章程的裁判结论。这种裁判结论导致的严重后果是：其一，同一公司章程条款，对于当时投赞同票的股东具有拘束力，对于投反对票的股东没有拘束力，这样一来对于"聪明的小股东"而言，最佳投票决策就是统统投反对票，使章程永远无法约束自己；其二，对于已经成立了的公司而言，若想根据公司自身治理需求修改、调整公司

① 参见钱玉林《公司章程对股权转让限制的效力》，《法学》2012年第10期。

章程，则不可避免需要面对修订后的章程效力降级的困惑，进而导致公司陷入究竟修不修改章程的两难困境。① 而实际上，我们深入公司治理实践会发现，初始章程在公司治理中属于非常态存在，章程修订案才是常态存在，章程修订案系经公司股东会决议修改而来，因此章程的性质应当是决议而非合同。据此，我们应当从公司法的团体法视角理解、认识章程，而非从合意的视角或合意替代物视角理解章程。

二　公司决议的核心工具价值不是作为公司民主的规则载体

"不论是否合乎理想，社会总是要作出某种决定，采取一定具体行动。因此，首要问题是做出具体决定所应遵守的规则"②，私法团体同样如此。对于国家、社会乃至私法团体而言，只要人是平等的，它们的治理规则就必须是民主的，即平等决定民主。在私法团体中，团体成员平等，所以团体治理必须是民主的。由于一致同意的不可操作性，民主通常具体化为"多数人的统治"，根据这个逻辑推导，则公司决议就是公司民主的规则载体，这是公司决议的工具价值之所在。

诚然，公司决议是公司意思民主的重要规则载体。在团体成员意思表示一致不具可操作性的情况下，怎样的决策规则能够确保成员的意思表示民主就显得尤为重要，而决议规则就是这样的一套规则。由于合同存在合意机制，任何一方的意思表示都是独立的，所以合同规则一般不需要设置繁琐的程序，因此合同法本身也不重视程序，主要取材于合同的法律行为理论亦是如此，所以在很多学者的观念里法律行为等同于意思表示。公司决议规则则不然，它有着繁琐的程序规则，从大的类型上分为"议事程序"与"表决程序"。进一步细分则可包含提案程序、通知程序、表决权分配程序、讨论程序、质询程序、答辩程序以及表决程序等。在某些决议规则中，为了保护少数派的权益，还针对决议中的少数派、弱势成员设置了特别保护规则，如公司法上的异议股东股份回购请求权、累积投票制度

---

① 参见吴飞飞《论公司章程的决议属性及其效力认定规则》，《法制与社会发展》2016 年第 1 期。

② 〔美〕科恩：《论民主》，聂崇信、朱秀贤译，商务印书馆 1988 年版，第 65 页。

等。细致梳理这些程序规则，我们会发现它们几乎均负载着保障团体成员的意思表示在决议中能够得以平等、真实、独立、客观地表达的规则目的，而这些目的几乎均指向公司民主。因此，决议是公司民主的规则载体。

然而，作为公司民主的规则载体，并非决议的核心工具价值。民主是团体治理的保险机制、底线机制而非目的，这就决定了公司决议的公司民主规则载体功能注定不是公司决议的核心价值功能。如对于公司这类私法团体而言，公司治理的目的不是民主，而是谋求利润最大化，所以公司决议规则的核心精神构造指向的是效率而非民主。任何一个私法团体均有其目的初衷，虽各有不同，但一定不是民主。对于私法团体而言，民主都是工具性的，更何况民主的工具。

前文中，笔者对为何公司决议的核心工具价值不是民主作了法理分析，但是相对而言实际的例证更具说服力，而这方面的例子在公司法层面可谓不胜枚举。下面笔者以几类比较典型的例证作出说明。

以近年公司非诉业务中的股权架构设计业务为例，在有限责任公司股权架构设计业务中，有一条共识性规则，即不能均分股权，股权架构中必须设计出一个拥有50%以上控制权的"带头大哥"，而不能"九龙治水"。之所以如此，有如下理由。其一，均分股权的股东平等、民主模式，一旦股东之间出现矛盾，互相投反对票，就会导致公司难以形成、作出有效决议，进而导致公司治理陷入僵局。最高人民法院2012年发布的第8号指导性案例"林方清诉常熟市凯莱实业有限公司、戴小明公司解散纠纷案"就是如此。该案中凯莱实业有限公司两名股东林方清、戴小明各持股50%，股权架构绝对民主，但是二人在公司经营过程中逐渐交恶，互相投反对票，导致凯莱实业有限公司连续多年无法形成有效的董事会、股东会决议，最终被法院判决解散。[①] 其二，基于商业经验，公司治理必须有一位大股东，如此才能确保公司高效作出决策，尤其是公司进行再融资时，公司是否有大股东、大股东是否能够掌控全局通常是投资方作出决策的重要判断指标，缺少控股股东的公司一般很难获得私募基金等投资方青睐。因

---

① 参见江苏省高级人民法院（2010）苏商终字第0043号民事判决书。

为对私募基金等投资方而言，其投资后通常无力监管公司治理，于是就需要公司有一个可以掌控全局的股东对其负责、与其对赌，若公司缺少控股股东则其投资目的无法实现。因此，从有限责任公司股权架构设计来看，其追求的恰恰不是公司民主。既然股东持股比例要非均衡化，要有一个控股股东，那作为股东决策方式的公司决议，自然也不会以股东民主作为其核心工具价值。

再以上市公司为例，在过去的很长一段时期内，上市公司股东会决议都奉行股东民主、同股同权原则。但是，2014 年阿里巴巴集团赴美上市，以及京东、百度、腾讯等当时一众互联网公司纷纷海外上市引发了我国资本市场对上市公司股东民主、同股同权原则的深刻反思。缘由是，这些互联网头部公司选择海外上市的原因之一是海外资本市场允许上市公司股东会决议采用"双层股权结构"，即同股不同权、差异化投票权设计，互联网上市公司的创始人可以借助该"双层股权结构"，给予自身更多的投票权比例，以避免在上市融资过程中对公司的控制权被稀释、弱化。由于我们的资本市场不允许上市公司股东会决议实行"双层股权结构"，导致丧失大量优质上市公司。痛定思痛，2019 年上海科创板首次允许科创类上市公司股东会决议采用"双层股权结构"。经此改革，大量科创类公司纷纷放弃海外上市计划，转而在科创板上市，留住了一批优质上市公司。[1] 原来的同股同权、一股一权制度，是假设在公司股东会决议中，所有股东均致力于追求民主决策、平等决策。然而，实际上对于上市公司小股东而言，他们根本无心参与上市公司股东会决策，对投票权多寡甚至毫不关心。与之相反，创始股东、控股股东则更关注对公司股东会决议的可控性。有鉴于此，"双层股权结构"打破了股东民主的思维桎梏，允许股东彼此间进行投票权交易，创始股东以金融利益换取小股东、散户的投票权，二者的利益都实现了帕累托改进。

---

① 参见高菲《趋同抑或路径依赖：双层股权结构立法改革的比较与前瞻》，《政法学刊》2023 年第 4 期。

三 公司决议的核心工具价值是"智识复合"

(一) 公司决议"多数决"的基本逻辑假设

在决议规则中，最主要的两种表决方式是"人头多数决"与"资本多数决"，民事决议主要适用"人头多数决"，商事决议则主要适用"资本多数决"。"人头多数决"的理论基础是康德的唯心主义哲学以及理性主义，所谓"人头多数决"，其实是在所有成员理性认知能力均等的假设下的"均等理性加总多数决"。"资本多数决"的理论基础则是资本平等、资本民主，钱袋子决定话语权、控制权。两种最基本的公司决议规则的基本逻辑假设如下。

其一，在利益一致性方面。假设每个成员都是自利的，则"组织中个人利益和共同利益结合的情况与竞争市场极为类似"[1]，团体决议中，每个成员都会基于自身利益出发行使表决权，多数派的利益更接近团体利益，所以多数派的意思表示在竞争中获胜而被升级为团体的意思表示。因此，在这一条逻辑线索上，利益大小决定话语权大小，如在公司治理中体现为"剩余索取权决定剩余控制权"[2]，又如根据国务院《物业管理条例》规定，业主大会决议须同时满足建筑物总面积和业主总人数两个多数。[3]

其二，在正确性方面。公司决议存在一个潜在的基本假设——多数派的意见正确率更高。尽管"真理总是掌握在少数人手里"这句话我们耳熟能详并经常信服，但这句话几乎都是在事后被证明。而在事中，也即团体决策中，除非有少数派拥有强制性话语权，否则，从第三人视角看，多数人倾向于习惯性地认为多数派的意见更有可能是对的、正确的、决策风险最小化的意见。

上述就是公司决议"人头多数决"与"资本多数决"两种基础性决议方式的基本逻辑假设。然而，两个基本逻辑假设存在下述问题。其一，无法解释团体治理中的"代议制"现象。如在公司治理中，作为代议机关的

---

① 〔美〕曼瑟尔·奥尔森：《集体行动的逻辑》，陈郁等译，格致出版社 2011 年版，第 8 页。
② 张维迎：《产权、激励与公司治理》，经济科学出版社 2005 年版，第 2 页。
③ 参见《物业管理条例》第 12 条。

董事会分享了本来属于股东的很大一部分权能，在公司决议体制内拥有实质意义上的表决权。董事尤其是公开公司董事，并不承担出资义务，没有剩余索取权却拥有相当程度上的控制权。其二，无法回应"加权表决制"等特殊的表决权行使规则。即在团体决策中经常出现的多倍表决权、特殊表决权，"人头多数决"与"资本多数决"的基本逻辑假设无法予以回应。

（二）"智识复合"及其在公司决议中的体现

所谓"智识复合"，是指决议主体各自的道德伦理、智慧经验以及专业能力等智识条件经过议事程序的充分论辩交融以后再经由表决程序而形成的智慧、经验和专业能力的集合体，是群体智慧的体现。私法团体的任何一种决议行为，均是致力于追求最佳的、最科学的、最有智慧的决议结果，即谋获"智识复合"。平等、民主关乎决议的底线与正当性追问，却不是决议本身的目标追求。换言之，平等、民主更关注的是团体成员利益、权利的存量分配问题，而"智识复合"更关注的问题是如何创造增量，为团体成员谋求最长远的、最大化的利益、权利。任何一个私法团体的首要工具价值都是创造增量而非分配存量，所以公司决议的核心工具价值应该是谋获"智识复合"而非其他。这一点在公司治理中已有充分体现，并具有趋势性，公司治理中的"代议制"以及"加权表决制"充分地体现了笔者所主张的这一观点。

其一，公司治理中的"代议制"，致力于让拥有智识优势的专业人士掌握话语权，进而谋获更高质量的"智识复合"。"代议制"一般作为一个政治学概念被使用，是间接民主的重要实践形式，最直观的体现即西方国家的议会制度。[1]在政治学视野下，代议制的产生主要源于两大因素，一是现代国家治理中直接民主的不可操作性，二是精英治国的治理能力需求，因此"代议制"也被称为"精英政治"[2]。在私法团体中同样也存在"代

---

① 参见刘宝辉《论西方代议制的历史渊源、理论预设与制度形态》，《社会科学论坛》2016年第11期。

② 参见习剑平《代议制下精英民主理论之再述》，《社会科学论坛》2014年第11期。

议制",最典型的是"作为公司代议机构的董事会"①。在传统公司法理论中,我们习惯于用代理理论来解释股东与董事间关系,并认为股东是董事的代理人。而在股东会与董事会的关系上,"代议制"显然比代理理论更形象、更具解释力。理论上,公司治理权悉数归属于作为公司剩余价值索取者的股东,但基于股东专业能力的局限和直接参与公司治理的不经济性考虑,股东会将部分权能让渡给董事会行使,这就是公司治理的"代议制"。在本质上看,无异于在股东会决议中赋予董事表决权,只不过现代公司法把这部分事项直接切割给了董事会,而不再拿到股东会决议之中予以表决。董事会分享股东表决权或者说公司治理话语权的合理性在于其董事具有智识优势,这在上市公司治理中体现得尤为明显。社区业主大会与业主委员会的关系也是如此。一言以蔽之,私法团体中的"代议制",赋予非团体成员的"代表人"或者"代理人"以"实质表决权",并借此谋求更高质量的"智识复合",以确保团体决策的专业性、科学性。

其二,公司决议中的"加权表决制"也是谋求"智识复合"的表决权配置结构。所谓"加权表决制",即在决议中赋予某一类或一个成员高倍投票权,进而倾斜性强化其在团体决议中的话语权。"加权表决制"最初主要在国际组织决议中适用,赋予对国际组织贡献更大的、更有责任担当以及人口更多的国家以更多的投票权。②其后该种表决权配置结构逐渐为其他团体组织所吸收借鉴。在公司这类私法团体中,"加权表决制"适用率较高。如对于有限责任公司而言,《公司法》第65条规定:"股东会会议由股东按照出资比例行使表决权;但是,公司章程另有规定的除外。"近几年的商事实践中,很多创新型、创业型公司充分利用该条规定,在股东认缴出资比例基础上给予拥有管理决策能力、专业能力或者其他智识优势的股东更多的表决权,以充分激发这类股东的企业家精神。在上市公司中,近几年阿里巴巴、腾讯、京东等互联网公司所采用的"双层股权结构"也是"加权表决制"的重要形式。以阿里巴巴集团的"合伙人制度"

---

① 邓峰:《代议制的公司:中国公司治理中的权力和责任》,北京大学出版社2015年版,第12页。
② 参见张雪慧《国际组织中的加权表决制浅论》,《中外法学》1997年第1期。

为例，根据该制度，以马云为首的 20 余名合伙人尽管只持有阿里巴巴集团约 10% 的股权，却可以控制董事会 9 个席位中的 5 个席位，这显然背离了资本市场一贯坚持的"同股同权""一股一权"原则。但"合伙人制度"被阿里巴巴其他股东尤其是雅虎、软银两大股东允许的原因在于："合伙人"股东相对于其他股东而言更了解阿里巴巴，更认同阿里巴巴的文化价值理念，更关心阿里巴巴的长远发展。其实，"合伙人制度"是公司治理中物质资本所有者与智识资本所有者折衷妥协的体现，最终"让听得见炮声的人做决策"[①]。因此，私法团体中的"加权表决制"，其实就是给予拥有智识优势的成员更多的话语权。

尽管"人头多数决"与"资本多数决"仍旧是公司治理的基础性表决规则，但公司总在尝试让最有决策能力的人在决议中占据优势地位，从而产出最科学有效的决策结果，所以公司决议的核心工具价值其实是帮助团体谋获"智识复合"而非其他。

第三节　公司决议的法教义学基础

所谓公司决议的法教义学基础，其实就是决议行为在私法学上的解释论起点。这个问题的前置性问题是，决议行为是谁的行为，也即它的行为主体是谁？毋庸置疑，决议行为的主体是团体抑或法人。进一步的问题是，团体或法人又是什么，采法人实在说还是法人拟制说？法人的性质决定了它的行为构造，因此，公司决议的法教义学基础其实就是关于法人的性质的问题。并且，公司决议的法教义学基础与它的伦理基础、核心工具价值应当是连贯的、一脉相承的。那么，公司决议的教义学基础到底是法人拟制说还是法人实在说呢？

一　法人拟制说在公司决议中的解释困境

一般认为，法人拟制说肇始于萨维尼，由其根据罗马法中的拟制说提

---

① 马一：《股权稀释过程中公司控制权保持：法律途径与边界——以双层股权结构和马云"中国合伙人制"为研究对象》，《中外法学》2014 年第 3 期。

炼总结而来。在他看来，"所有的法律都为保障道德的、内在于每个人的自由而存在。因此，关于法律上的人或者权利主体的原初概念，必须与生物人的概念一致"。①所以，只有自然人才具有真正意义上的法律人格，法人仅仅是工具意义上的实体，是"想象的共同体"②。然而，我们发现以法人拟制说作为公司决议的法教义学基础，存在着解释论困境。

（一）法人拟制说无法为公司决议的独立性提供解释论支撑

根据法人拟制说的解释路径，法人仅仅是一个机制形态，它在本质上不具备独立的地位和意义，作为法人成员的自然人才是法人团体的终极法律主体形态。进而言之，在法人拟制说下，连法人都不具备独立性，作为法人治理行为的决议行为自然也无独立性可言。依照法人拟制说，法人成员的个人意志是独立自在的，所以对于法人而言最具正当性的决策方式是全体成员一致同意的合意机制，只有在合意不能的情况下，才适用多数决的决议机制。因此，在法人拟制说的解释逻辑里，公司决议是合意的替代机制，或者说至多是自然人成员意思表示的冲突规则，③而不具独立性。

在法人拟制说看来，只有自然人才能成为私法上权利、义务、责任的最终载体，法人不过是一种"财产能力"④，缺乏自然人的伦理学人格主义价值，不具有道德属性，不能成为权利、义务与责任的最终载体。按照法人拟制说的解释逻辑，公司决议应该换一种称谓，即应当被称为股东决议、董事决议，公司内部的股东会、董事会也不应当认定为公司机关，而应当认定为股东、董事实施其决议行为的具体形式。这一逻辑的进一步延伸性结果便是，公司作出的决议，经法定代表人表示于相对人后，其实是公司所有股东共同与相对人发生法律关系，然后法律关系的结果由所有股

---

① Friedrich Karl von Savigny, Jural Relations: Or, The Roman Law of Persons As Subjects of Jural Relations: Being a Translation of the Second Book of Savigny's System of Modern Roman Laws, translated by William Henry Rattigan, Wildy & Sons, 1884, pp. 1-2, 转引自仲崇玉《论萨维尼法人拟制说的政治旨趣》，《华东政法大学学报》2011 年第 5 期。

② 谢鸿飞：《论民法典法人性质的定位：法律历史社会学与法教义学分析》，《中外法学》2015 年第 6 期。

③ 参见陈醇《论单方法律行为、合同和决议之间的区别——以意思互动为视角》，《环球法律评论》2010 年第 1 期。

④ 仲崇玉：《论萨维尼法人拟制说的政治旨趣》，《华东政法大学学报》2011 年第 5 期。

东共同承受。如此一来，公司决议就不再是一种独立的团体法律行为类型，而应当被界定为一种特殊的共同法律行为，与共同共有、共同处分性质相似，公司决议作为独立的团体法律行为的品性也就无法得到彰显。相反，在法人实在说的解释逻辑下则会得出诸多与之相反的结论。承认公司的独立法人人格地位后，法律需要像对待自然人一样承认其具有自然人的思考能力、表达能力，公司法人的表达能力通过法定代表人、代理人为之，因此我们可以将法定代表人、代理人理解为公司的"嘴巴"，而公司的思考能力则需要通过股东会、董事会这两大公司机关实施，股东会决议、董事会决议的作出过程就类似于自然人大脑的思考过程，最终作出的决议就相当于自然人下定决心后脑海里作出的决策。因此，在法人实在说的解释逻辑下，公司的股东会、董事会、法定代表人均是公司这个"生命体"的"器官"，通过这些"器官"，公司可以通过决议形成其"意思"，并将其表示于外部。[1] 据此看来，决议是法人独有的法律行为类型，与自然人实施的单方行为、合同行为有着显著的差异。

（二）法人拟制说无法解释公司决议的"公共性"问题

笔者在前文提出，理解公司决议必须具有"公共性"立场，决议的目的与利益指向应当是"先公而后私"，先成就法人团体之"大我"，再回馈成员之"小我"。而法人拟制说则无法解释公司决议的这一"公共性"问题。其一，法人拟制说无法解释公司决议在法人内部的"公共性"问题。根据法人拟制说，成员是实、法人是形，所以法人拟制说的价值观是个人主义而非团体主义。法人拟制说假设法人团体是由一个个自利的理性经济人组成，在法人团体决策中，每个成员都只需基于自己的利益考虑，按照最有利于自己的方式行使表决权。进而言之，有小我而无大我，有多数派而无公共性。这一理解符合经济学假设，但却不是现实中法人团体的真实面貌，尤其是对于现实中的非营利性法人而言，"公共性"已经是其基本属性之一。其二，法人拟制说无法解释法人及其决议在整个社会角色中的

---

[1]　参见蒋大兴《公司组织意思表示之特殊构造——不完全代表/代理与公司内部决议之外部效力》，《比较法研究》2020 年第 3 期。

"公共性"问题。近代以来的法人拟制说，不承认人的社会属性。如英国著名政治哲学家戴维·米勒教授所说，"资本主义创造了'自我生成的人'这一幻象，个人自己形成自己的个性，个人自己有能力控制自己的命运"。[1]在法人拟制说视野下，自然人是原子化的，法人是工具性的，自然人无社会性可言，法人的社会性与社会角色担当也无从谈起。然而，实际上法人尤其是大型法人团体在整个社会结构中从来都不可能是自由自在的，它必须面对整个社会的"公共性"问题，并承担相应的角色担当，而法人拟制说无法为法人及其决议行为的社会担当提供法教义学基础。

（三）法人拟制说解释不了公司决议的智识创造功能

在法人拟制说路径下，法人团体成员间的基础性关系结构是具有交易、互换特质的"分配型关系"。所以，在法人拟制说看来，公司决议指向的主要是法人内部的管理性、金融性利益如何在成员间妥善分配的问题，关注的重心是法人团体的利益存量，在这一点上法人拟制说与公司合同理论颇有相似之处，"是以牺牲创新和生产领域的经济分析为代价的"[2]。而多数法人团体，不管是营利性法人还是非营利性法人的目标指向都主要是如何创造增量，换言之法人团体内部关系主要是"生产型关系"。无论是生产、创造更多的经济利益还是社会效益，都需要依赖公司决议所形成的决策智识来实现。法人拟制说忽视法人的生产、创造面向，也就无法解释公司决议的智识创造功能，因为在处理存量利益的"分配型关系"中注重的是公平而非创新、创造。

二 公司决议的法教义学基础为法人实在说

从上文分析可知，法人拟制说在嵌套于公司决议时存在多重解释困境，而无法成为决议行为的法教义学基础。公司决议的法教义学基础应当为法人实在说，原因如下。

---

① 俞可平：《社群主义》，东方出版社 2015 年版，第 78 页。

② 〔美〕玛丽·奥沙利文：《公司治理百年——美国和德国公司治理演变》，黄一义等译，人民邮电出版社 2007 年版，导论第 3 页。

（一）法人实在说与公司决议独立性一脉相承

如笔者开篇所述，决议行为在很长的历史时期内都没有得到理论界的重视，决议行为的独立性一直得不到彰显。有观点认为决议属于特殊的共同行为，[①] 还有观点则认为其并非法律行为而是团体意思形成机制。[②] 就前一种观点而言，共同行为，如婚姻缔结行为、共同处分行为等，只不过是个体权利的同向行使而已，共同而不公共，其实质上仍旧是个人法行为。[③] 所以，该观点仍旧没有使决议脱离个人法的解释框架。第二种观点是在法人与第三人的法律关系中理解决议的性质，忽略了法人内部主体间借助决议行为所形成的法律关系。在这一观点之下，法人的内部治理及内部主体间法律关系均被忽略，法人的实在性无法凸显，公司决议被降格为意思表示的形成机制，无独立性可言。

在法人实在说的解释路径下，决议行为的独立性得以证成和彰显。其一，依照法人实在说，法人独立于其成员，法人成员间的关系以及法人与其成员的关系均非合同关系，法人治理亦非合同治理，法人需要借助决议行为这一契合团体治理诉求的法律行为类型构造和调整自身的治理架构，协调成员间的利益关系以及对外形成自己的独立意志。换言之，在法人实在说逻辑预设下，法人需要以自己的法律行为形成并表达自身的独立意志，进而达至法人自治之目的，而这一法律行为便是决议行为而非合同行为或者其他法律行为，法人自治是决议之治而非合同之治。一言以蔽之，主体独立，则行为独立，法人实在而独立，则决议行为实在而独立。有公司法上"悬案"之称的公司担保案件裁判中的"担保债权人偏向"，其所折射的法理困境亦在于此。罗培新教授对公司越权担保案件的实证分析结果显示，在大多数越权担保纠纷中，法院倾向于认定担保合同有效。[④] 理据在于，主流观点认为，公司章程、公司决议文件属于公司内部文件，不

---

① 参见王泽鉴《民法总则》，北京大学出版社 2009 年版，第 209 页。

② 参见陈醇《意思形成与意思表示的区别：决议行为的独立性初探》，《比较法研究》2008 年第 6 期；徐银波《决议行为效力规则之构造》，《法学研究》2015 年第 4 期。

③ 参见吴飞飞《决议行为归属与团体法"私法评价体系"构建研究》，《政治与法律》2016 年第 6 期。

④ 参见罗培新《公司担保法律规则的价值冲突与司法考量》，《中外法学》2012 年第 6 期。

具对外效力。其实，这一主流观点所隐含的思维定式是合同具有相对性，公司章程、公司决议亦具有相对性，是典型的合同主义思维。在法人实在说下，这一法理解释困境可得以破解。在法人实在说下，第三人与公司订立担保合同时，须双方之意思表示形成合意，公司章程、公司决议包含于公司方之意思，第三人与公司方订立担保合同，自然应考察公司方之意思，循序推之，则第三人自然应对公司方之章程、决议文件负有审查之义务，此一路径即可破解"担保债权人偏向"之法理难题。这一解释路径，张扬了法人的独立意志，绕开了合同相对性理论，赋予了公司章程、公司决议等决议行为之文本载体①以独立法源地位及独特效力构造。其二，法人实在说源于日耳曼民族的共同体精神，秉持团体主义而非个人主义价值观，因此法人治理须以团体法行为为之。合同行为、单方法律行为以及共同行为均属个人法行为，无法满足法人治理的团体主义价值观和方法论诉求，而决议行为作为团体法行为，刚好担负此任。近年来司法实践中争议颇大的"涉章纠纷"，其法理难点即在于此。"涉章纠纷"争点集中在公司章程中的股东权利限制条款效力应当如何认定。目前法院的主流裁判路径是根据章程是否具备合意机制区分初始章程与章程修订案，并认为初始章程因具备合意机制故而具有更强的效力性。如在最高人民法院于 2018 年 6 月发布的第 96 号指导性案例"宋文军诉西安市大华餐饮有限公司股东资格确认纠纷案"中，针对大华餐饮有限公司（以下简称"大华公司"）章程中的"人走股留"条款效力争议，主审法官认为："有限公司章程（初始章程）系公司设立时全体股东一致同意并对公司及全体股东产生约束力的规则性文件，宋文军在公司章程上签名的行为，应视为其对前述规定的认可和同意，该章程对大华公司及宋文军均产生约束力。"②尽管笔者认同其裁判结论，但主审法官对大华公司章程中"人走股留"条款效力的认定路径其实还是个人主义的合同法路径，缺少法人实在说的团体法思维与裁判方法，是以合同的意思表示瑕疵理论套用于公司章程，将决定章程

---

① 有学者经论证认为公司章程在性质上属于决议。参见吴飞飞《论公司章程的决议属性及其效力认定规则》，《法制与社会发展》2016 年第 1 期。

② 陕西省高级人民法院（2014）陕民二申字第 00215 号民事判决书。

效力的依据委之于股东同意的合同标准，其解释力的局限性在章程修订案中更加明显。其实初始章程中所谓的"合意"，本质上是决议的特殊情形（一致通过），是团体法本位而非个人法本位。

（二）法人实在说为公司决议的"公共性"品质提供了学说理据

公司决议作为法律行为这一私法自治工具之子类别，本质上仍旧属于私法行为，赋予私法行为以"公共性"，从直观逻辑上似乎是难以自圆其说的。而法人实在说则为公司决议的"公共性"品质提供了学说支撑。其一，法人实在说的历史肇因为公司决议的内部"公共性"提供了精神基因。在《德国民法典》颁布之初，有批评的声音将其斥之为"19世纪的遗产儿，而非20世纪的种子"[1]。该批评意指，《德国民法典》并未能充分吸收日耳曼民族的团体主义精神，却在个人主义的道路上走得太远。[2] 该批评来自德国的日耳曼法学家一派，在他们看来"以集体荣誉、合作和团结、公共利益为基调"[3]的团体主义精神才是日耳曼民族的民族精神，而《德国民法典》并未充分吸收和体现这一民族精神，却试图建立一套个人主义的价值秩序。正是做出上述批判的日耳曼法学家基于日耳曼民族的团体主义民族精神提出了法人实在说，试图在解释论上为《德国民法典》灌注团体主义基因，同个人主义价值观相抗衡，以"消解社会契约论所引发的个人原子主义的危险"[4]。因此，法人实在说本身就是团体主义精神的学说表达，作为法人自治行为的决议行为自然就内生性地蕴含"公共性"基因。公司决议的内部"公共性"特质也蕴含于其效力规则之中，并使之区别于合同效力认定的意思表示瑕疵规则。如在英国法院审理的艾伦诉西非金礁有限公司（*Allen v. Gold Reefs of West Africa Limited*）一案中，法院针对修订章程的股东会决议效力如何认定这一争点，提出了"善意的为公司全体之利益"（公司全体指独立于股东全体之外的公司商业体）标准，即只

---

①　陈华彬：《19、20世纪的德国民法学》，《法治研究》2011年第6期。

②　参见吴飞飞《论中国民法典的公共精神向度》，《法商研究》2018年第1期。

③　谢鸿飞：《论民法典法人性质的定位：法律历史社会学与法教义学分析》，《中外法学》2015年第6期。

④　谢鸿飞：《论民法典法人性质的定位：法律历史社会学与法教义学分析》，《中外法学》2015年第6期。

要修订章程系为公司之整体利益，且满足必要性、关联性条件，即使该修订会对部分股东的权利构成限制、损害，决议仍旧合法有效，而不考虑该决议是否已征得权利被限制、损害的股东之同意。① 其实，由本案发展而来的"善意的为公司全体之利益"标准就体现了股东会决议这一公司决议的内部"公共性"品质。其二，法人实在说为公司决议的社会"公共性"奠定了理论基础。德国学说汇纂学的"伟大反对家"② 基尔克教授所提出的法人"有机体说"被视为法人实在说的代表性学说。根据基尔克的法人"有机体说"，社团同国家一样都是有机体，整个社会并非原子化的结构，社团是在国家与独立的个人之间起到联络、平衡作用的重要纽带和桥梁。换言之，社团在整个社会结构性关系中充当着中间层的角色。针对萨维尼将社团的权利能力局限于私法层面的做法，基尔克认为，"团体人格的意义不应局限于私法范围之内，团体权利也不仅仅限于私法上的财产权利，团体还享有除此以外的广泛的社会自治权利"。③基尔克的"有机体说"传至英美以后备受欢迎，原因在于：一方面它契合了公司等大型商业组织的主体性诉求，另一方面它为社团组织担当社会责任提供了强有力的理论支撑。因此，在法人实在说的解释路径下，不仅法人内部存在一个团结主义的共同体，法人自身也是整个社会共同体的一部分，负有社会担当，这支撑了公司决议的社会"公共性"品质。这一支撑功能主要体现在法人实在说赋予了公司决议在承担社会责任问题上对法人成员的抗辩权能，为法人团体站在社会整体立场作出相关决议提供了较有说服力的学说理据。

最高人民法院审理的"贵州捷安投资有限公司与贵阳黔峰生物制品有限责任公司、重庆大林生物技术有限公司、贵州益康制药有限公司、深圳市亿工盛达科技有限公司股权确权及公司增资扩股出资份额优先认购权纠纷案"，十分贴切地反映了公司决议的公共品性。在该案中，贵阳黔峰生

---

① 参见曾宛如《多数股东权行使之界限——以多数股东于股东会行使表决权为观察》，载陈聪富主编《民商法发展新议题》，清华大学出版社 2012 年版，第 172~175 页。

② 〔德〕弗朗茨·维亚克尔：《近代私法史——以德意志的发展为观察重点》（下册），陈爱娥、黄建辉译，上海三联书店 2006 年版，第 434 页。

③ 仲崇玉：《论基尔克法人有机体说的法理内涵和政治旨趣》，《现代法学》2013 年第 2 期。

物制品有限责任公司（以下简称"黔峰公司"）基于改制上市需要，通过股东会决议拟采取增资扩股的方式引进战略投资者。为引进新投资者，黔峰公司其他各股东均同意以大局为重，减持相应比例股份，而作为股东之一的贵州捷安投资有限公司（以下简称"捷安公司"）不仅未减持，还要求对其他股东减持部分主张优先认购权。捷安公司以黔峰公司股东会决议侵犯其优先认购权为由，向法院起诉。法院经审理驳回了捷安公司的优先认购请求，裁判理由是："尽管黔峰公司作出的股东会决议确实未保障捷安公司的优先认购权，但是在本案中捷安公司的优先认购权与公司的整体发展机会存在严重冲突，即如果股东会决议允许捷安公司行使优先认购权，则战略投资人会因为无法满足其持股比例预期而拒绝投资入股进而导致黔安公司丧失重大发展机遇。因此，当捷安公司的股东权益与公司整体发展机遇冲突时，应当优先保护公司整体利益，是故法院驳回了捷安公司的诉讼请求。"① 在本案中，如果按照传统的民法逻辑、私权神圣原则，黔峰公司股东会增资决议确实侵犯了捷安公司的优先认购权，该股东会决议应属无效决议或可撤销决议。基于公司决议的公共品性，尽管决议限制、侵犯了股东权，但是只要公司有充分的证据证明该种做法系为维护公司整体利益的无奈、必要之举，决议就是有效的。这就是决议的公共性，也是公司法的团体法精神之体现。

（三）法人实在说可以印证公司决议的智识创造功能

在传统个人主义民法学理论上，民事主体就是一个个"完全自知、完全自由和平等的理性人"②。进而言之，在个人主义的理论预设中，每一个民事主体的智识能力（即理性认知能力）都处在一个完美无缺的状态，没有差别，也无所谓智识增加和创造。所以，传统民事关系主要是交换型、分配型关系，而非生产型、创造型关系。进而言之，个人主义的民法理论无法解释公司决议是如何创造和谋获"智识复合"这一功能现象的。然而，在法人实在说的解释路径下，"团体就和个人一样，也是一个肉体——精神的

---

① 最高人民法院（2009）民二终字第 3 号民事判决书。
② 徐涤宇、潘泊：《私法自治的变迁与民法中"人"的深化》，《华东政法学院学报》2003年第 6 期。

活的统一体，它有意志，并能将其意志转化为行动"①。既然法人是独立自在的，它就必须有自己的理性和意识，而这个理性和意识并不是先在的，而是创造性的，即"创生性的集体意志"②，由法人的成员借助公司决议的议事程序与表决程序，把成员各自的意志经过"化合反应"之后升华为法人的意志、理性或者说智识。所以说，由法人意志的创造性所决定，法人的智识能力是强弱有差的，这种差别要远远大于自然人彼此之间的智识差距，如大型公司可以借助强大的经营决策能力做到力可敌国、大而不倒，而小型公司甚至连普通自然人的能力都不如。所以，法人的重要功能指向在于它的智识创造能力，集众人之智而成其大，而公司决议就是法人实现其智识创造功能的操作性工具。

---

① 仲崇玉：《论基尔克法人有机体说的法理内涵和政治旨趣》，《现代法学》2013 年第 2 期。
② 仲崇玉：《论基尔克法人有机体说的法理内涵和政治旨趣》，《现代法学》2013 年第 2 期。

第三章　公司决议对《民法典》总则编法律行为理论的适用冲击与回应

　　当前学界有关公司决议、决议行为与法律行为理论比较性研究的关注重点主要有二：其一，公司决议、决议行为与法律行为理论的共性提炼问题，旨在证成前者的法律行为属性，并为后者适用于前者提供法解释学依据；其二，公司决议、决议行为相对于法律行为理论、传统法律行为类型的特殊之处，旨在尽可能将前者从后者的逻辑体系中抽离出来，以证成前者的独立性。以上两类研究针锋相对。然而，公司决议与法律行为理论的作用力是具有交互性的，公司决议纳入法律行为体系不仅意味着法律行为理论可以适用于公司决议，还意味着法律行为理论不得不在吸纳"公司决议"这个"新成员"之后，面对它可能会给法律行为理论本体所带来的诸种冲击，并在冲击、排异与融合的过程中重新提取一次"公因式"，使法律行为理论对公司决议体现出更强的兼容性，也使法律行为理论、《民法典》总则编中的法律行为制度"老树开新花"，获得新的"增长点"。

第一节　公司决议对法律行为理论的冲击：
以可撤销行为为线索的观察

　　《民法典》总则编第 134 条确认了公司决议的法律行为属性，这意味着法律行为规则将自此一体统摄个人法、团体法行为，公司决议将与单方行为、合同共享一套共通的一般性行为规则。然而，将法律行为理论与公司决议规则进行对接时，会发现诸多矛盾冲突之处，尤其以下两点引发了笔者的进一步思考。其一，根据意思表示瑕疵规则，在合同关系中，表意人可因其意思表示瑕疵而撤销合同并使之归于无效；在公司决议中，股东却不能因意思表示瑕疵而撤销整个决议。这到底是因为意思表示瑕疵规则本身亦有瑕疵，还是确如公司法领域学者所确信的公司决议有"排除"意思表示瑕疵规则适用的特殊之处，有待进一步深挖。其二，在个人法上，法律行为可撤销的致因是意思表示瑕疵；在公司法等团体法上，法律行为可撤销的致因却变为程序瑕疵。这不禁引人深思，程序是否为团体法行为所独有，法律行为理论是否本身蕴含程序理论？

这两个问题关乎公司决议的"法律行为化"能否真正落到实处，也考验着作为潘德克顿法学体系之精髓的法律行为理论到底能否做到个人法、团体法两条腿走路，尤其是能否将私法自治的价值与方法灌注到公司治理的"黑箱"之中。所幸的是，两个问题均指向民法上的可撤销行为，进而言之，可撤销行为构成了法律行为理论与公司决议适用对接问题的线索，对于化解前述问题具有提纲挈领的作用。

可撤销行为既是解构法律行为理论与公司决议规则贯通适用难题的线索，亦是问题解决的症结所在。在公司决议"法律行为化"的背景之下，反思提炼可撤销行为的逻辑缺陷，并对其重新归纳解释，有"一石二鸟"之功效。因此，本书致力于以可撤销行为为线索，叩开法律行为理论与公司决议贯通解释的门径，并尝试回应下述三个关键性命题。第一，民法所规定的可撤销行为，撤销权之客体到底是意思表示还是法律行为？如果是意思表示，意思表示瑕疵规则是否就可以贯通适用于公司决议？意思表示撤销后，法律行为又应当是何种效力状态？第二，把意思表示的撤销从法律行为的撤销中剥离之后，可撤销行为到底指涉哪些行为类型？第三，意思表示的撤销与法律行为的撤销两分，意味着意思表示与法律行为的区别化，区别于意思表示的法律行为具有何种规范结构，"程序"在法律行为的规范结构中处于何种位置，公司决议上的程序规则与法律行为中的"形式"要件又是否属于同一种属？

一　撤销权客体精确界定问题变得十分必要

直观而言，可撤销行为，撤销权的客体自然是存在意思表示瑕疵的法律行为，实定法也是一以贯之地如此规定，无论是《民法通则》还是《民法典》都将民事法律行为规定为撤销权客体。然而，从逻辑上分析，表意人撤销权产生的前提是意思表示瑕疵，既然是意思表示瑕疵，撤销权的客体就应当是意思表示而非法律行为。尤其是在多方法律行为中，一方当事人意思表示有瑕疵却可以撤销整个法律行为，似乎是对他方当事人意思自治的僭越，与法律行为理论所贯彻始终的意思自治精神不符。可能是意识到这一点，王泽鉴教授认为，撤销权的客体是意思表示或法律行为，并提出，"为调和用语的不一致，应认定有瑕疵的意思表示已成为某法律行为不具独立性的部分时，其撤销及于整个法律行为"①。《德国民法典》也似乎有意区分撤销意思表示与撤销法律行为，于第 119 条（因错误而可撤销）、第 120 条（因误传而可撤销）、第 123 条（因欺诈或胁迫而可撤销）使用的均是撤销表示（意思表示）的表述。② 如第 123 条第 1 款规定："因恶意欺诈或被不法胁迫，致使做出意思表示的人，可以撤销该表示。"③ 但是于第 142 条（撤销的效力）、143 条（撤销的表示）以及 144 条（可撤销法律行为的认可）使用的则是可撤销法律行为的表述。④ 如第 142 条第 1 款规定："可撤销的法律行为被撤销的，必须视为自始无效。"⑤ 然而，尽管两处条文群落所使用的语词表述不同，但指向的确是同一类行为的不同环节，并未真正区分意思表示的撤销与法律行为的撤销。我国台湾地区所谓"民法总则"与《德国民法典》的规定方式几乎一致，于第 88 条（错误之意思表示）、第 89 条（传达错误）、第 90 条（错误表示撤销之除斥期间）、第 92 条（意思表示不自由）以及第 93 条（撤销不自由意思表示之

---

① 王泽鉴：《民法总则》，北京大学出版社，2009，第 471 页。
② 参见《德国民法典》（第 3 版），陈卫佐译注，法律出版社，2010，第 41、43 页。
③ 《德国民法典》（第 3 版），陈卫佐译注，法律出版社，2010，第 43 页。
④ 参见《德国民法典》（第 3 版），陈卫佐译注，法律出版社，2010，第 50~51 页。
⑤ 《德国民法典》（第 3 版），陈卫佐译注，法律出版社，2010，第 51 页。

除斥期间）规定了意思表示的撤销，又于第 114 条（撤销之自始无效）规定了法律行为的撤销。[①] 第 114 条与前面 5 个条文也非并列关系，而是对前面 5 个条文所涉法律行为之意思表示被撤销后法律行为效力状态的规定。进而言之，无论是《德国民法典》还是我国台湾地区所谓"民法总则"，其实并未真正明确撤销权的客体到底是法律行为还是意思表示，在逻辑结果上与《民法典》的规定没有实质性差别。

令人费解的是，法律行为理论乃德国潘德克顿法学体系之精髓，乃民法学理论最精要之处，却在撤销权客体问题上给人不甚严谨之感。主要原因是，在个人法领域，纠结于撤销权客体的实际意义似乎不甚明显。法律行为理论肇始并主要适用于个人法领域。在个人法领域，就单方行为而言，撤销意思表示与撤销法律行为在最终法律效果上似乎无实质差别；就合同而言，一方当事人撤销其意思表示，则合同之"合意"无法形成，尽管欠缺"合意"的合同到底是无效还是不成立尚有争议，但与直接撤销合同相似的是二者都会导致合同无法继续履行，因此有学者说，"'撤销合同'一语，是将其中的逻辑过程予以简化表达，便于日常使用"[②]。既然如此，若为求逻辑表述之精密而硬生生地改变长久因袭的称谓习惯，执意区分撤销意思表示与撤销法律行为，就似乎显得有些匠气。

然而，在公司决议被纳入法律行为体系后，可撤销行为撤销客体的精确界定就显得十分必要。在个人法行为中，不存在意思表示的冲突，任何一方当事人意思表示的法律效果都是独立自控的，单方行为、合同均可做到这一点。如合同，双方必须谈得拢，形成"合意"，任一方当事人不作出承诺，合同也无法成立。然而，在公司决议中，意思表示的冲突性问题凸显出来，少数派成员在意思表示"竞赛"中败下阵来，他们的意思表示对公司决议而言不再具有独立自控性，成员意思表示瑕疵与法律行为效力的直接关联性弱化。诚然，单个股东意思表示有瑕疵，并不能直接撤销整个决议。然而，这并不意味着公司决议规则无须考虑成员意思表示瑕疵的

[①] 参见王泽鉴《民法总则》，北京大学出版社 2009 年版，第 567~570 页。

[②] 李宇：《基础回填：民法总则中的意思表示与法律行为一般规则》，《华东政法大学学报》2017 年第 3 期。

问题，成员意思表示瑕疵究竟如何影响决议效力，既有法律行为理论未有指引。

二　可撤销行为与可撤销决议的体系不一致问题凸显出来

可撤销行为规则是法律行为撤销的一般性规则，应当对各类法律行为均具有涵射力，并能够填补特殊法律行为撤销规则的漏洞。然而，现有的可撤销行为规则显然无法做到这一点，尤其是在面对公司决议时隔阂频出。不禁令人思索，到底是可撤销行为规则确有需要改进的地方，还是公司决议足够特殊以至于注定与一般性的可撤销行为规则相疏离。

一是成员意思表示瑕疵不能直接撤销公司决议。以公司法为代表的团体法已经形成了相对成熟的决议瑕疵规则。决议瑕疵分为内容瑕疵、程序瑕疵两类，根据瑕疵程度的不同，决议行为存在有效、可撤销、不成立与无效四种梯度化的效力状态。这套决议瑕疵规则在一般情况下可以自给自足。然而，当成员的表决权出现瑕疵时，如伪造股东签名决议，既有的公司决议瑕疵规则未有相应规定，求诸一般法时，却发现作为一般法的意思表示瑕疵规则亦不敷使用。首先，表决权瑕疵既非内容瑕疵，也非程序瑕疵，现有决议瑕疵规则无法直接涵射适用。其次，表决权瑕疵其实就是决议成员的意思表示瑕疵，而意思表示瑕疵规则的逻辑是"意思表示瑕疵—法律行为可撤销"，以某个成员的表决权瑕疵为由撤销整个决议，与公司决议的"多数决原则"不符，也会戕害团体决策的稳定性，显然走不通。因此，团体法领域学者普遍认为，表决权瑕疵"原则上不适用民法的意思表示的诸类规定"[1]。而意思表示瑕疵规则可以说是法律行为理论的主体性规则，这就致使公司决议作为法律行为的正当性、必要性均遭受不同程度的质疑。最后，最终路径是扣除存在瑕疵的表决权数后，再根据决议是否还能达到最低通过比例，从而判断其效力。[2] 这一解释最能有效解决问题，却与意思表示瑕疵规则有所冲突。一方面，"意思表示瑕疵—法律行为可撤

---

① 〔韩〕李哲松：《韩国公司法》，吴日焕译，中国政法大学出版社2000年版，第268页。
② 参见钱玉林《股东大会决议瑕疵研究》，法律出版社2005年版，第220页。

销"的模式在此处被增加了一道屏障，即"意思表示扣减法则"，这一法则有待在法律行为理论中寻找其正当性依据；另一方面，表决权数被扣减后，根据《公司法司法解释（四）》第5条第4款，决议可能不成立，亦可能仍旧有效，[①] 这与意思表示瑕疵状态下法律行为被撤销后归于无效的逻辑结果不一致。

二是可撤销决议指向决议程序瑕疵而非成员意思表示瑕疵。在合同法上，可撤销行为的原因事实是意思表示瑕疵，但是在公司法上原因事实却变为了程序瑕疵。如《公司法》第26条第1款规定："公司股东会、董事会的会议召集程序、表决方式违反法律、行政法规或者公司章程，或者决议内容违反公司章程的，股东自决议作出之日起六十日内，可以请求人民法院撤销。但是，股东会、董事会的会议召集程序或者表决方式仅有轻微瑕疵，对决议未产生实质影响的除外。"根据该规定，公司决议程序违反法律、行政法规或公司章程的，属可撤销决议。基于法律行为理论贯通适用于个人法与团体法的立场，我们不禁要问，可撤销行为的原因事实是如何由意思表示转化为程序的，程序又如何在法律行为体系中扮演合同角色。如果程序仅仅是团体法所特有，公司法上的可撤销行为与合同法上的可撤销行为完全两分，则公司决议归入法律行为体系的必要性就值得怀疑。尽管在公司决议规则中，我们惯常地称决议的议事程序、表决程序，然而此处所谓的程序与法律行为规则中的形式其实别无二致。所谓表决程序，其实就是通过表决的形式。与之相对应，所谓的"合意"，其实就是通过协商一致的程序。进而言之，与团体法上的决议程序规则具有对应关系的应当是法律行为的形式规则而非意思表示瑕疵规则。

第二节　法律行为理论对决议冲击的整体回应：法律行为的规范结构重释

法律行为理论与公司决议规则适用对接的理论障碍主要有二：一是法

---

① 根据该款规定可知，会议的表决结果未达到公司法或者公司章程规定的通过比例的，决议不成立。

律行为与意思表示到底是何种结构性关系尚未得到彻底澄清；二是形式、程序在法律行为中到底处于怎样的位置缺乏共识。两个障碍合二为一，可以总结为对法律行为的规范结构认知不清。因此可以说，重新厘定法律行为的规范结构是法律行为理论回应公司决议冲击的总纲。

一 学界既有观点述评

法律行为的规范结构，是指法律行为由哪些具有规范意义的要素以怎样的逻辑体系所构成。20世纪末，法理学界对该问题有所涉猎，但是偏向于从法律行为的主体、客体、内容等构成要素的角度探讨法律行为的结构。[①] 民法学界尚未有成果直接探讨法律行为的结构问题，既有成果普遍是在对意思表示与法律行为进行区分比较的过程中，间接地触及这一问题，本书对学界既有观点的评述，也是沿着这一路径展开。

一方面，法律行为是意思表示与"其他法律事实"的加总。该观点认为，"在多数情况下，根据实定法之规定，当事人若想使法律效果产生，除了应发出意思表示外，还必须从事其他行为，特别是某些实施行为"[②]。这些实施行为"包括要物行为中物之交付、登记，以及要式行为中的特定形式，这些即是'其他法律事实'"[③]。意思表示代表了当事人之意思自治，"其他法律事实"则依托于国家法律管制，不以当事人意志为转移。若某一法律行为欠缺依法应当包含的"其他法律事实"，则该法律行为不成立或无效。本书认为，该观点提炼出了法律行为中的非意思表示成分，并以意思表示与事实行为的区分来划定法律行为中当事人意思自治与国家管制的边界，具有一定说服力。但该观点存在以下两点不足。其一，压缩了当事人意思自治的空间。如该观点认为交付行为是事实行为，其法律效果与当事人意志无涉，这意味着如果标的物尚未交付，则意思表示所欲求

---

① 参见张文显《法律行为的结构分析》，《社会科学》1992年第12期；舒国滢、艾群《法律行为概念与结构：一个学理的探讨》，《研究生法学》1998年第4期。

② 〔德〕卡尔·拉伦茨：《德国民法通论》（下册），王晓晔等译，法律出版社2013年版，第427页。

③ 朱庆育：《意思表示与法律行为》，《比较法研究》2004年第1期。

的法律效果无法发生，意思自治的实际效用就大打折扣。其二，对"其他法律事实"的效力层次缺乏应有的区分，进而制约法律行为效力评价体系的科学构造。法律行为中的"其他法律事实"，有的旨在发挥"警示、证据功能"①，以降低当事人的试错成本、避免诉争风险，如《民法典》第490条第2款规定的书面形式；有的旨在平抑当事人之间的权利义务关系，如金融消费行为中金融机构的风险提示义务；有的旨在保护第三人利益或者便于行政管理，如不动产登记；有些则旨在维护国家及社会公共利益，如民事交易的行政审批许可。诸种"事实行为"基于所预设的立法目的差异呈层次性分布，它们对法律行为成立、生效的影响也应具有差异性，该观点显然尚未深入这一步，而是将"其他法律事实"一揽子打包，因此不具有显著的规范性意义。

另一方面，法律行为与意思表示是相互衔接又彼此独立的两个范畴，后者是创设前者的工具。该观点由德国柏林大学德特勒夫·雷讷（Detlef Leenen）教授于2011年提出，经王琦博士译介至我国，被视为德国民法上意思表示和法律行为理论的新发展。② 具体而言，该观点认为法律行为与意思表示之间并非"要素—包含"关系，而是"工具—分层"关系，二者彼此独立，并各自包含成立、生效和效果发生三个阶段，意思表示效果发生之后紧接着才是法律行为的成立、生效和效果发生，即意思表示与法律行为呈现出逻辑递进的双层六阶段体系。③ 雷讷教授这套理论体系的重要贡献在于将意思表示与法律行为的效力评价体系区分开来，这对于我们解释本书的论题——可撤销行为的客体究竟是意思表示还是法律行为，极具启发意义。然而，尽管确如王琦博士所言，雷讷教授的理论"令百岁高龄的意思表示和法律行为重焕生机"④，但就本论题而言，该理论的局限性亦

---

① 陈甦主编《民法总则评注》（下册），法律出版社2017年版，第972页。
② 参见王琦《德国法上意思表示和法律行为理论的新发展——兼论对中国民法总则立法的启示》，《清华法学》2016年第6期。
③ 参见王琦《德国法上意思表示和法律行为理论的新发展——兼论对中国民法总则立法的启示》，《清华法学》2016年第6期。
④ 王琦《德国法上意思表示和法律行为理论的新发展——兼论对中国民法总则立法的启示》，《清华法学》2016年第6期。

非常明显。其一，该理论并未将决议行为纳入考量体系之内，而决议行为的意思表示交互形式与一般法律行为有显著差异，这种差异会影响意思表示的效果发生，也会影响法律行为的成立，雷讷教授的理论并未给出相应解释。其二，雷讷教授的双层六阶段体系虽然直观上看对意思表示和法律行为进行了均衡对称的区分，但体系重心是意思表示。意思表示效果发生后，法律行为自然成立，其后的法律行为的生效与效果发生两个阶段仅仅发挥阻却法律行为生效的功能，如此一来所谓的双层六阶段体系可简化为"意思表示+法律行为效力阻却要件"，由意思表示直接跳跃到法律行为效力阻却要件，双层之一的法律行为一层缺失不见了，双层六阶段体系似乎有些有名无实。尤其是，该理论模型实质上直接跳过了法律行为的成立这一环节，而公司决议与个人法行为的主要区别恰恰在于成立要件的不同。

此外，民法学界还有一类观点认为法律行为即意思表示，如朱庆育教授就是该观点的坚定支持者，他认为，"意思表示已足以统摄私法上一切'根据当事人意志发生法律效果'的行为，并且能够充分揭示其中蕴含的私法自治理念"[1]。无疑，该观点"明显受到个人意志至上思潮的影响，将意思视为法律行为的本质以及法律效果产生的决定性力量"[2]。然而，客观地说，法律行为理论的发展史，既是法律行为逐渐从意思表示中脱离出来并包含后者的过程，[3] 也是法律行为中的非意思表示成分逐渐扩充的过程。法律行为就是意思表示的观点，具有怀旧意义的复古主义色彩，却不再具有现实的解释力。

二　法律行为的规范结构应为"意思表示+程式"

尽管法律行为与意思表示具体是何种关系尚有争议，但主流观点及实定法均承认法律行为包含意思表示，意思表示是法律行为的核心要素，这

---

[1]　朱庆育：《意思表示与法律行为》，《比较法研究》2004 年第 1 期。

[2]　窦海阳：《论法律行为的概念》，社会科学文献出版社 2013 年版，第 64 页。

[3]　意思表示首次实证化于法典是 1794 年的《普鲁士普通邦法》，法律行为首次实证化于法典则是 1863 年的《萨克森王国民法典》，也就是说，意思表示入法要比法律行为早近 70 年。参见朱庆育《民法总论》，北京大学出版社 2013 年版，第 76 页。

也是目前有关法律行为理论的基础性共识。据此理解，法律行为的规范结构体现为"意思表示+其他要素"的模式。"其他要素"究竟是什么？有观点认为"其他要素"是交付、登记等事实行为。仅从法律行为的客观构成来看，该观点无疑具有正确性，但其最大的问题是缺乏规范性意义和体系性思维，对于我们理解和完善法律行为的效力评价体系助益不大。

其实，交付、登记等事实行为，都可统称为法律行为之形式。在罗马法上，形式被认为具有神圣的神秘力量，甚至有古谚"法律就是市民社会的形式"，可见彼时奉行法律形式主义。而近代民族国家形成以后，意志论逐渐占据上风，甚至在萨维尼看来，意思表示就是法律行为的唯一要素，法律行为不再有其形式，法律形式主义的影响力不断衰微。[①] 近代法律行为理论又以合同为其轴心，合同是意志论的集大成之地，致使形式在法律行为中的定位问题长久未被重视、解决。而团体治理本身就是程序之治，程序几乎是公司决议之核心，这意味着决议程序规则对法律行为之形式规则或许有启发反哺意义。

本书认为，法律行为的规范结构体现为"意思表示+程式"，"程式"是形式与程序的合并称谓。在个人法上，法律行为的规范结构直接体现为"意思表示+形式"。《民法典》第135条规定："民事法律行为可以采用书面形式、口头形式或者其他形式；法律、行政法规规定或者当事人约定采用特定形式的，应当采用特定形式。"该条是关于法律行为形式的一般性规定，简而言之，意思表示通过合乎法定、约定的形式表达出来，就是法律行为。形式包括书面形式、口头形式、其他形式（公证、录音与录像、登记、行政审批或批准等）。[②] 在团体法上，法律行为的规范结构直接体现为"意思表示+程序"，即成员表决的意思表示通过法定、约定的程序表达出来，即为决议。

形式与程序是何种关系呢？笔者认为，程序是形式的高级形态，或者可以说形式是静态的程序，程序是动态的形式。由形式到程序，法律关系

---

① 参见唐晓晴《论法律的形式——罗马法的传统与近代民法的演变》，《法学家》2016年第3期。

② 参见陈甦主编《民法总则评注》（下册），法律出版社2017年版，第964~971页。

愈渐趋于复杂化，法律行为亦不断客观化。如单方行为，法律关系简单，通常情况下，并不需要特定的形式；当事人为两方以上的合同，则至少要满足"合意"这一基本形式；群体集团的决议，就需要履行复杂的议事程序和表决程序，成员越多程序越复杂，上市公司决议在程序要求上远远复杂于有限责任公司就是这个道理。

关于"程式"的类型，民法学界多从法律行为形式强制的角度予以解构，多根据形式的来源，将其区分为"法定形式"与"约定形式"两类。[①] 一般认为，"法定形式"与"约定形式"的规范基础不同，违背二者的法律效果亦应有所差别。[②] 对此，《民法典》未作具体区分性规定。就"程式"而言，我们很难断定"法定程式"在效力层级上高于"约定程式"，根据《公司法》第25、26条，决议程序违法、违反章程均属可撤销决议，对法定程序与"章定程序"在效力上亦未作区别对待。因此，区分"法定程式"和"约定程式"对于法律行为的效力评价可能实际意义不大。

根据"程式"在法律行为中所承载的功能、发挥的作用之紧要程度，可以将其分为以下三类。一是"基本程式"，即旨在确保法律行为满足其最低限度的规范性要求的形式或程序，如合同须形成一致同意的"合意"，决议须履行的议事和表决程序。若欠缺"基本程式"，在未被补正的情况下，法律行为不成立。如《民法典》第490条第2款规定："法律、行政法规规定或者当事人约定合同应当采用书面形式订立，当事人未采用书面形式但是一方已经履行主要义务，对方接受时，该合同成立。"对该条进行反面解释，可得出合同未依法、依约采用书面形式，则合同不成立之结论。[③] 亦有学者认为，违反形式强制则法律行为不成立，会不当压制当事人意思自治，并容易诱发"倒签合同"等机会主义行为，并主张采用"违背形式强制法律行为无效+形式瑕疵治愈、补正"的立法模式。[④] 笔者持法

---

① 参见朱晓喆《论民事法律行为的形式——〈民法总则〉第135条评释》，《法治现代化研究》2018年第2期。
② 朱广新：《论违背形式强制的法律后果》，《法学》2009年第5期。
③ 参见杨代雄《合同的形式瑕疵及其补正——〈合同法〉第36条的解释与完善》，《上海财经大学学报》2011年第6期。
④ 参见朱广新《书面形式与合同的成立》，《法学研究》2019年第2期。

律行为不成立的观点，理由如下。第一，《公司法司法解释（四）》第 5 条明确规定了 5 种欠缺基本"程式"的公司决议属决议不成立，与《民法典》第 490 条之规定一脉相承。因此，法律行为不成立的观点于实定法有据，并符合法律行为效力规则的体系一致性要求。第二，近代民法普遍受《法国民法典》《德国民法典》影响，奉行形式自由主义原则。① 在形式自由主义原则之下，原则上法律行为作出即成立，"法律行为成立要件隐蔽于生效要件之中"②。而现代民商事法律关系日趋复杂化、格式化，"程式"在法律行为中的重要性正不断被强化，商事外观主义就是典型例证。因此，将"基本程式"设定为法律行为的成立要件，有利于突出强化"程式"在法律行为中的独立价值，逐渐提炼出"秩序化的私权行动规则"③，培育民商事主体的"程式"意识。第三，法律行为不成立所可能产生的机会主义风险完全可以通过完善相关瑕疵认定、补正和责任规则的方式予以克服，没必要因噎废食。二是"一般程式"，指"基本程式"之外的可能对法律行为合法、合约产生重要影响的形式或程序。有些旨在尽可能降低交易、治理的试错成本和诉争风险，如公司决议的会前履行通知程序；有些则旨在确保权利人或者监护人知悉并同意，如效力待定民事法律行为的追认程序、相对人催告程序。"一般程式"在效力层级上低于"基本程式"，法律行为违反"一般程式"一般不会导致不成立或无效。如股东会会议未依法履行通知程序的，根据《公司法》第 26 条，股东可自决议作出之日起 60 日内请求法院撤销该决议。三是"辅助程式"，主要指为提升法律行为的规范性、精确度而规定或约定的形式或程序。如，当事人对合同书签章形式的具体约定，公司法或者公司章程对股东会会议记录、主持程序的规定，等等。在一般情况下，法律行为欠缺"辅助程式"未必影响其效力，只有因欠缺"辅助程式"而对具体法律行为足以产生实质性影响

---

① 参见马新彦、李国强《形式要件与法律行为的效力——民法典关于法律行为形式要件及其功能的应然设计》，《法制与社会发展》2003 年第 6 期。

② 刘新熙：《对我国现行民事立法关于法律行为的特别成立要件规定的反思》，《法学》2007 年第 6 期。

③ 吴飞飞：《论中国民法典的公共精神向度》，《法商研究》2018 年第 4 期。

时，当事人才对所涉法律行为享有撤销权。① "一般程式"与"辅助程式"之间并不存在严格的边界，其到底对法律行为效力产生何种影响，更多地依赖于裁判者在个案中的具体判断。需要强调的是，由于法律行为中的"程式"复杂多元、轻重不一，所以笔者认为只有"基本程式"才能作为法律行为的成立要件，以避免过度干预当事人之意思自治。这在公司法上已经有所体现，根据《公司法》第25、26条及《公司法司法解释（四）》第4、5条之规定，只有公司决议存在重大程序瑕疵时才不成立，一般性程度瑕疵仅能导致决议可撤销，而轻微的程序瑕疵甚至不影响决议效力。

第三节　法律行为理论对公司决议冲击的具体回应：意思表示撤销与法律行为撤销两分

一　意思表示撤销规则独立化

所谓意思表示的撤销，指表意人因认识错误、误传、欺诈、胁迫等原因而作出违背其内心真实意志的意思表示时，表意人有权在法定除斥期间内撤销该意思表示。弗卢梅教授提出："决定意思表示本质的因素是，意思表示是意思自治的设权行为。"② 如果意思表示是一种设权行为，撤销意思表示就可以理解为是对民事权利的处分，而权利人能且仅能处分自己的权利。因此，表意人的意思表示出现错误时，其能且仅能撤销自己的意思表示。意思表示错误撤销整个法律行为，实际上撤销了其他当事人的意思表示，僭越了权利处分的边界，不符合意思自治原则。

承认意思表示撤销的独立性，不仅有助于厘清可撤销行为的撤销权客体，还可以确保意思表示瑕疵规则能够贯通适用于公司决议。意思表示存在瑕疵，则法律行为可撤销的既有逻辑在应对公司决议时解释不通，导致意思表示瑕疵规则的适用领域长期被局限于个人法行为，意思表示瑕疵规

---

① 因为在无效、不成立、效力待定和可撤销几种效力状态中，可撤销的不利后果最轻，与可对法律行为产生实质性影响的"辅助程式"在效力层级上呈对应关系。

② 〔德〕维尔纳·弗卢梅：《法律行为论》，迟颖译，法律出版社2013年版，第69页。

则无法关照团体法行为，进而影响其法律适用的体系一致性。将意思表示的撤销独立出来，则团体成员意思表示有瑕疵时，仅须撤销该成员的意思表示，而无须撤销整个决议。如此，意思表示瑕疵规则的团体法适用困境迎刃而解。以伪造股东签名决议为例，某公司召开股东会，持股5%的小股东A未参会，会后其他股东伪造了A股东的签名，该次股东会决议以100%持股比例通过。如果以A的意思表示不真实为由而撤销该次决议，显然与公司决议的"多数决规则"不符，也不利于维护团体治理的稳定性，因为即使A到会并投了反对票，该次决议仍旧可以高票通过。对此，有学者主张放弃意思表示瑕疵规则，从公司决议瑕疵规则入手，认为伪造股东签名决议瑕疵属于决议程序瑕疵，根据《公司法》第26条，该类决议属可撤销决议。① 但这样做无疑给决议瑕疵规则施加了惩罚性功能，不符合比例原则，不利于维护团体治理稳定性。从既有的公司决议瑕疵规则出发，如果我们假设A的持股比例为51%，在A到会并投反对票的情况下，该决议支持率仅为49%，根据《公司法司法解释（四）》第5条该决议不成立。假设会后，其他股东伪造了A的同意签名，把51%的反对票变为支持票，若根据前述学者的观点，该决议因存在程序瑕疵可撤销。然而，我们知道决议不成立在后果上要远重于可撤销，因为根据目前的实定法，决议不成立不受除斥期间限制，而撤销决议必须在60日的客观除斥期间内行使撤销权。这就导致一个轻重倒置的局面出现，即在前述案例中，伪造A股东签名要比不伪造股东签名的不利后果轻。因此，在伪造股东签名决议问题上，意思表示瑕疵规则的传统适法逻辑、既有的公司决议瑕疵规则均不敷使用。然而，若承认意思表示撤销的独立性，则只需扣减被伪造签名股东的表决权数，再审查支持率是否满足公司法、公司章程规定的最低通过比例，如果仍旧满足则该决议为有效决议，不能满足则决议不成立。如此则意思表示瑕疵规则可贯通适用于个人法、团体法，其法律适用的体系一致性得以确保。

---

① 参见王延川《伪造股东签名的股东会决议效力分析》，《当代法学》2019年第3期；栗鹏飞《股东会决议瑕疵法律问题探析——公司决议中冒名（伪造签名）案件的实证分析》，《中国政法大学学报》2019年第1期。

　　此外，确认意思表示撤销规则，还契合了现代法律行为意思表示的复数性、杂糅化特点，有助于提升法律行为的弹性空间。按照我们通常的理解，单方行为仅有一个意思表示，双方合同有两个意思表示，多方合同根据合同当事人的数量有多个意思表示。简而言之，意思表示数量与当事人数量对等，笔者将其称为意思表示的单一性。在简单商品经济阶段，法律行为通常比较简单，如简单的买卖合同，无非一方付款，一方交付标的物，意思表示相对简单，具有单一性。而现代市场经济背景下，尤其在商事领域，商业模式纷繁多样，意思表示也随之繁复化，并逐渐呈现出显著的复数性特点。如一份政府和社会资本合作项目（简称"PPP项目"）投资协议通常厚达数十页、上百页，接近一本书的文字体量，投资数额、持股比例、投资期限、再融资方式、公司治理、材料采购、工程交付验收、税负分担等事项约定得事无巨细。实践中，PPP项目投资协议协商谈判时，政府方会派出国土、税务、规划、环资、国资等十余个部门代表与社会资本方分别就各自职权所涉条款进行拉锯谈判，这类合同内部实际上已经分化为若干对具体的意思表示，而非两个交互的意思表示所能涵盖，各对意思表示之间前挂后连，衔接交织在一起，通常任何一个具体的意思表示都不足以动摇整个合同。这就是为什么在司法裁判中，"法官绝少对商事合同作出显失公平的认定"[1]。如在对赌协议纠纷裁判中，融资方几乎均会提出对赌协议显失公平的主张，但绝少被法院认可。也就是说，民事合同上的欺诈、胁迫、乘人之危、显失公平等可撤销情形，在商事合同中很难被适用。商事合同通常是一个实质意义上的"契约群"[2]，包含数量众多的意思表示，任何一个具体的意思表示出现瑕疵，均很难动摇整个合同，有学者称之为复杂合同的"粘性"[3]。进而言之，既有的意思表示瑕疵规则在面对现代日趋复杂化、结构化的法律行为时有些不敷使用，这无疑会限

---

[1]　杨姗：《新型商事合同效力认定的裁判思维——以融资合同为中心》，《法学》2017年第8期。

[2]　参见陈醇《金融系统性风险的合同之源》，《法律科学》2015年第6期。

[3]　See Kathryn et al.，"Fragmentation Nodes：A Study in Financial Innovation, Complexity, and Systemic Risk"，*Stanford Law Review* 64, 2012, p.703，转引自陈醇《金融法违约预防与违约处置制度研究》，法律出版社2019年版，第56页。

制现代法律行为的弹性伸缩空间。而意思表示撤销规则恰好契合了现代法律行为的意思表示复数性特点，如针对复杂商事合同中，根据意思表示撤销规则，若允许当事人在不撤销或者解除合同的情况下，诉请法院变更或者撤销某项有瑕疵的具体意思表示，既可以确保合同关系的稳定性，又能够提升复杂商事合同关系的可调整性，显然具有积极意义。

二 可撤销行为体系重构

承认意思表示撤销的独立性，意味着《民法典》中的可撤销行为将会发生重大的结构性变化，需要重新进行规范整理，须解决下述两个问题。

一是《民法典》所规定的几种可撤销行为如何解释安放。《民法典》第147~151条规定的"重大误解""欺诈""胁迫""显失公平"四种可撤销行为，根据既有的意思表示瑕疵规则，被撤销后该四种行为均归于无效。然而，根据意思表示撤销规则，表意人撤销其有瑕疵的意思表示后，根据法律行为的类型和意思表示的结构可产生不同的效力状态。首先，单方行为、合同行为被撤销意思表示后，前者的意思表示不复存在、后者无法形成意思表示一致的"合意"，法律行为均不能满足其成立要件，故这两类行为的意思表示被撤销后法律行为的效力状态归于不成立而非无效。尹飞教授对意思表示撤销则合同不成立的观点提出过不同意见，他认为：第一，导致合同的成立要件过于臃肿，不利于交易之便捷；第二，表意人在欠缺意思能力的情况下订立的合同属效力待定合同，即合同成立但效力待定，而在欺诈、胁迫等意思表示瑕疵情况下订立的合同却不成立，逻辑上说不通；第三，合同不成立之诉属于确认之诉，这意味着如果因市场环境等因素变化导致合同继续履行会对相对方不利时，相对方亦可主张合同不成立，进而出现保护恶意当事人的效果。[①] 针对尹飞教授的观点，本书有以下不同认识。第一，在欺诈、胁迫等情境下做出的法律行为，因撤销权的行使有且仅有两种可能的不利法律效果，即不成立或者无效，两种法律效果状态下交易均无法再进行，不存在哪种更有利于交易便捷之说。并

---

① 参见尹飞《合同成立与生效区分的再探讨》，《法学家》2003年第3期。

且，避免成立要件过于臃肿，就意味着效力阻却要件的臃肿，这与法律行为无效事由限缩的法政策导向不符。第二，法律行为成立与否不仅是事实判断问题，还蕴含着立法者的价值判断。① 表意人欠缺民事行为能力与欺诈、胁迫等原因事实虽然均会不同程度地影响到当事人的意思自治能力，但并不能等量齐观。前者表意人的意思自治能力是否实际欠缺是或然性的，而后者是已然性的；前者所形成的法律关系中，限制民事行为能力人的利益未必被损害，后者所形成的法律关系中意思表示瑕疵表意人的利益几乎必然受到侵害。这决定了二者在法政策趋向上的差异性不仅不存在逻辑缺陷，反而验证了法律行为规则的体系性特点。第三，合同不成立之诉属于确认之诉，但并非表意人和相对人均有权提起。一方面，提起确认之诉的当事人必须具有诉的利益，民诉法理论界称之为"确认利益"②，相对人并未因欺诈、胁迫等原因导致其意思表示不真实，不具备诉的利益。另一方面，具体到意思表示撤销问题上，法律行为不成立是表意人行使撤销权后的法律效果，撤销权是导致该法律效果的前提要件，相对人不享有撤销权，无权以法律行为存在意思表示瑕疵为由请求法院扣减有瑕疵的意思表示后确认法律行为不成立。其次，公司决议的成员撤销其同意的意思表示后，决议是否有效，取决于该决议是否还能满足法律、章程规定的最低通过比例，如仍旧满足则决议有效，不能满足则决议不成立。需说明的是，公司决议有个特殊之处，即容易发生意思表示瑕疵与内容瑕疵、程序瑕疵的竞合，如伪造股东签名决议通常在未通知股东参会的情况下发生，股东意思表示瑕疵与通知程序瑕疵同时存在，如果决议内容亦违法，则三类瑕疵并存。对此，无论当事人诉请撤销决议还是确认决议不成立抑或无效，目的均在于阻止决议发生效力，即"诉讼请求具有同一性"③。因此，法院审理此类纠纷时，不必拘泥于原告之诉请到底是认定决议无效还是不成立抑

---

① 参见隋彭生《合同法律关系成立新探——从"法律事实"出发的理论分析》，《政治与法律》2012 年第 7 期；易军《对民事法律行为成立"事实判断说"的质疑》，《法学》2004 年第 9 期。
② 刘哲伟：《确认之诉的限缩及其路径》，《法学研究》2018 年第 1 期。
③ 丁勇：《组织法的诉讼构造：公司决议纠纷诉讼规则重构》，《中国法学》2019 年第 5 期。

或撤销，而应在对原告诉请之原因事实作实质认定的基础上直接判别决议之效力，以减少讼累，维护团体治理的安定性。

二是可撤销行为的重新设定。根据本书的观点，法律行为的规范结构为"意思表示+程式"。其中"程式"又进一步分为"基本程式"、"一般程式"与"辅助程式"。"基本程式"有瑕疵，则法律行为不成立，也就不存在撤销与否的问题。如根据《公司法司法解释（四）》第5条规定，公司股东（大）会、董事会未召开、未表决、出席人数不足或所持表决权数不足，表决未满足最低通过比例要求，则该决议不成立，该条具体列示的这四种情形均指向决议的"基本程式"。①"辅助程式"存在的瑕疵，若未对法律行为造成实质性影响，则适用裁量驳回规则，法律行为有效。如根据《公司法司法解释（四）》第4条规定，股东（大）会、董事会会议召集程序或者表决方式仅有轻微瑕疵，且对决议未产生实质影响的，不影响决议效力。②

因此，可撤销行为主要指向"一般程式"瑕疵的法律行为。而"一般程式"根据是否涉及第三人，又进一步分为两个类型。一为"涉第三人一般程式"，主要指欠缺追认程序、批准程序的法律行为，这类行为成立但暂不发生法律效力。其中比较特殊的是欠缺追认程序的法律行为，针对这类行为，《民法典》第145条第2款规定，民事法律行为被追认前，善意相对人有撤销的权利。从善意相对人的角度而言，似乎该类行为可归入可撤销行为。然而，此处的"撤销"在严格意义上应当界定为"撤回"，因

---

① 《公司法司法解释（四）》第5条规定："股东会或者股东大会、董事会决议存在下列情形之一，当事人主张决议不成立的，人民法院应当予以支持：（一）公司未召开会议的，但依据公司法第三十七条第二款或者公司章程规定可以不召开股东会或者股东大会而直接作出决定，并由全体股东在决定文件上签名、盖章的除外；（二）会议未对决议事项进行表决的；（三）出席会议的人数或者股东所持表决权不符合公司法或者公司章程规定的；（四）会议的表决结果未达到公司法或者公司章程规定的通过比例的；（五）导致决议不成立的其他情形。"

② 《公司法司法解释（四）》第4条规定："股东请求撤销股东会或者股东大会、董事会决议，符合民法典第八十五条、公司法第二十二条第二款规定的，人民法院应当予以支持，但会议召集程序或者表决方式仅有轻微瑕疵，且对决议未产生实质影响的，人民法院不予支持。"

为法律行为撤销权的对象应当是已生效之行为，而该类行为虽成立但尚未生效，有学者因此而称之为"拒绝权"，"即不完全决定权，而非撤销权"①。相关立法例亦有佐证，如《德国民法典》第109条规定，"到合同被追认时为止，另一方有权撤回"②；我国台湾地区所谓"民法总则"第82条规定，"限制行为能力人所订立之契约，未经承认前，相对人得撤回之"③。因此，该类行为不属于可撤销行为。二为"非涉第三人一般程式"，这类"程式"的作用在于规范法律行为当事人内部关系，一般不具有溢出效应，且不影响法律行为成立。真正意义上的可撤销行为，实际上主要是针对欠缺这类"程式"的法律行为。目前这类"程式"主要集中在团体法中，如公司法上股东会与董事会会议的提案程序、会前通知程序、议事程序、表决权回避程序、表决程序等。违反该类"程式"的决议属可撤销决议，股东在60日的客观除斥期间内可请求法院撤销该决议。

　　如果说已经"百岁高龄"的法律行为理论在哪些方面还能够延伸出新的理论增长点，笔者以为大概率来自公司决议被纳入法律行为"大家庭"之后，其对法律行为理论所带来的冲击及法律行为理论的回应。公司决议中的表决权瑕疵安置问题，让我们得以反思可撤销行为规则的逻辑症结，并将意思表示的撤销从法律行为的撤销中独立出来，使得被整顿后的意思表示瑕疵规则得以贯通适用于公司决议。公司决议程序瑕疵的定位问题，让我们得以思考个人法行为中的形式与公司决议行为中程序的共通之处，进而在法律行为的规范结构中提炼出"程式"这一独立要素，使得意思表示与法律行为的关系这一"老命题"获得"新解释"。前述种种新变化，与其说是法律行为理论受公司决议冲击后的裂变，不如说是其自身在应对公司决议后的潜能激发。这足以证实，尽管决议行为有其种种特性，但作为一般法的法律行为规则贯通适用于公司决议并无实质性障碍，《民法典》肯定决议行为的法律行为属性无疑是正确的立法选择。

---

① 李锡鹤：《论民法撤销权》，《华东政法大学学报》2009年第2期。
② 《德国民法典》（第3版），陈卫佐译注，法律出版社2010年版，第39页。
③ 王泽鉴：《民法总则》，北京大学出版社2009年版，第567页。

第四章 《民法典》总则编与公司决议制度的具体适用对接

　　《民法典》总则编中的法律行为理论及其制度与公司决议制度的具体适用对接是一个非常复杂的问题，为了能够更为清晰、具体地展现出二者适用对接的脉络线索，笔者选取了当前公司决议领域四个非常富有逻辑思辨性的问题，在解释分析这四个具体问题的过程中说明《民法典》总则编与公司决议制度适用对接的问题与方法。其中，第一个问题是伪造股东签名决议效力认定问题。通过该问题说明民法上的意思表示瑕疵规则如何改造适用于公司决议中的表决权瑕疵情形。第二个问题是公司决议无效事由的限缩问题。借助法律行为无效理论限缩公司决议的无效事由范围，维系公司决议的安定性追求。第三个问题是瑕疵公司决议的外部效力问题。通过该问题解释说明《民法典》总则编中的"善恶二分制"如何贯通适用于以瑕疵公司决议为依托的外部法律行为效力之认定。第四个问题是公司治理中协议与决议的区分问题。旨在通过该问题说明公司决议与合同在法益目标等多重维度具有差异性，公司治理中不能以协议（合同）替代决议，合同法规则对公司治理问题的介入应有其限度。

第一节 适用对接之一：伪造股东签名决议效力之判别

　　公司决议纠纷是公司治理中的高频纠纷，也是《民事案件案由规定》所明列的"与公司有关的纠纷"之 25 个案由之一，伪造股东签名决议纠纷则是公司决议纠纷中的主要纠纷类型之一。当前，关于伪造股东签名决议效力之判别路径，呈现出个人法与团体法截然两分的态势。个人法路径主要以"意思表示不真实"决议无效或决议侵权无效为其判别逻辑，团体法路径则主要以决议表决程序有瑕疵可予撤销为其判别逻辑。两条路径在否定决议效力的结果态度上虽殊途同归，却均有不同程度的生搬硬套之嫌。

伪造股东签名决议，系伪造股东同意股东会议案之意思表示，其瑕疵形态最直观的归类是意思表示瑕疵。然而，在实践中，伪造股东签名的原因事实往往并不孤立发生，而通常与伪造决议、未履行通知程序以及内容违法等其他原因事实牵连发生。进而言之，伪造股东签名之决议，可能同时存在意思表示瑕疵、程序瑕疵、内容瑕疵三种瑕疵类型，涉及三种瑕疵规则的适用。法律行为理论上的意思表示瑕疵规则为其一般法规则，公司法上的内容与程序瑕疵规则为其特别法规则。

综上，伪造股东签名决议这一特殊的决议瑕疵类型效力之判别，关涉两个层面的一般性命题。其一，法律行为理论的意思表示瑕疵规则如何适用于公司决议；其二，意思表示瑕疵规则与公司法上的程序与内容瑕疵规则冲突或竞合时，法官如何"找法"。合二为一，即意思表示瑕疵规则与公司决议瑕疵规则如何适用对接。本书致力于在探寻伪造股东签名决议效力判别路径的同时，回应意思表示瑕疵规则与公司决议瑕疵规则的适用对接问题。

一　伪造股东签名决议效力判别既有进路之检视

伪造股东签名决议，因其直观上的违法性、可责性，所以在阻却其效力的态度上，理论界和实务界意见高度共通，有学者经实证研究发现，此类纠纷中法院否定决议效力的比例高达 75%[1]。尽管最终的法律效果取向具有很大程度上的一致性，但该类决议效力的具体判别路径、规范依据却差异甚大。总体而言，可以提炼概括出两条线路较为明晰的适法进路。一

---

[1]　参见栗鹏飞《股东会决议瑕疵法律问题探析——公司决议中冒名（伪造签名）案件的实证分析》，《中国政法大学学报》2019 年第 1 期。

条立足于个人法本位，主要以股东"意思表示不真实"或决议侵权为由阻却决议效力；另一条则立足于团体法本位，以表决程序瑕疵为由将其归入可撤销决议。

（一）个人法进路检视

一是以"意思表示不真实"为由认定伪造股东签名决议无效。这一判别进路以决议行为具备法律行为属性为前提，以法律行为的生效要件适用于股东会决议。具体而言，《民法通则》第 55 条明定"意思表示真实"为民事法律行为的生效要件，《民法典》总则编第 143 条延续了这一规定，即"具备下列条件的民事法律行为有效：（一）行为人具有相应的民事行为能力；（二）意思表示真实；（三）不违反法律、行政法规的强制性规定，不违背公序良俗。"伪造股东签名决议中股东的"意思表示不真实"，不具备《民法典》总则编所规定的法律行为生效要件，故而应属无效决议。如山东省高级人民法院在"郁某某与菏泽 H 有限公司决议效力确认纠纷案"二审中认为，由于 9 份股东会决议上郁某某的签字均非其本人所签，故可以确认该 9 份股东会决议内容均不是其真实意思表示，一审法院据此认定该 9 份决议无效，并无不当。[①]

然而，关于《民法典》总则编第 143 条"意思表示真实"的理解不无争议。有观点认为将"意思表示真实"明定为法律行为的生效要件，"与整个法律行为的规范体系和法律对于意思表示不真实的救济制度不相协调……对整个法律行为的规范体系有极大的破坏力"[②]。基于尝试理解该规定立法目的以及维系法律行为效力评价规则体系一致性之初衷，对"意思表示真实"的规范定位可做两种较为合理的解释，而这两种解释均不能得出股东"意思表示不真实"则决议无效之结论。第一种解释，第 143 条所指涉的"意思表示不真实"是指除了"重大误解""显失公平""欺诈""胁迫"几种可撤销情形之外的情形，直观体现是该法第 146 条所规定的"通谋的虚伪行为"。进而言之，根据这一解释路径可以理解为，针对意思

---

① 参见山东省高级人民法院（2016）鲁民终 780 号民事判决书。

② 李永军：《从〈民法总则〉第 143 条评我国法律行为规范体系的缺失》，《比较法研究》2019 年第 1 期。

表示瑕疵的法律行为，《民法典》总则编规定了无效与可撤销两种效力状态。《德国民法典》亦是如此。根据《德国民法典》，"心里保留"（第116条）、"虚伪行为"（第117条）、"欠缺真意"（第118条）属无效意思表示，"错误"（第119条）、"误传"（第120条）、"欺诈或胁迫"（第123条）属可撤销意思表示。[①] 我国台湾地区有关规定在这方面与《德国民法典》类似，根据台湾地区所谓"民法总则"的规定，以"真意保留"（第86条）、"通谋虚伪"（第87条）的意思表示所为的法律行为无效，因"错误"（第88条）、"误传"（第89条）、"欺诈、胁迫"（第92条）所为的法律行为可撤销。[②] 因此，无效状态所指涉的意思表示，是表意人在意思自由状态下故意作出的虚假的意思表示，并且相对人对此知悉或者应当知悉，"通谋的虚伪行为""戏谑行为"均是如此；可撤销状态所指涉的意思表示，是表意人在信息错误、疏忽大意、外力强制等状态下作出的，其意思表示具有"非自主性"。被伪造签名股东同意议案的意思表示显然是在"非自主性"的状态下做出，故可推知其意思表示应为可撤销而非无效。另外，从相对人主观过错情节上考察，"欺诈""胁迫"状态下相对人的主观过错情节要远甚于"伪造"，举重以明轻，既然"欺诈""胁迫"状态下的法律行为都非自始无效，对伪造股东签名决议作无效认定显然不符合比例原则。第二种解释，第143条所指的"意思表示真实"应当是法律行为整体的"真实"，即"表意人和受领人的意思表示均真实"[③] 而非其当事人或成员的"意思表示真实"。第143条所指涉的"意思表示不真实"更准确地说应当是"法律行为不真实"，只不过在单方行为中直接体现为"意思表示不真实"，在合同中体现为"合意不真实"。而在决议中则体现为"虚假决议"，即公司"意思表示不真实"。如在泸州市纳溪区人民法院审理的"深圳市J文化创意有限公司与泸州市J包装有限公司公司决议效力确认纠纷案"中，法院认为，"被告股东擅自作出股东会决议，决

① 《德国民法典》（第3版），陈卫佐译注，法律出版社2010年版，第40~43页。
② 参见王泽鉴《民法总则》，北京大学出版社2009年版，第457页。
③ 李永军：《从〈民法总则〉第143条评我国法律行为规范体系的缺失》，《比较法研究》2019年第1期。

议中公司的意思表示不真实，属无效决议"①。据此理解，《民法典》总则编实际上应区分"法律行为不真实"和"意思表示不真实"，前者行为无效，后者行为可撤销。这也符合现代民法对意思表示瑕疵行为效力的主流态度，即"在大多数法律认为重要的意思表示瑕疵方面，为了兼顾表意人与受领人的利益，立法者选择了一种处于有效和无效之间的折中方法：意思表示有效，但可以通过撤销而被消灭"②。《民法典》总则编第 146 条所规定的"行为人与相对人以虚假的意思表示实施的民事法律行为"，其实是"合意不真实"；第 147～151 条所规定的"重大误解""欺诈""胁迫"等情形，其实是表意人的"意思表示不真实"。具体到股东会决议，伪造股东签名是作为成员的股东的"意思表示不真实"，所以也不能推出伪造股东签名决议无效的结论。

　　抛开《民法典》总则编关于法律行为效力的一般性规定，仅从决议行为本身而论，决议奉行"多数决规则"，反映的是多数派的意思表示。对少数派而言，通过的决议文件所包含的不被其支持认同的内容，以合同的思维来看无异于"错误的意思表示"，但是少数派无权以决议没有遵从其意思表示为由否定决议效力。换言之，在决议中，成员意思表示瑕疵只能借助"多数决规则"这一转介机制才能阻却决议之效力。以"意思表示不真实"为由直接认定伪造股东签名决议无效是对"多数决规则"的僭越。

　　二是以侵权为由认定伪造股东签名决议无效。在部分司法案例中，法院以伪造股东签名决议侵犯股东权为由，认定决议无效。如在西安市中级人民法院审理的"林某某、张某某等第三人撤销之诉一案"中，法院认为，"股东会决议侵害了当事人依照自己真实意思对表决事项发表意见的权利和作为股东的优先购买权，属于违反法律规定的侵权行为，故对确认两次股东会决议无效的诉请，依法予以支持"③。这一思路在公司法上具有一定代表性，如在公司章程、股东会决议限制股东权问题上，不少观点认

---

① 参见四川省泸州市纳溪区人民法院（2018）川 0503 民初 526 号民事判决书。
② 〔德〕汉斯·布洛克斯、沃尔夫·迪特里希·瓦尔克：《德国民法总论》（第 41 版），张艳译，中国人民大学出版社 2019 年版，第 175 页。
③ 参见陕西省西安市中级人民法院（2018）陕 01 民撤 1 号民事判决书。

为侵犯、剥夺股东固有权的章程修订案或非全票通过的决议无效。① 这一进路至少存在下述问题。第一，举重以明轻，在民法学理论界，基本权利能否作为法律行为之阻却生效要件，也即可否以法律行为侵犯公民人格权、财产权等基本权利为由直接否定其效力的问题已经被诸多学者讨论过。② 目前已经形成的基本共识是，基本权利不适宜直接作为法律行为的阻却生效要件。原因是：其一，避免基本权利的公法属性在私法领域过度扩张，限缩私法自治空间；其二，避免不同类型的基本权利在法律行为中产生冲突，如合同关系中的缔约自由权本身也属于基本权利范畴，当合同侵犯其他基本权利时，就会出现缔约自由权与其他权利的冲突现象；其三，避免因基本权利范围界定过于宽泛而导致司法机关陷于讼累或者自由裁量权过大。③ 因此，基本权利阻却法律行为效力必须借助特定的通道——强制性规范与公序良俗原则。换言之，基本权利只有为强制性规范所规定或者为公序良俗原则所吸收，才能获得否定法律行为效力的适法通道。④ 综上，既然连基本权利都不能直接作为法律行为的阻却生效要件，又怎能以处在基本权利位阶之下的股权直接否定决议行为的效力呢？并且，由于公司的社团属性，作为社团的公司与作为成员的股东彼此间的权利冲突现象时有发生，公司为了全体成员的整体利益对"异己股东"施加"除名罚"甚至都被允许，⑤ 如果动辄以侵权为由否定团体决议的效力，团体决议的威信

① 参见钱玉林《公司章程对股权转让限制的效力》，《法学》2012年第10期；武翠丹《股东大会处罚权研究》，《河北法学》2016年第2期。
② 参见〔德〕克劳斯-威尔海姆·卡纳里斯《基本权利与私法》，曾韬、曹昱晨译，《比较法研究》2015年第1期；张红《论基本权利作为法律行为无效的判断标准——最高法院1988年"工伤概不负责"案〈批复〉之检讨》，《法学家》2009年第6期；刘志刚《基本权利对民事法律行为效力的影响及其限度》，《中国法学》2017年第2期；章程《从基本权理论看法律行为之阻却生效要件——一个跨法域释义学的尝试》，《法学研究》2019年第2期。
③ 参见刘志刚《基本权利对民事法律行为效力的影响及其限度》，《中国法学》2017年第2期。
④ 参见章程《从基本权理论看法律行为之阻却生效要件——一个跨法域释义学的尝试》，《法学研究》2019年第2期。
⑤ 参见凤建军《公司股东的"除名"与"失权"：从概念到规范》，《法律科学》2013年第2期；李建伟《有限责任公司的股东除名制度研究》，《法学评论》2015年第2期。

何在？公司治理也会有陷入"个人主义"泥沼的风险。① 第二，从侵权关系结构上看，伪造股东签名的侵权行为人通常是股东、法定代表人，股东会决议的主体则是公司，一方侵害另一方的权利，却让作为"第三方"的公司的决议无效，不仅在主体间法律关系结构上解释不通，也是对公司独立法人人格的漠视。第三，根据现行《公司法》的规定，决议瑕疵的致因是程序瑕疵与内容瑕疵，并未有因侵权而导致决议瑕疵的规定，《民法典》总则编法律行为部分也未有相关规定，因此以伪造股东签名侵权为由认定决议无效，法定依据也不足。

（二）团体法进路检视

基于对股东会决议团体法属性的考量，部分观点认为伪造股东签名决议效力的判别路径应当由个人法转向团体法，以程序与内容瑕疵规则而非意思表示瑕疵规则抑或侵权无效规则进行裁断。在该判别路径之下，以伪造股东签名决议存在内容违法事由为由对其作无效认定的案例有之，② 认为该类决议存在"重大程序瑕疵"应属无效决议的观点有之，③ 认为决议不成立、④ 可撤销的观点亦均有之。其中可撤销的观点是从团体法视角进行的较为系统的论证，比较有代表性的是王延川、栗鹏飞二位学者的观点，他们认为伪造股东签名决议瑕疵应当归类于程序瑕疵中的表决瑕疵，属一般性程序瑕疵。因此，在一般情况下伪造股东签名决议属于可撤销决议；当决议存在重大程序瑕疵以至于构成伪造决议时，股东会决议不成立。⑤ 这一观点有一定说服力，理由如下。其一，伪造股东签名其实是伪造股东在股东会表决中同意的意思表示，将其归类为表决程序瑕疵，在形

① 参见吴飞飞《决议行为归属与团体法"私法评价体系"构建研究》，《政治与法律》2016年第6期。
② 参见山东省临沂市河东区人民法院（2019）鲁1312民初862号民事判决书。
③ 参见龙涓《公司决议签名被仿冒的法律对策——兼议公司瑕疵决议的效力评价体系》，载张仁善主编《南京大学法律评论》（2016年春季卷），法律出版社2016年版，第290~301页。
④ 参见袁辉根《伪造公司决议的效力认定》，《人民司法》2010年第6期。
⑤ 参见王延川《伪造股东签名的股东会决议效力分析》，《当代法学》2019年第3期；栗鹏飞《股东会决议瑕疵法律问题探析——公司决议中冒名（伪造签名）案件的实证分析》，《中国政法大学学报》2019年第1期。

式上看大致对应。其二，基于维护公司决议稳定性的考虑，区分成员意志与团体意志，将伪造股东签名决议瑕疵归入一般性程序瑕疵，属可撤销决议，降低了决议无效、不成立的发生概率，符合团体法思维，具有积极意义。

然而，前述观点却存在下述三种难以调和的解释困境。第一，割裂了法律行为理论与公司决议之间的关联性。前述观点隐含的一个思维逻辑是，公司决议瑕疵，非内容瑕疵即为程序瑕疵。伪造股东签名而非伪造决议内容，所以该类瑕疵不是内容瑕疵，故将其以表决瑕疵之名归入一般性程序瑕疵。这其实人为地割裂了法律行为理论与公司决议之间的关联性，导致法律行为理论无法介入公司决议瑕疵规则，决议的法律行为属性也就变得有名无实。法律行为的核心是意思表示，法律行为理论介入公司决议的通道也主要依赖于意思表示瑕疵规则，只不过意思表示瑕疵规则在公司决议中的具体适用效果与个人法有所差异而已。仅仅从直观上看，个人法上，如在合同关系中一方当事人因被"欺诈"或"胁迫"而作出违背其真实意愿的意思表示的，其可以诉请撤销合同，即撤销整个法律行为；在团体法上，某个成员并不能直接以其自身"意思表示不真实"为由撤销整个决议。因此，理论界部分观点认为，意思表示瑕疵理论不能适用于公司决议，[1] 公司决议长期游离于法律行为理论之外与此观念不无关系。这其实是对意思表示瑕疵规则的最大误解。真正的意思表示瑕疵规则，是当表意人的意思表示有瑕疵时，其可以撤销的对象系自身之意思表示而非整个法律行为，即意思表示瑕疵规则其实是意思表示的扣减法则。只不过就合同而言，由于需要各方意思表示形成合意方能成立、生效，一旦一方当事人撤销意思表示在效果上似乎等同于撤销法律行为，[2] 而在团体决议中则取决于扣除被撤销的意思表示后决议是否还能满足多数通过的成立要件。具体到伪造股东签名决议，单从意思表示扣减法则来看，扣减了被伪造签名股东同意的意思表示之后，如果决议仍旧满足最低通

---

① 参见〔韩〕李哲松《韩国公司法》，吴日焕译，中国政法大学出版社2000年版，第268页。
② 严格意义上说，因意思表示撤销而无法形成合意时，合同未成立而非无效。

过比例要求，则决议有效，反之根据《公司法司法解释（四）》第 5 条属于决议不成立。① 可撤销论，直接跳过意思表示与法律行为理论，认定伪造股东签名决议瑕疵为一般性程序瑕疵，割裂了团体法与法律行为理论的关联性，并不可取。第二，解释论与立法论杂糅，不利于被伪造签名股东权利救济。《公司法》（2018 年版）第 22 条基于团体决议安定性的考虑，对可撤销决议仅规定了 60 日的除斥期间，而且是从决议作出之日而非股东知道或应当知道之日起算，也即客观除斥期间。然而，伪造股东签名决议往往具有隐蔽性，如果将其定性为可撤销决议，意味着一旦决议延后60 日予以公布，被伪造签名股东的权利救济将成为难题，这是"可撤销论"难以克服的解释论障碍。为了克服这一障碍，"可撤销论"者转而诉诸立法论，认为该除斥期间规则应当改为自股东知道或应当知道签名被伪造之日起算。② 尽管《公司法》第 26 条第 2 款确实对除斥期间作了修改，但毕竟在该观点提出时，实定法规定并非如此。第三，容易造成决议瑕疵规则体系性混乱，亦不符合比例原则。如某甲有限责任公司有 A、B 两名股东，分别持股 60%、40%，甲公司章程规定："公司对外提供担保应由股东会决议，须经全体股东所持表决权三分之二以上通过。"某日，甲公司因欲为张三（A 的表弟）的债务提供担保一事召开股东会，B 接到通知后未参会但口头向 A 表示反对，A 伪造了 B 的签名，该次股东会决议形式上全票通过。根据"可撤销论"，该次股东会决议属可撤销决议。然而，如果 A 没有伪造 B 的签名，则该次决议仅有 60% 的持股比例赞成，不符合公司章程规定的最低通过比例，根据《公司法司法解释（四）》第 5 条之规定属于决议不成立。显然，伪造股东签名与未伪造签名相比，主观恶性更大、瑕疵程度更重，若根据"可撤销论"，在本案例中伪造股东签名状态下决议的法律后果却轻于后者，有悖法理，导致决议瑕疵规则的体系性混乱，不符合比例原则。

---

① 该司法解释第 5 条专门规定了五种决议不成立情形，其中第四种情形为："会议的表决结果未达到公司法或者公司章程规定的通过比例的"。
② 参见王延川《伪造股东签名的股东会决议效力分析》，《当代法学》2019 年第 3 期。

二 伪造股东签名决议效力判别中意思表示瑕疵规则与公司决议规则的适用对接

"单个表决的法律性质为意思表示",[1] 伪造股东签名属于意思表示瑕疵范畴,[2] 股东会决议瑕疵则属于团体法范畴,因此伪造股东签名决议实际上是一种处于个人法与团体法交叉融汇地带的决议瑕疵形态。当伪造股东签名之原因事实孤立存在时,决议效力的判别问题,其实就是意思表示瑕疵规则如何适用于公司决议的问题;当伪造股东签名与伪造决议、一般性程序瑕疵、内容违法等原因事实牵连存在时,决议效力的判别问题,就转化为了意思表示瑕疵规则和公司法上的程序与内容瑕疵规则冲突、竞合时法官如何"找法"的问题。

（一）非牵连状态下意思表示瑕疵规则的适用

伪造股东签名决议,最直观的表现是被伪造签名股东意思表示瑕疵。遵从公司决议的法律行为立场,则伪造股东签名决议属于意思表示瑕疵行为。根据法律行为理论及《民法典》总则编等实定法之规定,意思表示瑕疵行为属可撤销行为。然而,若以股东意思表示瑕疵为由撤销整个决议,则有违"多数决规则";若不能撤销决议,似乎又说明法律行为理论至少是意思表示瑕疵规则无法贯通适用于公司决议,决议的法律行为属性似乎变得有名无实。这不禁令人疑虑,到底是决议行为足够特殊,还是传统民法上的意思表示瑕疵规则有其不当之处。

正本清源的意思表示瑕疵规则,应当是表意人可以撤销其有瑕疵的意思表示而非法律行为。如果允许表意人撤销整个法律行为,意味着相对人或者其他成员的意思表示也被撤销,有违意思自治原则。如《德国民法典》第119条（因错误而可撤销）、第120条（因误传而可撤销）、第123

---

[1] 孔洁琼:《决议行为法律性质辨——兼评〈民法总则〉第134条第2款》,载解亘主编《南京大学法律评论》（2019年春季卷）,南京大学出版社2019年版,第141页。

[2] 有观点认为伪造股东签名属于无权代理。但是,一方面伪造签名者与被伪造签名股东之间通常无任何授权委托关系或者相应的权利外观;另一方面把代理理论引入公司决议,还会导致公司决议瑕疵规则的复杂化。

条（因欺诈或胁迫而可撤销）使用的均是撤销表示（意思表示）的表述。邵建东教授早年就考证指出，可撤销行为中撤销的对象应当是意思表示而非法律行为。① 王泽鉴教授虽认为撤销权的客体是意思表示或法律行为，但补充道："为调和用语的不一致，应认定有瑕疵的意思表示已成为某法律行为不具独立性的部分时，其撤销及于整个法律行为。"② 只不过，由于民法学界一直未能很好地厘清意思表示与法律行为的关系，且法律行为理论长期主要在单方行为、合同中被适用，撤销意思表示还是撤销法律行为，似无区分之实际意义。如有学者指出，"民法概念上为求简便，而径称之为撤销合同，实则因受欺诈、受胁迫等意思表示有瑕疵的一方，仅可撤销自己作出的意思表示，而无权撤销他人的意思表示"③。决议行为过往长期未被纳入法律行为类型之中，与学界对意思表示瑕疵规则的前述认识误区实有关联。既往成果以成员意思表示存在瑕疵却无法直接撤销决议为因由，反推出意思表示瑕疵规则无法适用于决议之结论，进一步形成决议非法律行为之观念。

综上所述，针对意思表示瑕疵行为，表意人得以享有撤销其意思表示的权利，能且仅能撤销其单方之意思表示。如此，则意思表示瑕疵规则得以贯通适用于各类法律行为。就单方行为而言，表意人撤销其有瑕疵的意思表示后，单方行为因缺少意思表示而归于不成立；就合同而言，表意人撤销其意思表示后，合同因无法形成意思表示一致的"合意"而归于不成立。所以，民法上可撤销行为被撤销之后归于无效的观念，尚有讨论空间。

具体到伪造股东签名决议问题，在非牵连状态下，即案涉股东会决议仅存在伪造股东签名这一违法情节，没有其他内容或程序违法、违反章程情节的情况。仅就伪造股东签名这一原因事实而论，被伪造签名股东得以撤销其同意决议议案之意思表示。该同意的意思表示被撤销后，股东会决

---

① 参见邵建东《论可撤销之法律行为——中德民法比较研究》，《法律科学》1994 年第 5 期。
② 王泽鉴：《民法总则》，北京大学出版社 2009 年版，第 471 页。
③ 李宇：《基础回填：民法总则中的意思表示与法律行为一般规则》，《华东政法大学学报》2017 年第 3 期。

议的效力状态如何，则取决于其是否还能满足基本的成立、生效要件，这类要件一般由公司法予以特别规定。如此，法律行为理论的意思表示瑕疵规则便与公司决议规则在法律适用环节得以贯通对接。具体而言，若剔除被伪造签名股东同意的表决权数后，股东会决议无法满足公司法、公司章程规定的最低通过比例，则直接与《公司法司法解释（四）》第5条规定的决议不成立规则相衔接，维系了决议不成立规则的体系一致性。《公司法司法解释（四）（征求意见稿）》第5条亦持此立场，只是不知何故最终颁行实施的版本删除了关于伪造股东签名决议效力的规定。① 若被伪造签名股东撤销其同意的表决权数后，股东会决议仍旧满足公司法、公司章程规定的最低通过比例，则决议有效。如日本学者大隅健一郎所言："个别股东表决权的行使，依照民法规定归于无效或被撤销后，如剔除该股东的表决权数，尚有成立决议所必要的法定数式，并不构成决议瑕疵，而不影响决议效力。"② 剔除被伪造签名股东表决权数后，若决议仍旧满足最低通过比例之规定，其实意味着伪造签名之行为对公司以及被伪造签名股东而言并不能产生实际性的加害后果，若因该没有实际性加害后果的行为而否定决议效力，对公司整体及其他成员而言，有失公允。所以，在该情形下认定决议有效，既不会实际性损害到被伪造签名股东的利益，又不至于破坏公司团体自治和整体利益。

在公司治理实践中的通常情况是，即使大股东个人持股比例达三分之二以上，有限责任公司股东会决议通常仍旧会谋求股东所持表决权全数通过，因此实践中的大多数有限责任公司股东会决议都是以100%的持股比例通过，因为大量创业者朴素地认为签字同意就意味着承担责任的可能，所以力求全体股东悉数签字同意。基于对全体股东悉数同意的执念，伪造

---

① 根据《最高人民法院关于适用〈中华人民共和国公司法〉若干问题的规定（四）（征求意见稿）》第5条第3项，"决议上的部分签名系伪造，且被伪造签名的股东或者董事不予认可；另一种观点：决议上的部分签名系伪造，且被伪造签名的股东或者董事不予认可，在去除伪造签名后通过比例不符合公司法或者公司章程的规定"。当事人请求确认未形成有效决议的，应予支持。

② 〔日〕大隅健一郎：《公司法论》（中），有斐阁1992年版，第59页，转引自钱玉林《股东大会决议瑕疵研究》，法律出版社2005年版，第219页。

签名、非经同意代签等现象在有限责任公司治理实践中非常常见，若不考虑其他股东同意决议的表决权数，仅站在被伪造签名股东立场一刀切地否定决议效力，与公司法的团体法精神和公司治理的稳定性需求均不符。下述案例就是如此。某 PPP 项目公司拟向银行借款融资，该项目公司有两名股东，大股东持股比例 80%，为社会资本方；小股东持股比例 20%，为政府方国有企业。银行要求该项目公司出具同意向银行借款融资的股东会决议，两名股东均有同意借款的意愿。但是，持股比例 20% 的小股东拒绝在股东会决议上签字，① 而持股比例 80% 的大股东坚持要求小股东一同签字。两方僵持不下，最后政府出面协调股东会决议才得以全票通过。假设该大股东为尽快实现融资目的，伪造了小股东签名，若因此否定该决议效力，意味着否决了一个以 80% 表决权数比例通过的决议，无论是从公司法理论来看，还是从该公司时下的经营紧迫性来看，都是无益的。有学者提出："伪造签名属于故意剥夺股东表决权的行为，即使被剥夺表决权的股东的表决权数很小，也不得将伪造签名理解为轻微瑕疵，仍旧应予撤销。"② 然而，一方面，在私法领域，法律效果的设定以补偿性为原则，除非合同约定或者公司章程规定，法律效果一般不得具有惩罚性。而该观点显然带有强烈的惩罚性意味。另一方面，某一方股东伪造其他股东签名后，不辨明其是否产生实际加害后果，而直接撤销作为第三方的公司之决议，对于公司及其他非涉事股东而言显然欠妥。

综上，非牵连状态下纯粹伪造股东签名的股东会决议效力，根据扣除被伪造签名股东之表决权数后决议是否能够满足最低通过比例的规定，分为有效和不成立两种效力状态。

（二）牵连状态下基于诉讼请求同一性的实质认定

实践中，伪造股东签名行为与其他决议瑕疵情节经常牵连发生，如伪造股东签名经常作为伪造决议的手段行为存在，又如决议通知程序瑕疵又通常作为伪造股东签名的手段行为而存在。在牵连状态下，尽管同时存在

---

① 国有企业负责人普遍有签字即要担责的心态，加之其小股东身份附带的搭便车心理，使其不愿意为了公司整体利益而承担所谓的"责任"。

② 王延川：《伪造股东签名的股东会决议效力分析》，《当代法学》2019 年第 3 期。

数种瑕疵类型，意思表示瑕疵、程序瑕疵、内容瑕疵均可有之，但原告之诉请归根结底是为否定决议之效力，即"诉讼请求具有同一性"①。因此，法院审理此类纠纷时，不必拘泥于原告之诉请到底是认定决议无效还是不成立抑或撤销，而应在对原告诉请之原因事实作实质认定的基础上直接判别决议之效力，以减少讼累，维护公司治理的安定性。实践中主要存在如下几种牵连情形。

第一，与伪造决议牵连。伪造股东签名经常与伪造决议发生牵连，在该牵连关系中伪造股东签名通常是为实现伪造决议之目的。伪造股东签名与伪造决议之牵连，在实践中经常表现为下述几种具体情形。其一，非股东伪造股东签名形成股东会决议，如非股东身份法定代表人伪造股东签名形成同意以公司名义向第三人借款的股东会决议。② 其二，未经召开股东会会议，某位或者某几位股东伪造其他股东签名形成股东会决议。③ 其三，股东会会议虽召开，但未经表决程序，某位或者某几位股东伪造其他股东签名形成股东会决议。如股东会会议虽召开，但是未对某项议案进行表决，通常是根本未在会议上提出某项议案，待会议结束后伪造股东签名形成关于该项议案的决议。后两种情形分别符合《公司法司法解释（四）》第 5 条第 1、2 项之规定，④ 属决议不成立。第一种情形下，决议效力到底如何判别存在争议，不成立与无效说兼有之。⑤ 第一种情形下，若认定决议无效，即自始无效，则排除了公司（多数股东）追认其效力的可能，与公司自治理念相悖。非股东作出的决议，根本不具备决议之成立要件，有效与否还无从谈起，将其认定为决议不成立，更说得通。综上可知，当伪造股东签名与伪造决议发生牵连时，两个原因事实均指向决议不成

---

① 丁勇：《组织法的诉讼构造：公司决议纠纷诉讼规则重构》，《中国法学》2019 年第 5 期。

② 参见四川省苍溪县人民法院（2017）川 0824 民初 3191 号民事判决书。

③ 参见重庆市第五中级人民法院（2017）渝 05 民终 5075 号民事裁定书，广东省深圳前海合作区人民法院（2017）粤 0391 民初 3232 号民事判决书。

④ 根据《公司法司法解释（四）》第 5 条第 1、2 项规定，公司决议应召开会议而未召开、会议未对决议事项进行表决的，决议不成立。

⑤ 参见胡晓静《德国学理及司法实践中的股东会决议不成立——兼评〈公司法司法解释（四）〉第 5 条》，《山东大学学报》（哲学社会科学版）2018 年第 3 期。

立。此时，伪造签名的违法性被伪造决议所吸收，无须再适用意思表示瑕疵规则扣减被伪造签名股东的表决权数，可直接以伪造决议为由认定决议不成立。

第二，与一般性程序瑕疵牵连。由伪造股东签名的隐蔽性特点所决定，其与一般性程序瑕疵牵连主要体现为与通知程序瑕疵或召集程序瑕疵相牵连。在《公司法》上，存在通知程序瑕疵或召集程序瑕疵的决议属可撤销决议。当二者发生牵连时，根据当事人是否在60日除斥期间内提起诉讼，分为两种不同的处理方式。其一，若当事人在60日除斥期间内起诉，基于效果同质性和司法效率考量，可直接撤销决议，不必同时适用意思表示瑕疵规则。其二，若60日除斥期间已过，则需根据《公司法司法解释（四）》第5条第4项考察剔除被伪造签名股东所持表决权数后，股东会决议是否还能满足公司法、公司章程规定的最低通过比例，仍旧满足则决议有效，未能满足则决议不成立。

第三，与内容违法情形相牵连。如某公司有四名股东，持股比例分别为55%、15%、15%、15%，某日召开股东会拟修改公司章程，增加"股东无权要求查阅公司会计账簿"的规定。三名小股东提出反对，但会后大股东伪造三名小股东签名通过该项决议并修改了公司章程，办理了工商变更登记。根据《公司法》第57条及《公司法司法解释（四）》第7、8条规定，有限责任公司股东有权要求查阅公司会计账簿，公司只有在有合理根据认为股东查阅会计账簿有不正当目的，可能损害公司合法利益时，才可以拒绝提供查询。该项决议内容显然违反了《公司法》第57条及《公司法司法解释（四）》的相关规定，内容违法，属无效决议。决议内容违反法律、行政法规的，决议自始无效，此时伪造股东签名的违法性已经被决议内容违法所吸收，也就无须再考虑伪造股东签名对决议效力的影响问题。

三　股东意思表示撤销的除斥期间设置

关于伪造股东签名决议效力之判别，还有一个待解命题，即股东意思表示撤销的除斥期间应当如何设置。对该问题，有两种可能的解决路径，但均有其弊端。

（一）适用《公司法》第 26 条针对可撤销决议所规定的 60 日客观除斥期间

股东撤销意思表示与撤销决议，均属行使撤销权之行为，似乎二者在除斥期间上有类推适用的空间。然而，该路径弊端明显。具体而言，股东意思表示撤销与决议撤销在原因事实方面存在显著差异，并导致其规则导向不同。撤销决议的原因事实只能是一般性程序瑕疵，这类瑕疵通常仅影响到股东的程序性权利行使，一旦程序瑕疵严重到足以影响股东意志能否表达（表决权）、公司意志能否形成（决议成立）时，其法律效果就由决议可撤销转化为决议不成立。[①] 撤销意思表示的原因事实是表意人因"欺诈""胁迫""重大误解""伪造"等因素而导致其意思表示瑕疵，具体到股东会决议体现为表决权瑕疵。进而言之，股东意思表示撤销指向的是股东之意志与实体权利（表决权）。因此，对撤销意思表示适用决议撤销规则的 60 日除斥期间，等于将表决权这一实体性权利降级为一般性程序权利，显然不妥。并且，在实践中伪造股东签名通常是在被伪造签名股东不知情的情况下为之，60 日的客观除斥期间极易被"抽屉决议"规避，导致股东表决权无法获得司法救济。

（二）适用《民法典》总则编关于可撤销行为除斥期间之规定

根据本书的观点，《民法典》总则编所规定的欺诈、胁迫等可撤销行为，其实是意思表示的撤销而非法律行为的撤销，所以《民法典》总则编中关于可撤销行为除斥期间的规定可视为法律行为规则上有关意思表示撤销除斥期间的一般性规定，在特别法未有其他规定的情况下可以贯通适用于股东意思表示之撤销。《民法典》第 152 条针对可撤销行为，规定了主观、客观两种除斥期间，主观除斥期间根据"当事人可归责性与保护必要性的差异"[②]，又进一步分为两种类型，普通除斥期间为 1 年，针对基于

[①] 参见杜万华主编《最高人民法院公司法司法解释（四）理解与适用》，人民法院出版社 2017 年版，第 120 页。

[②] 尚连杰：《表意瑕疵视角下除斥期间规则的构建与适用——以〈民法总则〉第 152 条为中心》，《现代法学》2019 年第 4 期。

"重大误解"的意思表示因表示人本身的可归责性而规定了仅 3 个月的较短除斥期间，主观除斥期间自当事人知道或应当知道撤销事由之日起算。① 客观除斥期间为 5 年，自法律行为发生之日起算。以上算是有关意思表示撤销除斥期间规则的一般性规定，在公司法未对股东意思表示撤销作特别规定的情况下，理论上似乎可以直接适用于股东意思表示撤销。因股东撤销意思表示后，是根据决议成立规则考察股东会决议是否满足其成立要件，所以股东意思表示撤销与公司决议不成立其实是一体两面的关系，基于体系一致性的考虑，股东意思表示撤销应与公司决议不成立共用统一的除斥期间规则。遗憾的是，现行《公司法》及《公司法司法解释（四）》并未规定公司决议不成立之诉的除斥期间。同普通民事法律行为相比，公司决议这类商主体治理行为，在除斥期间设置上更偏重考察表意人可归责性、公司团体治理的安定性以及外部第三人的权利保护，也更具效率导向。基于公司决议规则背后立法价值与利益考量的显著特殊性，将《民法典》总则编第 152 条关于除斥期间之规定直接适用于股东意思表示撤销，显然不妥。

尽管前述两种路径均有其不妥之处，但确实可为股东意思表示撤销除斥期间的设置提供参照线索。一是以可撤销决议 60 日客观除斥期间为参照系，股东意思表示撤销的除斥期间设置应有以下考量。其一，基于股东意思表示撤销与公司决议不成立的一体两面关系，股东意思表示撤销的除斥期间亦是公司决议不成立之诉的除斥期间。公司决议不成立与决议可撤销均指涉决议程序违法、违反章程之原因事实，但前者的程序瑕疵重于后者，因此该除斥期间应稍长，但不得长于 60 日，才能符合比例原则。其二，基于伪造股东签名手段通常具有隐蔽性，故该除斥期间应自股东知道或者应当知道签名被伪造之日起算。二是以《民法典》总则编第 152 条的除斥期间一般规定为参照系。基于股东会决议的商事属性，股东意思表示撤销除斥期间应短于第 152 条所规定的 1 年的主观除斥期间。同时，考虑到被伪造签名股

---

① 《民法典》第 152 条针对胁迫行为的除斥期间起算时点作了特殊规定，即自胁迫行为终止之日起算。

东本人可归责性弱于重大误解行为,所以该除斥期间应长于重大误解行为3个月的除斥期间。综上,针对伪造股东签名决议中股东意思表示撤销的除斥期间,设置6个月的主观除斥期间较为适宜。最后,考虑到公司团体治理的稳定性和第三人利益保护,在6个月的主观除斥期间之外,再设置1年的客观除斥期间(自决议作出之日起1年内)较为合理。

如今,《民法典》总则编业已承认决议的法律行为属性,有关决议到底为何物的学术争议也因法典的出台而逐渐硝烟散去。法律行为理论如何贯通适用于公司决议,成为公司决议规则整合完善的待解之题。受限于传统民法学理论上对意思表示与法律行为的含混认识,意思表示瑕疵规则长期未被引入公司决议瑕疵规则体系之中。正本清源之后可知,民法上可撤销行为的撤销对象应为意思表示而非法律行为。撤销意思表示之后,单方行为与合同归于不成立而非无效,决议则依据是否还能满足法律或章程规定的最低通过比例区分为有效和不成立两种效力状态。至此,法律行为理论及其意思表示瑕疵规则得以统摄包含决议在内的所有法律行为类型。经由伪造股东签名决议这一特殊决议瑕疵情形,由特殊上溯至一般,可知公司决议瑕疵应当包含意思表示瑕疵(或称表决权瑕疵)、程序瑕疵(又分为重大程序瑕疵、一般性程序瑕疵和轻微程序瑕疵)、内容瑕疵三类瑕疵形态,并对应三类瑕疵救济规则。其中程序瑕疵与内容瑕疵规则因其特别法属性具有优先适用性,意思表示瑕疵规则具有一般法属性,可在特定情形下填补程序瑕疵与内容瑕疵规则之漏洞。

第二节 适用对接之二:公司决议无效事由的限缩适用

《公司法》第25条规定:"公司股东会、董事会的决议内容违反法律、行政法规的无效。"该条在学理上被简称为"公司决议内容违法无效规则",其既是实定法关于公司决议无效规则的概括性、统领性规范,又是法律适用中公司决议无效判定的主要裁判依据。

其中尤须重视的问题是,《公司法》第25条的"公司决议内容违法无效规则"对决议无效事由未有明确列举，给理论界和实务界留下无限的解释空间。与理论界普遍主张限缩公司决议无效事由的态度迥然相异，[①] 司法实践中裁判者经由层出不穷的个案累积，不断地为决议无效事由的"菜单"里增加新事由，股东意思表示不真实、侵权、缺乏明确的章程依据等均可导致决议无效，决议无效事由与不成立、可撤销事由混同的情况亦比较常见，公司决议无效事由的扩大解释现象呼之欲出。

《民法典》总则编第 134 条已经将公司决议纳入法律行为类型体系之中，法律行为效力评价规则对无效事由认定的缓和克制立场应一体适用于公司决议无效事由的认定。加之，公司决议相对于合同等传统法律行为类型而言，有着更强的安定性追求，因此对其无效事由相较于传统法律行为类型应作更窄解释为宜。以此为观念基调，本着对裁判者理解同情之初衷，反观公司决议无效事由认定的裁判实践，确有必要对其扩大解释现象作系统梳理，剖析其成因，并在此基础之上就公司决议无效事由究竟应当如何限缩的问题做理论澄清。

一 公司决议无效事由扩大解释现象梳理

根据对裁判文书的检索梳理，当前司法实践中裁判者认定公司决议无效的具体事由有 15 种之多。经对这些具体事由的归纳总结，提炼出典型事由、常用事由，将公司决议无效事由的扩大解释现象进一步归纳为下述两个层面。

（一）公司决议无效事由的错认

一是以股东意思表示不真实为由认定决议无效。这种情况主要发生在伪造股东签名决议纠纷中，裁判依据是《民法典》第 143 条。《民法典》第 143 条承袭了《民法通则》第 55 条，二者均是对法律行为有效要件的规定，二者均将意思表示真实作为法律行为的有效要件之一。简

---

① 参见叶林《股东会决议无效的公司法解释》，《法学研究》2020 年第 3 期；丁勇《公司决议瑕疵立法的范式转换与体系重构》，《法学研究》2020 年第 3 期；王雷《公司决议行为瑕疵制度的解释与完善——兼评公司法司法解释四（征求意见稿）第 4~9 条规定》，《清华法学》2016 年第 5 期。

单遵循反面解释的话，直观上似乎可以得出股东意思表示不真实则决议无效的结论。在案件裁判中，又分为两种具体情形。第一种是以股东意思表示不真实为由直接认定决议无效。如在"林某某等诉鲁某某等决议效力纠纷案"中，法院认为，被告鲁某某在被告田某某授意下，以原告林某某、陆某某名义作出同意解散 H 公司的股东会决议，并假冒签名，该行为因原告林某某、陆某某的意思表示不真实而依法无效。① 在"郁某某与菏泽 H 有限公司决议效力确认纠纷案"中，二审法院认为，由于 9 份股东会决议上郁某某的签字均非其本人所签，故可以确认该 9 份股东会决议内容均不是其真实意思表示，一审法院据此认定该 9 份决议无效，并无不当。② 第二种是将意思表示不真实与其他瑕疵情形混合适用。③ 如在"迪某与和田 HL 有限责任公司公司决议效力确认纠纷案"中，法院认为，案涉股东会决议未通知于某某、王某某二位股东参加，侵犯了股东基本权利，系意思表示不真实的决议，应当以无效认定。④

将股东意思表示不真实作为公司决议的无效事由，系将法律行为的效力评价规则适用于公司决议的效力评价，以填补公司决议规则在表决权瑕疵事项上的法律漏洞，法律适用路径本无可苛责之处，但其错谬之处在如下两个方面。其一，在法律行为制度上，意思表示不真实，除通谋虚伪行为外，一般不直接导致法律行为无效，通常仅导致法律行为可撤销，更严格来说仅导致意思表示可撤销⑤，重大误解、显失公平等几种可撤销行为均系意思表示不真实行为。有学者据此而对《民法典》第 143 条将意思表示真实作为法律行为的有效要件提出批评，其指出，"与整个法律行为的规范体系和法律对于意思表示不真实的救济制度不相协调……对整个法律

---

① 参见浙江省宁波市江东区人民法院（2008）甬东民二初字第 345 号民事判决书。
② 参见山东省高级人民法院（2016）鲁民终 780 号民事判决书。
③ 参见贵州省六盘水市钟山区人民法院（2017）黔 0201 民初 4087 号民事判决书。
④ 参见新疆维吾尔自治区和田地区中级人民法院（2020）新 32 民终 450 号民事判决书。
⑤ 参见吴飞飞《论决议对法律行为理论的冲击及法律行为理论的回应》，《当代法学》2021 年第 4 期。

行为的规范体系有极大的破坏力"。① 换言之，意思表示不真实，从未真正成为法律行为的阻却生效要件，以股东意思表示不真实为由认定决议无效，有为求裁判结果的实质正义而曲解、误用法律行为效力评价规则的嫌疑。其二，资本多数决也好，人头多数决也罢，公司决议本身就意味着多数派对少数派的意思强制，在少数派看来最终通过的决议显然没有反映其真实的意思表示。然而，通常只要该意思强制目的正当、程序与内容合法，即为有效。股东因被伪造签名等原因导致其意思表示不真实，应当适用意思表示扣减规则，扣除其表决权数后考察认定决议是否还满足其成立要件。换言之，意思表示不真实要通过公司决议成立要件发挥其作用力，而不能直接作为决议的阻却生效要件。②

二是以侵犯股东权为由认定决议无效。股东会决议侵权无效，是司法实践中比较常用的一个裁判规则，在股东会未通知特定股东参加、伪造股东签名、开除股东、差额增资等纠纷争议中，案涉决议均可能被法院以侵犯股东权为由认定无效。或许是意识到侵权与决议无效之间的逻辑缝隙，在裁判文书中法院通常会将侵权与违法作强行解释对接，形成"侵权即违法—违法则决议无效"的论证线索，完成其裁判结论的合法性论证。如在"林某某、张某某等第三人撤销之诉一案"中，法院认为："股东会决议侵害了当事人对表决事项发表意见的权利和优先购买权，属于违反法律规定的侵权行为，故对确认两次股东会决议无效的诉请，依法予以支持。"③ 在股东除名决议纠纷中，法院亦会强调股东会决议剥夺股东资格，系侵犯股东固有权的违法行为，决议无效。④ 从法律关系逻辑上看，侵权所导致的法律后果应当是停止侵害（决议不得实施）、损害赔偿，而非阻却法律行为生效，因此单纯的决议侵权不应直接作为公司决议的无效事由。如在

---

① 李永军：《从〈民法总则〉第143条评我国法律行为规范体系的缺失》，《比较法研究》2019年第1期。
② 参见吴飞飞《伪造股东签名决议效力之判别——兼论意思表示瑕疵规则与公司决议瑕疵规则的适用对接》，《南大法学》2020年第3期。
③ 参见陕西省西安市中级人民法院（2018）陕01民撤1号民事判决书。
④ 参见北京市高级人民法院（2018）京民再64号民事判决书，云南省曲靖市中级人民法院（2021）云03民终1039号民事判决书。

"安徽 K 有限公司、W 有限公司公司决议效力确认纠纷案"中，二审法院认为，如 WY 矿业认为股东会决议存在大股东滥用股东权利，损害小股东利益给其造成了损失，WY 矿业可以另行提起损害赔偿之诉。①

三是以缺乏明确的章程依据为由认定决议无效。在 2012 年公报案例"南京安盛财务顾问有限公司诉祝鹃股东会决议罚款纠纷案"（以下简称"安盛案"）中，针对安盛公司股东会根据公司章程的授权对祝鹃作出的罚款决议，法院认为："公司章程关于股东会对股东处以罚款的规定，系公司全体股东所预设的对违反公司章程股东的一种制裁措施，符合公司的整体利益，体现了有限公司的人合性特征，不违反公司法的禁止性规定，应合法有效。公司章程在赋予股东会对股东处以罚款职权时，应明确规定罚款的标准、幅度，股东会在没有明确标准、幅度的情况下处罚股东，属法定依据不足，相应决议无效。"②尽管裁判者使用的是"法定依据不足"之表述，但其实指的是缺乏明确的章程依据，而非法律依据。以缺乏明确的章程依据为由认定决议无效，存在以下两个问题。其一，将公法上的"法无明确授权即禁止"原则适用于公司决议这一私法对象，属于法律原则的适用错误。根据《公司法》第 26 条规定，即使是股东会决议内容违反章程，也仅仅导致决议可撤销，而该案中股东会决议内容并未违反章程，却仅因章程授权不够精确而认定决议无效，显属不当。其二，在处罚的标准和幅度问题上，股东会决议达到三分之二以上通过比例时，在实际效果上等同于修改公司章程。若一定要求有"法定依据"，公司就不得不先修改章程，再作出股东会决议，徒增决策治理成本。并且，能否罚款是定性的问题，罚款的标准和幅度是定量的问题，法院承认公司章程可以授权股东会对股东处以罚款，承认了罚款权定性上的合法性，却以定量不精准认定决议无效，与法律行为效力评价的一般逻辑不符。

（二）公司决议无效事由与不成立、可撤销事由的混同

第一，决议无效与不成立的混同。《公司法司法解释（四）》实施前，

①　参见安徽省六安市中级人民法院（2021）皖 15 民终 859 号民事判决书。
②　参见《中华人民共和国最高人民法院公报》2012 年第 10 期。

我国公司法采决议无效与可撤销"二分法"，《公司法司法解释（四）》
所规定的决议不成立情形，在彼时的司法实践中多被认定为决议无效情
形。《公司法司法解释（四）》实施后，前述情况在司法实践中有明显改
观，至少《公司法司法解释（四）》第 5 条明确规定的前 4 种决议不成立
情形已经甚少再被认定为无效情形。① 但是在理论界，主张将部分决议不
成立事由纳入无效事由，甚至主张取消公司决议不成立这一瑕疵情形的观
点不乏其例。如叶林教授认为，"违反民主参与规则的公司决议，如未向
公司全体股东发出通知或公告而形成的决议，属无效决议。理由是，违反
民主参与规则的做法，导致对公司民主程序的破坏，危及公司秩序的基
础"②。该观点与《德国股份法》的规定一致，但《德国股份法》之所以
作此规定，是因为其未规定决议不成立这一瑕疵情形，而是直接将不成立
的事由规定在了无效事由里，所以无法为我们提供直接借鉴。③ 笔者认为，
不同于政治体决议，公司作为私法主体，私法自治系其第一要义，民主参
与规则是公司实现私法自治的手段而非目的。④ 例如，公司法上的差异化
表决权、特别股东的一票否决权等诸多情形尽管与民主参与规则不符，却
是合法甚至高效的公司制度创新实践。若某项公司决议因情势紧急，为抓
住瞬息万变的商业机遇，公司未通知全体股东即作出决议，该决议虽形式
上违背民主参与规则，但是其目的上的正当性可为股东追认其效力提供可
能空间，若将其认定为无效决议，未免过于僵化，与公司治理的灵活性、
效率性追求不符。从瑕疵情形分类上看，民主参与规则可纳入重大程序规
则，违反该类规则导致决议不成立，更符合逻辑。有学者则认为，公司决
议不成立与无效在法律效果上并无区别，决议不成立的比较法基础也十分

---

① 参见李建伟、王力一《公司决议不成立之诉实证研究——〈公司法解释四〉出台前审判
创新实践的价值发现》，《经贸法律评论》2020 年第 3 期。
② 叶林：《股东会决议无效的公司法解释》，《法学研究》2020 年第 3 期。
③ 参见〔德〕托马斯·莱赛尔、吕迪格·法伊尔《德国资合公司法》（第 6 版），高旭军等
译，上海人民出版社 2019 年版，第 327 页。
④ 参见吴飞飞《〈公司法〉修订背景下公司决议规则重点立法问题探讨》，《经贸法律评论》
2021 年第 5 期。

薄弱，区分二者并无实益，应取消决议不成立规则，回归决议瑕疵"二分法"。① 实际上，决议无效与不成立区别甚大。一方面，决议无效是价值判断命题，表征着法律给予公司决议的政策尺度空间，是公司自治范围外的事情；决议不成立是事实判断命题，是公司自治范围内的事情。另一方面，决议无效通常意味着自始无效，公司无权追认其效力；而决议不成立，可因公司的事后追认而治愈其瑕疵。因此，相对于决议无效而言，决议不成立提高了公司决议瑕疵规则的政策弹性，故其不应被决议无效吸收、取代。

第二，决议无效与可撤销的混淆。决议无效与可撤销的混淆主要发生在未通知部分股东参加的股东会决议纠纷中。在此类纠纷中，有法院认为，未通知股东参会，不仅仅是通知程序瑕疵，其实际上侵犯、剥夺了未参会股东的表决权，决议侵权、违法，应为无效决议。② 前述以决议侵权为由认定其无效的案例，基本遵循该裁判思路。除此以外，另有法院认为未通知股东参加，剥夺了股东行使表决权的机会，属重大程序瑕疵，决议不成立。③ 实际上，决议"侵权—违法—无效"的裁判逻辑，混淆了内容违法和程序违法的区别。未通知股东参会，侵犯股东表决权，是决议程序而非决议内容侵犯实体权利，不能以实体权利被侵害倒推决议内容违法。即便在实践中，未通知股东参会的决议时常也会涉及内容违法事项，但也应该分别认定，而非捆绑打包认定。未通知股东参会，属程序性瑕疵，直接效果应当是导致决议可撤销。如最高人民法院在"艾某某、何某某公司决议效力确认纠纷再审案"中指出，公司增资决议及股东认缴协议的内容本身并未违反法律、行政法规的规定，不属于决议无效的情形。艾某某、何某某主张未被通知参会，未在决议上签字，属股东会的召集程序瑕疵，可在决议作出之日起 60 日内行使撤销权。④ 另需考虑的情形是，在未通知股东参会与伪造股东签名发生竞合时，若股东提起诉讼时已过除斥期间，

---

① 参见柯勇敏《公司决议不成立的质疑与二分法的回归》，《法律科学》2020 年第 5 期。
② 参见浙江省嘉兴市中级人民法院（2010）浙嘉商终字第 429 号民事判决书。
③ 参见上海市第一中级人民法院（2019）沪 01 民终 10925 号民事判决书。
④ 参见最高人民法院（2020）最高法民申 6122 号民事裁定书。

法院还应计算原告股东所持表决权数，若扣除其表决权数，股东会决议未达公司法、公司章程规定的最低出席比例、通过比例，则可基于当事人诉讼请求的同一性考量，根据《公司法司法解释（四）》第 5 条认定决议不成立，而不必要求当事人变更诉讼请求或另行起诉。

二 公司决议无效事由扩大解释的成因

（一）公司决议无效规则自身的法条设计缺陷

《公司法》第 25 条的"决议内容违法无效规则"在下述几个层面的法条设计缺陷，在一定程度上造成了决议无效事由扩大解释现象的产生。

一是"决议内容违法无效"的表述方式语义含混、边界模糊，给决议无效事由的扩大解释提供了巨大的弹性空间。诚如叶林教授所言："既有公司决议无效规则反映的是'合法者有效、违法者无效'的淳朴认知，而不是建立起一套效力判断标准和体系。"[1] 一方面，违"法"之法有法律与行政法规之分，公法与私法之分，组织法与行为法之分，还有管理性规范与效力性规范之分，林林总总，均有可能成为导致决议无效的裁判依据。另一方面，内容违法无效与内容违反章程可撤销的区分逻辑，使决议可撤销规则几乎丧失了承接部分内容违法瑕疵决议进而间接限缩决议无效事由的机会。

从比较法上看，该规则与《日本公司法典》第 830 条第 2 款"就股东大会等的决议，可以决议的内容违反法令为由，以诉讼方式请求确认决议无效"[2] 的规定几乎完全一致。按国内法体系的一致性进行直观判断，该规则与《合同法》（1999 年版）第 52 条第 5 项的规定方式一脉相承。决议与合同均为法律行为，无效规则背后的法理殊途同归，意味着彼此之间的借鉴参考本身没有问题。然而，遗憾的是，决议无效规则与合同无效规则相比，还有很大差距。具体而言：一方面，《合同法》（1999 年版）第 52 条第 5 项是一个兜底条款，其前 4 项还规定了四种具体的合同无效事由，

---

[1] 叶林：《股东会决议无效的公司法解释》，《法学研究》2020 年第 3 期。
[2] 《日本公司法：附经典判例》，吴建斌编译，法律出版社 2017 年版，第 435~436 页。

但《公司法》第 25 条却仅借鉴了兜底条款，而未明确列举几项具体的无效事由；另一方面，原《合同法司法解释（二）》第 14 条，又对《合同法》（1999 年版）第 52 条第 5 项进行了限缩，违法无效之"法"，在规范属性上被限定为效力性强制性规范。[①]《民法典》第 153 条第 1 款与《合同法》（1999 年版）第 52 条第 5 项的规定一脉相承，只不过放弃了争议较大的效力性规范和管理性规范二分的分类逻辑，改以但书条款的形式重申了合同违反强制性规定未必无效的缓和立场。[②] 进而言之，相关司法解释及《民法典》始终在对合同无效事由进行限缩、修正，而《公司法》出台后的相关司法解释乃至指导性案例、公报案例始终未能对决议无效事由予以限缩、修正。因为公司的团体性，公司决议对安定性的追求远甚于合同，故而其无效事由本应更窄于合同无效事由。然而，实际上，决议侵权、对实定法的变通适用、违反管理性规定甚至程序瑕疵等，经由一定的解释技艺，均可被"决议内容违法无效规则"囊括其中，决议无效规则的适用边界极为模糊。

二是未对决议无效事由作明确列举，缺乏限定和示范功能。在比较法上，决议无效一般被视作决议瑕疵的例外后果，只有在决议瑕疵极端严重的情况下才会被认定无效。为避免决议无效规则被滥用，公司法一般会对无效事由作明确的列举规定，未明确列举的事由一般由决议可撤销规则予以兜底。如《德国股份法》第 192 条第 4 款、第 212 条、第 217 条第 2 款等条文明确规定了股东大会决议无效的六种特定事由，除此之外该法第 241 条还明确规定了六种具体的股东大会决议无效事由。第 243 条第 2 款则规定，一项股东大会决议可因违反法律或者章程而通过诉讼被撤销。[③] 该款实际上是以决议可撤销规则为决议无效规则兜底。对决议无效事由作明确列举，除了有限缩决议无效范围的功能外，还有示范性功能，使裁判者可通过归纳法明了决议无效事由的底层逻辑，从而更精准地演绎适用决议无效规则。《公司法司法解释（四）（征求意见稿）》第 6 条曾对明确

---

① 参见朱庆育《〈合同法〉第 52 条第 5 项评注》，《法学家》2016 年第 3 期。
② 参见陈甦主编《民法总则评注》（下册），法律出版社 2017 年版，第 1092~1097 页。
③ 参见《德国商事公司法》，胡晓静、杨代雄译，法律出版社 2014 年版，第 177~178 页。

列举决议无效事由作出过尝试，规定了三种决议无效事由，分别是：股东滥用股东权利通过决议损害公司或者其他股东的利益，决议过度分配利润、进行重大不当关联交易等导致公司债权人的利益受到损害，决议内容违反法律、行政法规强制性规定的其他情形。遗憾的是，因前两种事由规定得不甚精准从而引发很大争议，最终通过的司法解释版本放弃了该次尝试，这也说明决议无效规则背后的法理逻辑还有待形成进一步共识。彼时的反对声音，系担心在决议内容违法事由之外，再额外增加两种事由，会导致无效事由扩大化，① 其结果是，虽然该条未获通过，但决议无效事由也丝毫未有限缩。

（二）公司决议瑕疵规则存在体系衔接障碍

理想状态下的公司决议瑕疵规则，决议无效、不成立、可撤销三种瑕疵形态彼此既各司其职，又前挂后连。彼此在时效期间、法律后果上的差异化安排，既能确保决议瑕疵规则的救济功能顺畅实现，又能避免挫伤公司治理决策的效率性、安定性追求。② 以此标准反观既有公司决议瑕疵规则，不难窥见其体系衔接障碍，该种障碍成为决议无效事由被扩大解释的制度性诱因。

一方面，决议可撤销规则与决议作出或生效规则无法有效衔接，导致决议可撤销规则极易被规避，裁判者为求裁判正义，求诸决议无效规则。《公司法》（2018 年版）第 22 条规定的撤销决议的除斥期间是自决议作出之日而非自当事人知道或应当知道决议存在可撤销事由之日起算，这与《德国股份法》第 246 条的规定模式一致③，意在避免决议长期陷于效力状态的不确定风险之中，并无不妥。根据法律行为的生效逻辑，决议作出即生效，二者是同步的。这对合同而言毫无问题，但决议不同，股东、董事有可能因未参会、不在场，而对决议不知情，因此决议作出后应当有一个通知或者公告程序，通知到位或公告期间经过后，决议才视为作出或者方

---

① 参见王雷《公司决议行为瑕疵制度的解释与完善——兼评公司法司法解释（四）征求意见稿第 4~9 条规定》，《清华法学》2016 年第 5 期。
② 参见丁勇《公司决议瑕疵立法的范式转换与体系重构》，《法学研究》2020 年第 3 期。
③ 参见《德国商事公司法》，胡晓静、杨代雄译，法律出版社 2014 年版，第 180 页。

能生效，如此设计更为科学。在有股东未被通知参会、收到通知但未收到议案且未参会等情况下，一旦决议作出即生效，其要么不知晓某项决议已经作出，要么虽知道股东会开会但不知道有某项具体的决议存在，等其知悉以后可能除斥期间早已经过。甚至有些决议还可能是几个股东私下作出的"抽屉决议"，原告股东在除斥期间内根本不知情。诉诸法院后，有的裁判者基于裁判结论的实质正义考量，会绕开决议可撤销除斥期间的限制，通过对决议无效事由进行扩大解释的方法将案涉决议瑕疵情形囊括其中，以否决其效力，救济原告权益。《公司法》在此方面有所改进，该法第 26 条第 2 款针对未被通知参会的股东作出特殊规定："未被通知参加股东会会议的股东自知道或者应当知道股东会决议作出之日起六十日内，可以请求人民法院撤销；自决议作出之日起一年内没有行使撤销权的，撤销权消灭。"可以预见，《公司法》第 26 条第 2 款，不仅在保护股东决议撤销权方面有显著进步，其在司法裁判实践中还会实实在在地产生限缩公司决议无效事由的客观效果，同样值得期待。美中不足的是，该项规定仅适用于股东会决议，董事未被通知参加董事会会议的，是否适用该特殊时效期间规则并不可知，实践中类似的董事会决议撤销纠纷究竟应当如何裁断或许会引发争议。

另一方面，决议不成立之诉的时效期间缺漏，使决议不成立在法律效果上几乎等于决议无效，导致裁判者缺乏斟酌区分二者的积极性。《公司法司法解释（四）》未对决议不成立的时效期间作任何规定。从权利属性上看，决议不成立之诉对应的实体权利为形成权，不应适用以请求权为实体权利的诉讼时效规则；从决议不成立之诉本身来看，决议被确认不成立后，即自始不成立，单纯的时间经过不能改变决议不成立的事实状态。[①]基于决议不成立与可撤销在瑕疵事由上的梯度化差异，《公司法》第 26 条针对可撤销决议规定的 60 日的除斥期间，自然也不能直接或者类推适用于决议不成立之诉。这就导致决议不成立之诉，既不适用诉讼时效规则，也

---

① 参见江苏省南京市中级人民法院（2019）苏 01 民终 470 号民事判决书，北京市第二中级人民法院（2021）京 02 民终 3450 号民事判决书。

无除斥期间限制，当事人随时可提起诉讼，在法律效果上几乎等同于决议无效。既然如此，裁判者基于实质主义考量也就缺乏细致甄别二者的研判动力，也使理论界怀疑设置决议不成立这一瑕疵情形的实际意义。

(三) 裁判者的实质救济裁判观

在公司决议无效事由尺度宽窄问题上，理论界与裁判者呈现出两极分化的倾向，理论界普遍主张对其作进一步限缩，裁判者则通过个案裁判不断扩大无效事由的范围。而裁判者之所以会不断扩大决议无效事由的范围，是由其所秉持的实质救济裁判观所造就的，其中不乏裁判智慧的灵光乍现。其一，不同于合同纠纷发生在平等主体间，实践中绝大多数瑕疵决议是由大股东、控股股东等强势方直接或间接造成的。[①] 公司内部主体间的强弱分化、滥用股东权、滥用资本多数决、股东压制等非对等博弈通常在瑕疵决议中被集中展现出来，凡此种种往往给裁判者做好了抑强扶弱、救济弱势一方的心理铺垫。其二，实践中诉诸法院的瑕疵决议，绝少仅涉及纯粹的程序瑕疵，[②] 通常都有实质后果上的侵害可能性，或者限制、剥夺股东权利，或者有侵害公司利益之虞等，这就给法院以决议内容违法为由认定其无效提供了说理、论证上的可能性。其三，诉讼中，原告基于"求其上者，得其中"的诉讼策略考虑，不管决议瑕疵轻重，通常都会请求法院确认决议无效。在裁判者看来，只要案涉瑕疵决议能够认定具有事实上的侵害性，又具有制止该侵害的必要性，当事人即诉请法院确认决议无效，那么最简单的裁判逻辑就是认定决议无效。因为，在裁判者看来，认定决议无效、不成立或者撤销决议，目的无非都是制止侵害事实发生、消除侵害后果，既然目的共通，也就无必要仔细甄别到底是通过撤销决议使其归于无效还是直接认定其自始无效了。其四，对于公司一方提出的决议系可撤销决议且除斥期间已过的主张，只要裁判者认为有制止侵害的必要性，即可将瑕疵决议的侵害风险与内容违法进行连结，绕过除斥期间的限制，认定决议无效。其五，裁判者认定决议无效的案件中，相当一部分

---

① 参见李磊《公司决议瑕疵救济制度的功能反思与规则重构》，《社会科学》2021 年第 8 期。
② 因为仅有程序瑕疵而无实质内容争议的瑕疵决议通常不会引发权利冲突，也就不会诉诸法院。

具有"以理找法"的后果主义裁判烙印。基于裁判文书说理论证的要求，裁判者必须为认定决议无效提供充分的裁判依据、理由，先定结论、后找依据的裁判路径，系以案件事实倒扣裁判依据。以法律推理的小前提为需找寻大前提，就会出现五花八门的瑕疵事由最终都被连结到决议无效规则的现象。以法院因股东意思表示不真实认定伪造股东签名决议无效为例，笔者相信大多数民商事裁判者不至于内心真的认为意思表示不真实会直接导致法律行为无效。欺诈、重大误解等意思表示不真实行为属可撤销行为而非无效行为，裁判者当然知悉。并且，经笔者检索发现，在合同纠纷中，当事人以意思表示不真实为由主张合同无效的，法院基本不予采信。这说明，裁判者不过是为了认定决议无效而将意思表示不真实与决议无效进行强行关联，以满足裁判文书说理的基本要求。

裁判者的实质救济裁判观，仅从个案息诉止争、权利救济的角度而言，大可不必求全责备。问题在于，裁判者在个案中生拉硬扯作出的裁判说理论证，经由后续案件审理的类案检索归纳，极容易形成新的裁判规则，进而改变决议无效规则的应然逻辑。例如，股东意思表示不真实决议无效、决议侵权无效其实某种程度上已然具有了裁判规则的功能。又如在"安盛案"中，裁判者认定案涉股东会罚款决议无效的内心真实原因，极有可能是因为罚款数额过大了，因为安盛公司《员工手册》[1] 规定的最高罚款额才 2000 元，而案涉股东会决议作出的罚款决议数额为 5 万元，过罚不匹配。被处罚的股东祝鹃又仅主张决议无效，未请求法院调整罚款数额。[2] 最后法院以"安盛公司章程事先未规定明确的处罚标准和幅度，属法定依据不足"为由认定决议无效，说理十分牵强。尽管如此，该案成为公报案例后，公司章程是否事先规定了明确的处罚标准和幅度可影响股东会处罚决议效力，成为一条新的裁判规则。然而，该裁判规则虽在"安盛案"中具有结果意义上的合理性，在其他个案中却未必如此，该规则作为类案裁判规则是否适当，值得反思。

---

[1] 本案中被罚款股东祝鹃兼具员工身份，被罚款的主要原因是其在安盛公司从事会计审核工作时曾实施损害公司利益的行为。

[2] 参见《中华人民共和国最高人民法院公报》2012 年第 10 期。

三 公司决议无效事由限缩的逻辑章法

究竟怎样对公司决议无效事由进行限缩，有其逻辑章法，不能盲目为之。其逻辑章法可体现在下述三个层面。

第一，以法律行为无效制度的底层逻辑为公司决议无效事由限缩的基本逻辑。尽管公司法学者从不吝惜强调公司决议相对于法律行为的特殊性，[1] 甚至试图将公司决议从法律行为理论中彻底分离出来[2]。然而，《民法典》总则编第 134 条已经确认了决议的法律行为属性，据此充分尊重实定法的规定，挖掘公司决议与法律行为的共通之处，重新提炼法律行为理论的公因式，才是明智之举。就公司决议瑕疵规则而言，其相对于法律行为效力瑕疵规则的特殊之处主要体现在程序性瑕疵方面，具体指向决议可撤销规则、不成立规则。而公司决议无效规则与法律行为无效制度的共通之处更多，求同存异的空间更大。法律行为是私法自治工具，公司决议是公司自治工具，二者的差异主要体现在自治范围内的事项，[3] 自治范围外的事项二者法理相通，逻辑一致。法律行为无效制度旨在通过国家强行法的介入框定私法自治的效力范围，避免其越界侵害第三人利益、社会公共利益和违背善良风俗，即"不能以私人意思来取代法律秩序所没有认可的内容"[4]，这是法律行为无效制度的底层逻辑。同理，公司决议无效规则也应致力于通过强行法的介入框定公司自治的效力范围，避免其超越公司自治权，侵害第三人利益、社会公共利益和违背善良风俗。据此，《民法典》关于法律行为无效事由的规定及其背后的抽象法理，既可填补公司决议无效事由的法律漏洞，亦可作为限缩公司决议无效事由的一般法依据，应无异议。例如，据此逻辑可推知，滥用权利、侵犯股东权的公司决议，属公司自治范围内事项，除实定法明确规定的特殊情形外，侵犯股东权不应成为公司决议无效事由，交由当事人自主决定是否撤销该类决议更符合法律

---

① 参见周淳《组织法视阈中的公司决议及其法律适用》，《中国法学》2019 年第 6 期。
② 参见陈醇《商法原理重述》，法律出版社 2010 年版，第 126~163 页。
③ 自治范围内事项，法律行为重当事人意思表示，公司决议则重程序。
④ 〔德〕维尔纳·弗卢梅：《法律行为论》，迟颖译，法律出版社 2013 年版，第 657 页。

行为无效制度的底层逻辑。

第二，公司决议无效事由的设定与解释标准应比合同等传统法律行为类型更为严苛。具体理由如下。其一，公司决议的作出成本高于合同等传统法律行为的订立、作出成本，决议作出需要履行提案程序、通知程序、议事程序、表决程序等十余项繁琐的流程，而合同一般只需当事人一致同意后采取书面形式订立即可，基于法律行为的作出、决策成本考虑，不宜轻易认定决议无效。其二，公司决议具有更强的安定性追求。① 尽管合同也注重安定性，所谓合同即法锁，但合同法律关系是线性的，相对简单。而公司决议法律关系是团体法律关系，纵横交错，不仅关涉团体内部治理的安定性，还关系到公司外部第三人的信赖利益，甚至上市公司决议还会影响到资本市场不特定投资者权益，溢出效应显著。所以，《公司法》第26 条规定的可撤销决议的除斥期间仅有 60 日，且为客观除斥期间。而《民法典》针对可撤销行为规定的普通除斥期间为 1 年，且为主观除斥期间。同理，公司决议无效事由的设定与解释，应更为严苛。

第三，宜采用明确列举加引致条款的规定方式。理由如下。其一，公司法属私法领域，同样奉行"法无禁止即可为"原则。明确列举无效事由，可避免其边界尺度过于模糊笼统，增加公司决议法律后果的可预见性，降低决议无效风险。其二，如果说合同法主要是行为法、任意法，公司法则兼具组织法与行为法、强行法与任意法属性，其中充斥着大量的组织性、管理性条款，因立法技术等原因所限，这些条款经常使用"应当""不得""必须"等强行性、禁止性词语，如《公司法》第 64 条第 1 款中规定"召开股东会会议，应当于会议召开十五日前通知全体股东"。尽管这些条款中的绝大多数并非效力性规范，但其属性分辨未必没有争议，不排除有法院以它们作为裁判依据认定公司决议无效，导致决议无效事由扩张。因此，要通过明确列举的方式尽量框定公司决议无效事由的范围。其三，违反公司法之外的其他法律、行政法规强制性规定的决议无效事由，无法由公司法进行明确列举，因此还需设置一个引致条款，将其他法律、

---

① 参见叶林《股东会决议无效的公司法解释》，《法学研究》2020 年第 3 期。

行政法规的强制性规定引致为公司决议无效的裁判规范。[①] 功能上与《民法典》第153条第1款、《合同法》（1999年版）第52条第5项一致，既有引致功能，也有兜底作用。

四　公司决议无效事由的类型化限缩适用

根据《公司法》第25条规定，决议无效仅针对内容瑕疵，与程序瑕疵无涉。故决议无效事由的限缩，亦应仅围绕内容瑕疵情形展开。实践中的公司决议内容瑕疵情形虽纷繁多样，但基于类型化梳理可知，其不外乎两种大的类型，分别为：第一，侵权型决议，即决议机关虽有相关实体权限，但决议内容在法律后果上侵犯了其他主体合法权益的决议；第二，逾权型决议，即决议机关在缺乏相关实体权限、超越决议事项范围的情况下作出的决议。理论上不存在既未侵权也未逾权的无效决议。基于此，本书对公司决议无效事由的限缩澄清，也以这两种类型为分析路径展开。

（一）侵权型决议无效事由的限缩

侵权型决议，根据是否违反法律、行政法规的强制性规定，是否滥用股东权利、决议机制，又分为权利冲突型侵权决议和权利滥用型侵权决议。

一是权利冲突型侵权决议。所谓权利冲突型侵权决议，即决议虽直观上侵犯、限制或者剥夺了相关主体权利，但并未违反法律、行政法规的强制性规定，并未滥用股东权利、决议机制。该种决议的侵权事由，不应作为无效事由。理由如下。其一，公司决议中团体利益与个体利益、公司利益与股东利益的冲突不可避免，甚至有时候为了维护公司整体利益，不可避免地要限制甚至剥夺股东个体权利，这是由公司固有的团体属性所决定的。[②] 以侵权为由认定决议无效，会增加公司决议的效力风险，危及公司治理决策的权威性。如在"黑龙江N贸易有限公司诉W（北京）食品有限公司公司决议效力确认纠纷案"中，黑龙江N贸易有限公司作为股东在

---

① 参见黄忠《违法合同效力论》，法律出版社2010年版，第124~126页。
② 参见曾宛如《多数股东权行使之界限——以多数股东于股东会行使表决权为观察》，载陈聪富主编《民商法发展新议题》，清华大学出版社2012年版，第162~179页。

出资期限届满且公司已经缺乏经营资金的情况下，经公司催告仍不履行剩余出资义务。公司股东会决议剥夺其未履行出资义务部分的股权，调整了股东出资比例。黑龙江 N 贸易有限公司主张该决议侵犯其股东权利，应为无效。但二审法院认为，黑龙江 N 贸易有限公司经催告后仍拒绝缴纳剩余认缴出资，公司股东会决议在公司股东内部变更出资比例，由缴足出资的股东继续认缴相应的出资份额，是在不违反人合性基础上股东与公司的自主救济方式，案涉股东会决议有效。① 其二，在民法学界，关于侵犯基本权利可否作为法律行为阻却生效要件问题已经讨论得比较充分，基本的共识是，侵犯基本权利只有在违反法律、行政法规的强制性规定，或者违背公序良俗的情况下，才会导致行为无效。因为，公民缔结合同、作出决议的自由权本身也是基本权利，直接以侵犯基本权利为由认定法律行为无效，会戕害私法自治。② 举重以明轻，侵犯基本权利都不能直接导致法律行为无效，侵犯股东权亦不应直接导致决议无效。

二是权利滥用型侵权决议。与权利冲突型侵权决议不同的是，该种决议因权利滥用事实违反了《公司法》第 21、23 条的强制性规定，导致其本身具有违法性特征。然而，不应因此而一体认定权利滥用型侵权决议无效。以侵害对象为依据，可将该类决议进一步分为两类。

第一类，侵害股东权益的权利滥用型决议。该类决议应属可撤销决议而非无效决议。理由是，公司决议侵害股东权利，属公司决议自治范围内的侵权事项，类似于欺诈、胁迫的民事合同，将决议效力的否决权之行使交由股东自行决定，更符合法律行为效力评价体系的一般逻辑。然而，在目前的司法裁判实践中，大多数法院在面临此类纠纷时倾向于对公司决议作无效认定。其中比较典型的是近年司法裁判实践中引发较大争议的股东会非等比例减资决议纠纷。在此类纠纷中，法院一般认为，非等比例减资决议会直接改造公司原本的股权结构，系以资本多数决的方式改变原有股

---

① 参见北京市第二中级人民法院（2018）京 02 民终 12476 号民事判决书。
② 参见刘志刚《基本权利对民事法律行为效力的影响及其限度》，《中国法学》2017 年第 2 期；〔德〕克劳斯-威尔海姆·卡纳里斯《基本权利与私法》，曾韬、曹昱晨译，《比较法研究》2015 年第 1 期。

东一致决定所形成的股权架构，属无效决议。[①] 其背后反映的深层裁判思维是，在法官看来，非等比例减资决议，除非经全体股东同意，否则就是多数派股东滥用资本多数决侵害少数派股东权利。[②] 在笔者看来，尽管非等比例减资决议直观上似乎会产生对少数股东不利的后果，但是在商事实践中通常存在"合理补偿"的可能，即大股东发起非等比例减资决议，小股东投了反对票，决议仍旧通过，但是大股东通过其他利益补偿给小股东，达成一种新的权利平衡状态。如果小股东获得补偿多年后又起诉请求法院确认案涉决议无效，显然不利于维护决议的安定性。因此，比较合理的认定逻辑是，非等比例减资决议属于可撤销决议，由特定股东在特定时效期间内自行决定是否撤销决议，而非令此类决议自始无效。对此类决议直接作自始无效认定，其实阻断了股东之间进行"科斯谈判"的可能，并不科学。

有一类侵害股东权益的权利滥用型决议，虽然表面上看是侵权型决议，按照笔者的观点逻辑似乎应属于可撤销决议，但是实际上其还直接违背了股东平等原则等公司法上的基础性原则，笔者认为此类决议应作无效认定。笔者通过一个案例予以说明。在 2023 年最高人民法院公报案例"刘美芳诉常州凯瑞化学科技有限公司等公司决议效力确认纠纷案"中，公司各股东均存在不同程度的出资不实、虚假出资情形，但是公司股东会以原告抽逃全部出资为由对其作出除名决议。法院经审理认为，公司股东会决议开除抽逃出资股东的股东资格本无可厚非，但是鉴于其他股东亦存在不同程度的出资瑕疵行为，仅开除原告的股东资格不符合诚信原则，亦使得除名决议丧失合法性基础。[③] 笔者比较赞同该裁判逻辑，从直观上看各股东均存在出资瑕疵情形的时候，多数股东通过股东会决议开除部分股东，系多数股东的权利滥用行为。仅仅是权利滥用也未必导致决议无效，问题的关键在于，该股东会决议严重背离了股东平等原则，是对公司法基本原则的直接违反，可导致决议无效。

---

① 参见江苏省无锡市中级人民法院（2017）苏 02 民终 1313 号民事判决书。
② 参见上海市第一中级人民法院（2018）沪 01 民终 11780 号民事判决书。
③ 参见《中华人民共和国最高人民法院公报》2023 年第 2 期。

第二类，侵害公司、债权人与社会公共利益的权利滥用型决议。其中，滥用权利侵害债权人、社会公共利益的决议，因超出了公司决议自治的范围，且具有违法性、危害性，决议无效当无争议，道理类似于当事人恶意串通损害第三人利益的合同无效。[1] 滥用权利侵害公司利益的决议，表面上看仍旧属公司决议自治范围内的争议，但实际上当公司决议侵害公司利益时，往往公司的人格已经形骸化，决议等同于股东或董事合谋侵害"第三人"即公司利益，并且还会间接侵害债权人利益。如在公司利润未填补亏损的情况下，股东会作出决议给每个股东分红，[2] 股东自然不会请求撤销决议，公司董事、监事大概率已经跟股东完全"一个鼻孔出气"，也未必请求撤销决议，因此该类决议走可撤销决议的救济路线基本行不通，应为无效决议。

（二）逾权型决议无效事由的限缩

逾权型决议，根据逾权事项及其决策程序，又可进一步分为机关逾权型决议、事项逾权型决议。前者如董事会逾权就股东会的决议事项作出决议，后者如股东会逾权就股东纯私权事项作出决议。

第一，机关逾权型决议。该类决议又分为上位机关逾越下位机关权限作出的决议、下位机关逾越上位机关权限作出的决议两类。上位机关逾越下位机关权限作出的决议，在有限责任公司中的典型表现是股东会越过董事会直接决议解聘或聘任经理。在有限责任公司中，股东与董事之间的委托代理关系更显著，且董事会并非必设机关，董事会职权的意定属性更强，股东会理论上既可以委托董事会行权，亦可以直接自己行权，因此该类决议应为有效决议。在股份有限公司尤其是上市公司中，董事会具有法定的独立性，不再单纯是股东的委托代理人，更大程度上代表公司利益行事，如独立董事即不代表股东利益。因此，该类公司董事会职权的法定属性更强。尽管如此，股份有限公司股东大会超越董事会职权作出的决议，亦不应作无效认定，因为一旦将其规定为无效事由，就意味着

---

[1]　参见丁勇《公司决议瑕疵立法的范式转换与体系重构》，《法学研究》2020 年第 3 期。

[2]　参见安徽省合肥市中级人民法院（2014）合民二终字第 00036 号民事判决书。

排除了董事会追认其效力的可能。该类决议应视同董事会未作决议，即决议不成立。如德国公司法理论上将该类决议称为"表见决议"或"非决议"，主流观点亦将其与决议不成立等同视之。① 有学者认为该类决议属效力待定决议，② 从法律行为理论本身而言，该观点无疑是正确的。但公司法上并无效力待定这一决议效力形态，裁判者超越法定的决议效力形态，认定决议效力待定，裁判结论的合法性论证恐有难度。对于下位机关逾越上位机关权限作出的决议，如董事会逾越股东会权限作出的决议，亦应属决议不成立，而非无效。理由是：其一，从商事经营决策效率的角度而言，实践中董事会逾越股东会权限作出的决议，有可能是受决策时机所迫，有"将在外军命有所不受"的意味，此类决议不仅可能完全缺乏危害性，还可能有益于公司利益；其二，认定决议不成立，可给上位机关事后追认其效力的机会，降低决策风险。

第二，事项逾权型决议。该类决议容易与侵权型决议混淆，笔者以股东会决议违法处分股东权与增资决议侵犯股东优先认缴权的比较为例，对二者的区分予以说明。有限责任公司股东会未经股东本人同意，在既无正当依据（如公司章程另有规定或者股东协议另有约定），也无正当理由（如维系公司人合性，开除异己分子）的情况下，伪造股东本人签名，在股东完全不知情的情况下，通过决议将其股权转让给第三人。该决议表决的事项系股东私人事项，处分的权利系股东之私权，就该事项股东会根本无权作出决议，属典型的逾权决议。③ 而公司在决议增资时，未征询股东是否行使优先认缴权，导致增资决议侵犯股东优先认缴权的，其决议事项本身属于股东会的法定决议事项。决议事项本身并未逾权，只不过在作出

---

① 参见胡晓静《德国学理及司法实践中的股东会决议不成立——兼评〈公司法司法解释（四）〉第 5 条》，《山东大学学报》（哲学社会科学版）2018 年第 3 期。

② 参见徐银波《决议行为效力规则之构造》，《法学研究》2015 年第 4 期。

③ 若公司有正当理由，且有章程依据，如根据章程规定，为维系有限责任公司人合性，在无其他可行方案的情况下，通过股东会决议开除屡次侵害公司利益、损害公司名誉的异己股东，将其股权转让给某个友好可信的第三人，则该决议因维系公司人合性、股东共同利益之初衷和必要而获得权利基础，尽管处分了股东私权，但决议的事项属于共益性事项，不属于逾权决议。

该决议时部分股东滥用股东权、决议机制，侵犯了其他股东的优先认缴权，该类决议就属于侵权型决议而非逾权型决议。二者的核心区别在于，决议事项是否为有关机关职责范围内决议事项，是否为公司的共益性事项。实践中的事项逾权决议，主要表现为逾越股东私权的股东会决议。那么，此类决议逾权应否作为无效事由呢？笔者认为应当作为无效事由，理由如下。其一，从决议的内部影响来看，此类决议针对的事项既非决议机关职权范围内事务，也非公司共益性事务，因此，认定该类决议无效，不会影响公司治理决策安定性。其二，从决议的外部影响来看，此类决议对他人权利的处分，也不构成无权处分或者无权代理，不会损害善意第三人的合理信赖利益。以股东会擅自决议转让股东股权为例，该决议根本无法直接完成股权转让流程，仍需股东本人（或其代理人）与第三人订立股权转让合同，至多是最终的股权转让合同构成无权处分或无权代理，进而与股权善意取得制度挂钩以保护善意第三人合理信赖利益，该决议本身无法构成无权处分或无权代理。因股权转让事宜本身无须股东会决议，该决议是否系无效决议对后续的股权转让合同效力无任何影响，认定该类逾权决议无效，亦不会影响到善意第三人的信赖利益保护，因此不存在给予其效力缓和余地的必要性。

相对于合同无效事由的认定而言，公司决议无效事由的认定要复杂得多，根本上是由公司决议所涉及的团体法与个人法交织的多重法律关系结构所决定的。受其所限，既有的公司决议无效规则乃至整套公司决议瑕疵制度体系，在面对实践中花样频出的决议瑕疵情形时，不免显得捉襟见肘，甚至时常顾此失彼。经由本书的实证梳理可知，裁判者对决议无效事由的扩大解释现象，有裁判技术本身不甚成熟的原因，但更多是裁判者在既有公司决议瑕疵制度体系疏漏的现实情境下"曲线救国"、寻求结果正义的无奈之选。因此，尽管根据本书的分析结论，仅有权利滥用型侵权决议和事项逾权型决议两种类型属无效决议，但其前提是整套公司决议瑕疵制度体系的同步完善。抛开公司决议瑕疵制度体系的整体完善、各瑕疵形态的无缝对接，单纯谈论公司决议无效事由的限缩，无异于以管窥天。

第三节　适用对接之三：公司决议外部效力之解释

一　公司决议外部效力问题的起源

所谓公司决议的外部效力，是指当公司决议被认定为无效、不成立或者被撤销其效力后，对与之相关的外部法律行为的效力的影响。比如，A公司与B银行签订一份公司担保合同，为张三的借款向B银行提供担保。根据《公司法》第15条规定，A公司签订该担保合同须先根据其公司章程规定，经过股东会或者董事会决议，同时B银行在订立该担保合同时也应当依法、依章程审查A公司有无作出相关决议。那么，假设A公司关于签订担保合同的股东会或者董事会决议最终被法院认定为无效、不成立或者被撤销了效力，A公司与B银行以此决议为基础签订的担保合同是否仍旧有效？这就是公司决议的外部效力问题。[1] 客观地说，长期以来无论是在公司法学界还是在民法学界，公司决议外部效力问题一直少有专门讨论。因为，在传统法解释学框架中，公司决议有效与否属于公司内部法律关系，与外部法律行为效力无涉，善意第三人的合理信赖利益受法律保护，所以学界一般认为对该问题进行学术讨论的意义空间不大。[2]

事情的转折点发生在公司越权担保合同效力认定裁判规则的变化。此前的司法审判实践长期坚持，只要公司担保合同上加盖公司公章、有法定代表人签字，且二者均为真实，则据此与相对人订立的公司担保合同即为有效合同，至于公司内部章程具体怎么规定，是否作出相应的股东会或者董事会决议，相对人不负审查义务，对于公司越权担保情节，相对人不知道也不应当知道。如在2011年最高人民法院公报案例"中建材集团进出口公司诉北京大地恒通经贸有限公司、北京天元盛唐投资有限公司、天宝盛世科技发展（北京）有限公司、江苏银大科技有限公司、四川宜宾俄欧

---

① 参见吴飞飞《决议行为"意思形成说"反思——兼论决议行为作为法律行为之实益》，《比较法研究》2022年第2期。

② 参见尹博文《公司决议外部效力之见疑》，《经济法论坛》2021年第2期。

工程发展有限公司进出口代理合同纠纷案"中，最高人民法院认为："有限责任公司的公司章程不具有对世效力，有限责任公司的公司章程作为公司内部决议的书面载体，它的公开行为不构成第三人应当知道的证据。强加给第三人对公司章程的审查义务不具有可操作性和合理性，第三人对公司章程不负有审查义务。"① 对该具有明显"担保债权人偏向"② 的司法裁判逻辑，学界尤其是公司法学界进行了持续性的学术批判，几乎共识性地认为，该种裁判逻辑过于偏重债权人保护，而置公司的资产安全、股东利益及公司其他债权人利益于不顾，有失公允，担保债权人应当对公司章程、公司决议承担相应审查义务。③ 令人欣慰的是，在理论界和实务界的持续呼吁之下，最高人民法院 2019 年发布的《全国法院民商事审判工作会议纪要》（简称《九民纪要》）第 6 节用了共计 7 个条文对公司担保问题作了专门规定，明确了担保债权人对公司决议等文件应当承担"形式审查义务"的司法态度。④ 紧跟其后，《民法典担保制度司法解释》对公司担保合同的法律适用在承认《九民纪要》裁判规则的基础上作了进一步明确，即担保债权人应当承担"合理审查义务"。至此，公司决议与外部法律行为效力严格内外二分的传统法律适用逻辑被打破，公司决议与外部法律行为的效力联动、公司决议的外部效力问题成为新的学术热点。

有关公司决议外部效力问题，实定法的规定主要体现在如下方面。第一，《民法典》第 85 条："营利法人的权力机构、执行机构作出决议的召集程序、表决方式违反法律、行政法规、法人章程，或者决议内容违反法人章程的，营利法人的出资人可以请求人民法院撤销该决议。但是，营利法人依据该决议与善意相对人形成的民事法律关系不受影响。"第二，《公司法司法解释（四）》第 6 条："股东会或者股东大会、董事会决议被人民法院判决确认无效或者撤销的，公司依据该决议与善意相对人形成的民

---

① 《中华人民共和国最高人民法院公报》2011 年第 2 期。
② 参见罗培新《公司担保法律规则的价值冲突与司法考量》，《中外法学》2012 年第 6 期。
③ 参见高圣平《公司担保相关法律问题研究》，《中国法学》2013 年第 2 期；梁上上《公司担保合同的相对人审查义务》，《法学》2013 年第 3 期。
④ 参见最高人民法院民事审判第二庭编著《〈全国法院民商事审判工作会议纪要〉理解与适用》，人民法院出版社 2019 年版，第 178~238 页。

事法律关系不受影响。"将两条规定结合起来看,可得出实定法上的解释结论,即公司决议被认定无效或者被撤销的,善意相对人与之所形成的民事法律关系不受影响。针对上述两处实定法规则,学界提出过不少批评意见,其中以李建伟教授为代表,其指出如下问题。首先,公司决议瑕疵有无效、不成立与可撤销三种情形,而此二处实定法规则却仅涉及公司决议无效与可撤销,对于公司决议不成立的外部效力语焉不详,因此其认为该二处规则只能算是"半拉子工程"。其次,公司决议出现瑕疵时,与善意相对人形成的民事法律关系不受影响。那与恶意相对人形成的法律关系效力究竟受何影响,是无效、不成立、可撤销还是效力待定,抑或不能履行?实定法规则语焉不详。最后,善意与恶意如何认定,民法上的善意与商法上的善意如何进一步区分,如何防止民法上的善意不当商用等问题,均有待进一步澄清。①

对于公司决议外部效力问题,现有文献形成的初步共识是,过去理论界和实务界奉行的内外法律关系"划江而治"的区分逻辑已经行不通,公司决议作为外部法律行为中公司一方当事人的意思形成机制,应当对法律行为效力具有某种程度上的影响力。理论的分歧在于,有学者主张直接弃用《民法典》第85条及《公司法司法解释(四)》第6条奉行的"善恶二分制",从法定决议事项、约定决议事项及股东会决议事项、董事会决议事项等类型化视角构建更为精密的公司决议外部效力规则。② 有的学者主张对《民法典》第85条及《公司法司法解释(四)》第6条作更进一步精细构建,区分决议主体、决议内容、瑕疵事项等。③ 也有学者认为,《民法典》第85条所奉行的"善恶二分制"尽管过于粗线条,但是毕竟为公司决议对外部法律行为效力的影响提供了一条比较可以被接受的进路,只需要对其进行细化,处理好该规则的合理"商用"即可,完全没有必要

---

① 参见李建伟《公司决议的外部效力研究——〈民法典〉第85条法教义学分析》,《法学评论》2020年第4期。
② 参见李建伟《公司决议的外部效力研究——〈民法典〉第85条法教义学分析》,《法学评论》2020年第4期。
③ 参见徐银波《法人依瑕疵决议所为行为之效力》,《法学研究》2020年第2期。

在"善恶二分制"之外另搞一套公司决议外部效力规则。[①]

综上可知，目前理论界和实务界对公司决议外部效力问题的讨论尚处于起步阶段，非常不充分。究竟是在既有"善恶二分制"的基础上进一步细化善意认定的标准，还是完全抛弃"善恶二分制"从而建立一套独立的公司决议外部效力规则，值得深入研判。

二　传统民法"善恶二分制"在公司决议问题上的法律适用困境

传统民法上的"善恶二分制"有着悠远的历史传统和根深蒂固的观念影响力，外观主义、表见代理、善意取得、不动产登记规则等均以其为理论根基。在民法的发展演变过程中，"善恶二分制"发挥了非常重要的历史与现实功能。其中最大的功能便是极大地促进了交易便捷原则的实现，对现代市场经济的蓬勃发展意义重大。因为，在传统民法视野中，相对人的善意是可以被直接推定的，即除非有证据证明相对人系恶意，否则系善意。善意的推定原则，系站在交易相对人保护立场设计法律规则，通过保护相对人的合理信赖利益，从而起到鼓励交易的功能作用。甚至可以说，在传统民事法律行为领域，"善恶二分制"基本可以满足法律适用需求。然而，在商事领域，尤其是当公司决议与外部法律行为发生牵连时，民法的"善恶二分制"却经常不敷使用，面临诸多法律适用困境。具体分析如下。

（一）难以有效解释回应法律关系当事人意思表示间的结构性差异

传统民法上的"善恶二分制"是以自然人为蓝本进行法律规则抽象归纳而来的法律适用规则。自然人的意思表示，具有下述特征。第一，意思表示具有一元性或者说单一性，即某一方当事人的内心意思也好，表示意思也罢，无论如何只会有一个，不存在两个或者两个以上需要被解释选择的意思表示。第二，自然人的意思表示不讲程序，没有"可视性"。[②] 道理非常简单，某个自然人在合同缔结中，即便其内心世界几经周折反复，从

---

① 参见尹博文《公司决议外部效力之见疑》，《经济法论坛》2021 年第 2 期。
② 参见蒋大兴《公司组织意思表示之特殊构造——不完全代表/代理与公司内部决议之外部效力》，《比较法研究》2020 年第 3 期。

外在而言，其内心意思的变化过程几乎不具有"可视性"，即便有些时候我们可以从其微表情揣测其内心意思的变化，但是这种揣测及其微表情均没有法律意义或者说不为法律所承认。并且，在传统法律行为理论上，历来是重意思表示而轻程序，甚至可以说传统法律行为理论几乎不讲程序。[①]因此，在传统民法学者观念里，法律行为就是意思表示，除此之外再无其他构成要素。[②]鉴于自然人意思表示既不"可视"，也无相应程序过程，对于外部相对人而言显然根本无从探究、无处下手。正因如此，传统民法奉行外观主义、贯彻表示主义，不论当事人内心想法如何反复变化，相对人只需信赖于外部意思表示即可，相对人没有义务审查对方的内心意思形成过程，相对人依对方外部表示行事，则为善意相对人。

然而，公司作为一种法律拟制体、组织体，其意思表示的结构与自然人有显著差异。第一，公司决议的意思表示具有多元性、复合性特点。根据《公司法》规定，股东会决议、一般事项适用简单多数决，重大事项适用绝对多数决。这意味着对于一项股东会决议事项，除非全体股东一致同意，否则至少存在支持和反对两种意思表示，而决议最终只能在对立的意思表示中选择一种作为公司的意思表示。这就经常引发一个问题，即哪个意思表示才能代表公司的意思表示。理论上而言，多数派的意思表示就是公司的意思表示。但是实践中，由于伪造股东签名、伪造决议等情形的出现，导致公司的意思表示认定出现纷争，这是自然人意思表示解释机制所不存在的特有问题。以2016年万科集团引入深圳地铁重组的董事会决议为例，当时万科董事会成员人数11名，11人中7人投了赞同票，3人投了反对票，1名董事认为自身存在利害关系，申请不对该议案行使表决权。如果本次计票基数按照10票计算，则该次董事会决议通过；如果以11票为计票基数，则该次董事会决议未通过。那究竟万科集团的意思表示是赞同还是反对深圳地铁参与重组，成为一桩悬案。第二，公司决议的意思表示具有程序性、"可视性"。根据《公司法》规定，无论是股东会会议还是董

---

① 参见陈醇《商行为程序研究》，中国法制出版社2006年版，第32~56页。
② 参见朱庆育《意思表示与法律行为》，《比较法研究》2004年第1期。

事会会议，均包括动议程序、召集程序、提案程序、通知程序、议事程序、表决程序等近十项法定程序，程序瑕疵可能会导致决议不成立、可撤销，整套公司决议程序赋予了公司决议时间属性和"可视性"，公司决议究竟是怎么形成并作出的，谁赞同、谁反对等细节均有据可查。进而言之，与公司交易的相对方完全有能力、有合法渠道知晓公司决议的基本信息，从而审慎判定公司方的真实意思表示。即便相对人通常并未亲自参与到公司决议过程之中，但仅从最终形成的决议文件亦可掌握公司决议的基本情况。在交易相对人可以相对便捷地获悉公司决议、知晓公司方真实意思表示的情况下，相对人善意认定的标准相对于内心不可探知的自然人而言注定要提高一些，方才公允。以公司担保合同订立为例，假设公司方与交易相对方订立一份标的额一个亿的担保合同，存在以下两种订立模式：一种订立模式是，相对人只审查担保合同上公司一方法定代表人签字与公司公章，只要认为签约代表可代表公司方意志即与之订立担保合同；另一种订立模式是，相对人不仅审查法定代表人代表权、公司公章，还审查公司章程以及同意订立担保合同的公司决议文件。两种缔约模式的审查成本差异微乎其微，但是第二种缔约模式却可以极大地降低公司越权订立担保合同的操作空间，大幅降低合同风险。从法的激励效果而言，通过相对人善意解释规则的调整倒逼相对人充分审查相关文件，显然是更为科学的做法。[①]

综上而论，相对人善意与否的认定，从最根本上说是鼓励相对人去充分探究对方内心最真实的意思表示，这也是合同解释的原则之一。只不过，由于自然人内心真实意思表示的不可探知特性以及基于鼓励交易、促进交易便捷的效率主义考量，传统民法上的"善恶二分制"直接推定相对人为善意。而对于公司而言，其公司决议的形成与作出均有据可循，公司意思表示的"可视性"、程序性特点，都使得相对人探寻公司方真实的内心意思拥有了可能性、可操作性，且成本极低。在这种情况下，传统的"善恶二分制"显然失去了直接推定相对人善意的充分理由，这是"善恶

[①] 参见吴飞飞《公司担保案件司法裁判路径的偏失与矫正》，《当代法学》2015年第2期。

二分制"在适用于公司决议外部效力问题解决时的困境之一。

（二）难以顾及众多的公司利益相关方

对于自然人而言，民事法律行为尤其是合同基本奉行意思自治、后果自负的法律行为与法律效果逻辑。在自然人实施的民事法律行为中，传统民法基于当事人的表示意思认定其真实意思而通常不探究其内心意思，并以其表示意思为依据令其承担相应的法律后果。[①]于自然人而言，内心意思与表示意思在通常情况下是一致的，所以前述法律解释与适用逻辑具有一般意义上的正确性，当然对于内心意思与表示意思不一致的意思表示瑕疵等例外情形，民事法律行为理论也给予了当事人撤销其瑕疵意思表示的救济空间。尤为关键的是，自然人的意思表示也好，法律行为也罢，通常没有显著的溢出效应。自然人张三与自然人李四订立一份合同，权利义务关系一般就发生在张三与李四之间，通常不会对他人的权益造成影响，所以法律无须逼迫张三与李四额外地关照可能会受合同影响的其他人的利益。

但是，公司则不然。公司属于团体性组织，其本身是一个独立的民事主体，而内部却又包含股东、债权人、员工等非常广泛的利益相关方。所以，公司利益牵一发而动全身，具有显著的溢出效应。以公司越权担保为例，若公司法定代表人未经股东会或者董事会决议，甚至在公司股东等完全不知情的情况下与债权人订立担保合同，如果裁判者以法定代表人足以代表公司意志为由径直认定担保合同有效，则公司的资本安全、股东的投资权益与剩余索取权、公司其他债权人的债权利益均可能因此而遭受无妄之灾。[②]换言之，法律如果为了保护一个债权人的信赖利益，导致其他多个利益或者众多人的利益处于巨大的不确定风险之中，则与法律的利益衡量精神严重不符。基于此，从情理或利益衡量精神出发，相对人在与公司进行交易、缔结合同时，应当比与自然人从事前述活动秉持更为谨慎的立场，应当更加谨慎地探知公司方的真实意思表示，这其实也是诚实信用原

---

① 参见杨代雄《意思表示解释的原则》，《法学》2020年第7期。
② 参见蒋大兴《公司组织意思表示之特殊构造——不完全代表/代理与公司内部决议之外部效力》，《比较法研究》2020年第3期。

则的体现。根据民法学界的观点，诚实信用原则分为客观诚信与主观诚信两个维度：客观诚信的要求比较低，只需要当事人在外在形式上保证自己是诚信的即可；主观诚信的标准则相对较高，它要求当事人在从事法律行为、发生民事法律关系时，应当更加慎重地从对方利益考虑，作出对对方更有利的选择，至少应当尽量避免、降低对方的交易风险。① 因此，相对方在与公司进行交易时，更加充分地审查公司方的决议文件、公司章程，在审查成本可控的情况下尽可能了解公司的真实意思表示，降低公司股东、员工、债权人等利益相关方的交易风险，其实也是贯彻主观诚信原则的具体体现。遗憾的是，传统民法上的"善恶二分制"遵循的其实是客观诚信法则，基于促进交易便捷和交易相对人保护的法益目标，对善意的认定作了简化要求，这种简化要求在当事人是自然人的场合无可厚非，但是在当事人是公司的场合，其不可控的溢出风险便会显现出来。

三 在"善恶二分制"之外构建独立的公司决议外部效力规则之必要性考察

鉴于传统民法上的"善恶二分制"是一种极为简化的法律适用规则，且善意推定机制很难将相对人对公司决议的合理审查义务嵌入其中，导致"善恶二分制"在适用于公司决议纠纷等商事纠纷审理裁判时，极容易出现"不当商用"的风险，导致公司方的利益被不合理、不公允地侵害。因此，公司法理论界有观点主张公司决议外部效力问题的解决，应当抛弃民法的"善意二分制"，构建一套精细化的独有的公司决议外部效力规则。② 笔者非常认同该类观点对"善恶二分制"适用困境的批判分析，亦非常钦佩他们为公司决议外部效力规则建构所付出的学术努力。然而，笔者认为，目前尚无必要在"善恶二分制"之外构建独立的公司决议外部效力规则。具体理由如下。

---

① 参见徐国栋《诚信原则二题》，《法学研究》2002 年第 4 期。
② 参见李建伟《公司决议的外部效力研究——〈民法典〉第 85 条法教义学分析》，《法学评论》2020 年第 4 期。

（一）传统民法上的"善恶二分制"具有改进升级的便利空间

确实，如前所述，传统民法上的"善恶二分制"在适用于商事纠纷审理时存在种种不足与困境，公司法学界可以罗列出一堆例子来说明其存在的诸多问题。但是，删繁就简、提纲挈领之后，会发现问题的症结不过在于是否应当在公司决议纠纷、公司担保纠纷中提高相对人"善意"的认定标准。只要提高该认定标准，则"善恶二分制"适用于商事纠纷的诸多困境与问题就能迎刃而解。首先，民法上的"善恶二分制"已经在不断地改进升级，以适用于商事纠纷的审理裁判。最典型的例证便是公司越权担保规则的变迁，无论是《九民纪要》还是《民法典担保制度司法解释》，都明确规定了担保债权人对公司决议的审查义务，大幅提高了担保债权人"善意"的认定标准。并且，从近年的司法审判实践来看，担保债权人应当承担审查义务，也基本成为法院的共识性认知。进而言之，至少在公司越权担保问题上，改进升级后的"善恶二分制"对于解决公司决议外部效力问题的效果是比较显著的。其次，尽管理论界现有的几篇有关公司决议外部效力的专题论文，对该问题从理论层面作了比较深入的分析探讨，但是一旦我们将视角切换到实践视角即会发现，所谓的公司决议外部效力问题在实践环节一直没有成为主流问题，也没有引发实务界的广泛关注，这大致可以说明公司决议外部效力规则的构建至少在当前的纠纷审理实践中缺少紧迫性。换言之，目前理论界对公司决议外部效力问题的探讨主要停留在理论分析层面，该话题的实践应用价值仍有待进一步挖掘。再次，民法上的"善恶二分制"将表见代理、表见代表、善意取得、外观主义等多种规则粘连在一起，具有显著的体系效应，且适用历史悠久，在理论界和实务界均具有深厚的"群众基础"。① 在坚持"善恶二分制"的前提下，对其商事适用的具体法律适用方法作改进细化，是最为稳妥的方案，也更容易为人所接受。最后，"善恶二分制"在适用于商事纠纷审理裁判时的种种困境，绝大多数情况下不过是固有思维认知习惯作祟。就像在过去的

---

① 参见吴飞飞《决议行为"意思形成说"反思——兼论决议行为作为法律行为之实益》，《比较法研究》2022 年第 2 期。

公司越权担保合同效力认定纠纷审理中，有的裁判者固执地认为公司章程没有推定通知作用，公司是否作出决议，第三人不知道也不应当知道。但是随着《九民纪要》《民法典担保制度司法解释》的渐次出台，这种固有的认知习惯逐渐被打破。同理，"善恶二分制"的善意推定认知习惯，在商事适用中同样可以被逐步改变。笔者曾在最高人民法院挂职期间有幸参与了《关于审理民商事纠纷案件涉及表见代理适用法律若干问题的规定》①的起草工作。起草团队成员已经形成共识，即表见代理在民事领域与商事领域必须有所区分。由此也说明，我们应当用发展的眼光看待"善恶二分制"，尽可能在其框架之下思考如何对其做具体改进，以囊括性地解决公司决议外部效力问题。

（二）构建独立的公司决议外部效力规则的条件尚不具备

构建独立的公司决议外部效力规则，有两种可能的路径选择：其一是在《公司法》中直接对该问题作出初步规定，其二是留待《公司法》施行后由最高人民法院通过司法解释的形式予以规定。相比较而言，其实后一种路径可行性更强一些。然而，客观地说，两种方案目前均缺乏可行性，构建独立的公司决议外部效力规则的条件尚不充分。其主要原因如下。第一，在民商合一的立法体例下，决议行为包含公司决议、业主大会决议、农村集体经济组织决议等多种具体形态。各类决议行为规则总体上要保持基本的体系一致性。业主大会决议、农村集体经济组织决议等决议行为规则均沿用、遵循《民法典》第85条的决议外部效力"善恶二分制"，而公司法却要搞一套独立的公司决议外部效力规则，势必会对决议行为规则的体系一致性造成冲击，引发法律适用问题。尤其关键的是，公司决议外部效力规则的独立化，会导致不同决议行为外部相对人保护强度的区别变化，会引发关于法律适用公平性的疑虑、纷争。第二，目前公司法理论界对公司决议外部效力规则的研究还有待深入，尚未有人能够提供一套比较成型的解释、建构框架。既有成果多聚焦于对传统民法"善恶二分制"适用于公司决议外部效力问题的批驳，但是对于独立公司决议外部效力规则

①　目前该司法解释仍在制定过程中。

的探讨几乎都是初步性、尝试性的。比如，指出股东会、董事会决议的外部效力应有所区分，法定决议事项与章定、约定决议事项的外部效力应有所区分，决议无效与决议不成立、可撤销的外部效力应有所区分等，但是究竟区分到何种程序，区分之后外部法律行为究竟受何具体影响，应作何种具体判定，缺乏具体性方案。[①] 换句话说，既有成果多是在提出问题、分析问题，尚没有成果能够真正地解决问题。第三，实证基础不足。公司法理论界强调公司决议外部效力问题特殊性的文献均致力于强调公司作为组织体不同于自然人的差异性，尤其是强调公司内部多元利益主体的衡平保护需求。但是既有成果大多数集中于观念输出、理论分析，还没有成果能够从实证分析层面系统地论证公司决议外部效力规则的实证价值。第四，公司决议外部效力问题，实际上是在公司利益与外部第三人利益之间寻求一个最佳平衡点。由公司法建构该规则，无疑会导致该规则最终偏向公司方利益保护，同理，若规定在《民法典》合同编中则会偏向外部第三人利益保护，因此最佳的方法还是由《民法典》总则编对其予以统一规定，而《民法典》总则编基于其立法定位必然不可能单独规定一套公司决议外部效力规则。

四 "善恶二分制"模式下公司决议外部效力的解释路径

笔者不主张建立独立的公司决议外部效力规则，而主张在传统民法"善恶二分制"的体系框架下通过法解释学阐释公司决议外部效力的解释路径与方法问题。"善恶二分制"之下，公司决议外部效力问题的核心在于如何认定外部第三人善意与否。在放弃了善意的直接推定原则后，第三人善意的认定重心在于考察其对公司决议是否应当承担审查义务、承担何种审查义务的问题。

（一）相对人须对法定公司决议事项尽到合理审查义务才为善意

依照传统观点，公司决议事项属于公司内部治理事项，与外部法律行

---

① 参见李建伟《公司决议的外部效力研究——〈民法典〉第 85 条法教义学分析》，《法学评论》2020 年第 4 期；蒋大兴《公司组织意思表示之特殊构造——不完全代表/代理与公司内部决议之外部效力》，《比较法研究》2020 年第 3 期；徐银波《法人依瑕疵决议所为行为之效力》，《法学研究》2020 年第 2 期。

为无涉，亦不应对外部法律行为效力或者履行产生影响。典型例子是，在公司越权担保问题上，传统观念认为，尽管《公司法》第 15 条明确规定根据公司章程公司提供担保须经股东会或者董事会决议。但是在民法法人理论上，越权原则早已退出历史舞台，公司章程对第三人也没有推定通知作用，[①] 所以第三人没有义务审查公司章程对担保事项的决策权限作了何种限制性规定，即便担保系越权担保，第三人仍为善意，担保合同仍旧有效。但事实上，尽管公司章程、公司决议在理论上均无法直接推定与公司交易的第三人知道或者应当知道，但是经由法律直接规定的法定决议事项，可使其获得推定通知功能，第三人对公司决议负有法定的审查义务，未尽审查义务而与公司进行交易，事后相关公司决议被认定为无效、不成立或者可撤销的，第三人不能认定为善意第三人，外部法律行为效力亦受不利影响。根据"不知法律者不得免责"的古老法律原则，法律明确规定的法定公司决议事项，与公司交易的第三人自然应当知道。既然如此，基于遵循法律规定的逻辑，就应当审查相关公司决议文件。进而言之，公司决议因法律的"转致"而获得了对外效力。[②] 如根据《公司法》规定，公司合并、分立、减资属于股东会重大决议事项，第三人知道《公司法》的明确规定，在与公司进行相关交易行为时，自然应当审查相关事项是否经过股东会批准，才为善意第三人。

那么，针对法定公司决议事项，第三人的审查义务究竟采取何种标准呢？笔者认为，应采合理审查义务标准而非形式审查义务标准，即采用高于形式审查义务的标准。因为，在公司法上，但凡是法定决议事项，无论是股东会决议事项还是董事会决议事项，一般都属于利益攸关事项。基于谨慎考虑，对这些事项应要求第三人根据合同标的、属性、紧要程度等作合理审查。并且，合理审查义务标准虽然高于形式审查义务标准，但是从审查义务履行成本来看，两种审查义务成本均不高，然而前者却可以更大限度地降低交易风险。因此从法律激励的角度而言，合理审查义务也更为

[①] 参见孙英《公司目的范围外经营规制：从外化到内敛——兼论双重性民事权利能力对公司越权的适用》，《法学论坛》2010 年第 1 期。

[②] 参见梁上上《公司担保合同的相对人审查义务》，《法学》2013 年第 3 期。

妥当。并且,《民法典担保制度司法解释》针对公司担保合同这一法定决议事项也遵循实定法规定的合理审查义务,这一定位也符合实定法的体系一致性要求。

当第三人因未尽合理审查义务而被认定为非善意第三人时,外部法律行为效力究竟为何种效力形态应当分情况而定。第一,若公司决议被认定为内容违法无效的,理论上外部法律行为也应当归于无效。因为,公司决议的内容与外部法律行为的内容具有同一性,既然决议内容违法无效,外部法律行为也势必违法,因此应作无效认定。但是,仍需考虑一些特殊情形,即在当前司法审判实践中,法院对公司决议无效事由的尺度把握过宽,很多本不应作无效认定的公司决议也被认定为无效。[①] 此时,若据此认定外部法律行为也无效,不利于保护第三人的信赖利益。第二,若公司决议被认定为不成立或者被撤销的,第三人未尽合理审查义务的,则外部法律行为属于效力待定而非无效,公司还可以通过后续的合法决议追认其效力。

(二) 约定公司决议事项对外部法律行为效力的影响

实践中,公司与第三方进行交易时,双方出于谨慎考虑,有时会在法定公司决议事项外,约定交易事项须经公司股东会或者董事会决议。对于此类事项,若第三人未尽相应审查义务,外部法律行为效力应当如何认定呢? 对此要根据约定决议的属性进行认定。第一,如果当事人约定将公司股东会或者董事会的批准作为交易生效的必要条件,则第三人非善意时,外部法律行为属于效力待定法律行为。第二,如果当事人没有明确的意思表示表明要将公司决议作为交易生效的必要条件,则第三人非善意时,外部法律行为可斟酌认定。若公司决议对交易而言确实具有比较紧密的关联性、必要性,则构成履行障碍,待公司作出有效决议后,外部法律行为才能继续履行;若公司决议对交易而言缺乏实质必要性,则基于交易安全、诚实信用原则考虑,外部交易行为属有效法律行为。

此外,在约定公司决议事项的情况下,第三人的审查义务仍旧应当采

---

① 参见吴飞飞《公司决议无效事由的扩大解释与限缩澄清》,《社会科学》2022 年第 1 期。

合理审查义务标准。因为，尽管交易事项并非法定决议事项，但既然双方约定须经公司决议，说明该事项至少对于当事人一方而言属于重大事项才会作额外之约定，据此从主观诚信原则出发，第三人对公司决议应尽合理审查义务。

（三）章定公司决议事项对外部法律行为效力的影响

实践中，很多公司尤其是大型公司会在公司章程中对股东会、董事会的决议权限在公司法之外作进一步细化、补充规定，将一些不属于法定决议事项的事项纳入公司决议范围，以满足内部合规要求。对于此类公司决议，因为原则上公司章程没有对外效力，所以第三人对此类决议理论上并不知情，除非第三人明知，否则应被认定为善意第三人。或者说，在此种情况下，第三人的善意是可以被直接推定的。但是有一种比较特殊的情形，即公司法上的"公司章程另有规定，从其规定"条款。对于某一类事项，尽管公司法未将其规定为法定决议事项，但是明确允许公司章程另有规定的，依情理第三人只要知悉公司法允许章程另有规定，就应当进一步推知公司章程中可能有特别之规定，也就应当审查一下公司章程、相关决议。若未进行审查，从情理上很难说是完全善意的。但是难点在于，在该种情况下也很难确定第三人之善恶。笔者认为，应该采折中方案：如果该交易事项对当事人而言事关重大，则第三人应当承担形式审查义务，未审查的，外部法律行为效力待定；若该事项属于一般事项，则第三人不承担审查义务，公司决议瑕疵不影响外部法律行为效力。

除上述三类情形之外，有学者提出对于股东会和董事会决议事项应有所区分，即股东会决议瑕疵对外部法律行为效力的影响重于董事会决议瑕疵。[①] 但该种区分并不科学。按照传统委托代理理论，股东会属于公司内部最高权力机关，董事会则是股东会之下的授权机关，似乎股东会决议效力重于董事会决议。但是，一方面，随着所有权与经营权两权分离，董事会的独立地位逐渐凸显，尤其在上市公司治理中，董事会的地位具有高度

---

① 参见李建伟《公司决议的外部效力研究——〈民法典〉第 85 条法教义学分析》，《法学评论》2020 年第 4 期。

独立性，其职权来自公司法的规定，而非来自股东会的授权，很难说股东会高于董事会。另一方面，董事会在性质上属于经营判断机关，重大的交易事项一般要经过董事会决议，其决议事项往往涉及重大经济利益，重要性并不亚于股东会决议事项。综上，不应对股东会决议和董事会决议的外部效力作进一步差异化区分。

第四节　适用对接之四：法律行为理论下公司治理中协议与决议的区分

协议与决议既是现代公司治理的两大实施工具，也是公司治理法治化的行为载体，有关公司治理的所有重要事项、安排悉数出自协议或决议。其中，协议主要以股东协议、投资协议为其具化形式，决议主要以股东会决议、董事会决议为其具化形式。由于此两种行为载体的存在，在日常的公司治理中，经常出现协议与决议互相交织重叠、冲突打架的现象。从契合度来考量的话，对决议这一团体法行为予以治理更符合作为私法团体的公司法人治理的行为规则诉求，应当逐渐成为现代公司治理的主导性行为载体。然而，从近年来的公司治理实践来看，协议压倒、排除、替代决议的公司治理异象比比皆是，甚至在部分领域呈现出趋势性动向。典型表现之一是在私募股权投资领域，私募投资方与目标公司原有股东所订立的股权投资协议几乎取代公司决议以及公司章程，成为目标公司治理的"根本行动纲领"。

在公司治理中，协议与决议到底哪个更关键，它们彼此间的功能定位的差别点在哪里，二者的边界如何厘定以及公司法应当如何对二者进行有效引导等问题，无论是在理论研究中还是在实务纠纷处理中，均是待解命题。在公司法学界已有相关成果尝试对二者在公司治理中的边界及各自的功能定位进行区分和阐释，① 以及对公司治理中协议替代决议的现象进行

---

① 参见邓峰《作为社团的法人：重构公司理论的一个框架》，《中外法学》2004 年第 6 期；许德风《组织规则的本质与界限——以成员合同与商事组织的关系为重点》，《法学研究》2011 年第 3 期；蒋大兴《公司法中的合同空间——从契约法到组织法的逻辑》，《法学》2017 年第 4 期。

批判式剖析①，并形成了诸多共识。但总体而言，既有成果对协议与决议的区分多集中于结构功能主义视角，技术路径以及法解释学色彩浓郁，多未深入协议与决议各自的法益目标及价值观倾向维度。因此，本书尝试从法益目标以及功能倾向两个维度对公司法上的协议与决议进行厘定与区分，并剖析该种区分对公司法规则建构以及纠纷处置的启发意义。

一　公司治理中协议与决议的区分路径之厘定

（一）形式主义区分路径问题

理论上，任何两种事物之间的差别都可以是无穷尽的，股东协议与公司决议亦复如此。仅从外在表现来看，我们可以提炼出二者的主要差别点。其一，意思表示结果不同。股东协议需要订立协议的所有股东形成意思表示一致的合意；而公司决议可简单多数决，亦可绝对多数决，而非形成合意。其二，名义主体不同。尽管无论是股东协议还是公司决议，股东均是唯一的参与主体，但最终以哪个主体的名义订立或作出却不同。简而言之，股东协议的订立主体为股东，而公司决议的名义主体却是公司，即一种整体或集体名义。其三，程式不同。股东协议重在达成意思表示的一致，通常无程式要求，甚至每个股东的允诺、同意加总在一起只要可以形成合意，也可以算作以默示形式形成了股东协议；公司决议则不然，它有法定的议事程序和表决程序，程序性瑕疵可以导致决议不成立、可撤销或者无效。其四，拘束力不同。股东协议仅能约束参与订立协议的股东，对于后加入公司的股东不产生拘束力。而公司决议的确具有一定程度上的外部拘束力，通常情况下不仅公司内部成员整体受其约束，特定情况下对外部第三人亦可产生对抗效力，典型例证为在公司担保合同关系中，债权人对公司股东会或者董事会的担保决议负担形式上的审查义务。

有关股东协议与公司决议的区别，诸如此类还可列举很多。但仔细揣摩，会发现上述区分仅仅是形式意义上的，并未触及问题的根本，没有

---

① 参见陈群峰《认真对待公司法：基于股东间协议的司法实践的考察》，《中外法学》2013年第 4 期。

"来龙"，亦没有"去脉"，对于化解二者在公司治理中的矛盾冲突并无实质性助益。具体原因如下。其一，股东协议与公司决议的形式化区分，所澄清的问题更多集中于二者的区别是什么，却难以回答这种区别为什么产生，也就是造成二者区分的深层理论来源问题。如笔者在前文所说的二者的名义主体不同，一个为股东，一个为公司，而如果无法剖析出造成这种区分的深层理论基础，那我们就无法进一步解释为什么公司治理中的有些事项可以以股东协议的形式作出，而另一些事项则必须由公司以决议行为为之？又如，在意思表示上看，百分百比例通过的公司决议与股东协议在形式上均达成了股东间的合意，那是否就意味着二者在这种情况下是相同或者可以相互替代的呢？其二，没有深入法益以及价值层面，也就无法为股东协议与公司决议的制度进化及司法裁判提供明晰的方向性指引。股东协议与公司决议各有其生成机理，这也就决定了二者在法益以及功能层面的差别。而要找寻和梳理二者的生成机理，则必须深入到法律行为层面，以协议与决议两种法律行为的不同法益目标与功能偏向来解构二者。如股东协议，从法律行为层面上看为什么必须在当事人之间形成一致同意的合意，而决议则多数决即可？最简单的理由是，决议人数众多，形成合意不具备效率性，所以退而求其次采多数决，笔者以为答案并非如此简单。又如，公司决议中，赋予特定成员多倍投票权的"加权表决制"的价值正当性来源于哪里？有观点认为是其他股东的同意与允诺，而笔者认为这种说法虽具有解释力，但解释链条太远，以至于其理论指导意义严重弱化。再如为什么公司决议有些事项适用"人头多数决"而有些则适用"资本多数决"，除了"人头"与"资本"以外，还能否存在其他的决议计量标准？均须在洞悉公司决议的法益目标与功能偏向之后才能明晰。

（二）股东协议与公司决议区分标准之再厘定

《民法典》总则编第 134 条首次规定决议行为，并将其纳入法律行为体系，"为民事法律行为贡献了鲜明的'中国元素'"[1]。公司决议因此而具有法律行为属性。而与之区分比较的股东协议，本身也隶属于法律行为

---

[1] 王雷：《〈民法总则〉中决议行为法律制度的力量与弱点》，《当代法学》2018 年第 5 期。

之列。只不过，对于股东协议究竟应当归属于何种法律行为，当前学界尚有不同观点，有观点认为股东协议在性质上属于共同行为，理由在于在共同行为中，各方当事人彼此间的意思表示方向平行且一致，不同于合同行为当事人意思表示对称交叉，而股东协议中各股东的意思表示指向也均具有一致性，故股东协议应属共同行为。[①] 另有观点认为股东协议属于合同，当事人利益关系是共同性还是相对性似乎并非判断其行为是否属于合同的标准，[②] 进而言之，只要当事人之间形成意思表示一致的合意，就属于合同或契约。相对而言，主流观点更多地认同股东协议的合同属性，目前学界多数关于股东协议的研究是在合同属性下展开的，本书也在合同属性之下对股东协议进行讨论，原因在于如下几个方面。其一，共同行为目前还仅仅处在学理讨论阶段，其性质、特征、概念以及内涵尚未真正明晰化，亦未进入制度与立法层面。进而言之，它目前还是一个不确定的概念，以一个不确定的概念作为展开讨论和比较的前提，本身就会弱化结论的确定性和说服力。其二，无论是在商主体层面还是在司法裁判视野中，股东协议是股东间订立的合同的思维已经几乎定式化，在这种情况下承认股东协议的合同属性具有实践基础。其三，从法理逻辑层面分析，股东协议更接近于合同而非共同行为。因为共同行为中当事人的意思表示具有同向性，而实践中大多数的股东协议中意思表示其实是交互性的。如股权代持协议、对赌协议等均是股东就彼此在公司中的管理性利益与金融性利益进行交互给付的，各方意思表示为互换对称而非平行结构。

综上，一般性的股东协议具有合同的属性，是"合同自由原则在公司法上的延伸"[③]，公司决议具有决议行为的法律属性。因此，合同与决议两种法律行为的深层差异也就构成了厘定股东协议与公司决议区分点的解释论起点。合同与决议的区别是纷繁多样的，但是从核心层面而言，二者的区别可归纳为两点，亦是这两点构成了本书区分股东协议与公司决议的理论基础。

---

① 参见王文宇《闭锁性公司之立法政策与建议》，《法令月刊》2003年第6期。
② 参见张学文《股东协议制度初论》，《法商研究》2010年第6期。
③ 罗芳：《股东协议制度研究》，中国政法大学出版社2014年版，第88页。

第一，法益目标标准。合同属于个人法行为，决议则属于团体法行为。① 个人法与团体法的差异决定了二者法益目标的差异。所谓法益目标，即某种制度或者行为规则旨在保护的最核心的利益。合同以自由主义、个人主义为其基本价值构造。如有学者针对法国大革命后的合同法称道，"19 世纪的法国合同法满足了一个自由主义时代的要求……它是统治 19 世纪法哲学的一个杰作：即法律个人主义的杰作"②。合同的核心理念在于每个人均可且仅可自由地处分自己的权利。这包含两层含义：一为意思自治，即依照自己的意志自由处分自己的权利；二为相对性，即不能为他人设定负担。这两点构成了合同所要达至的全部法益目标。决议的本质是议众人之事，"事"并非每个成员的事的独立加总，而是经过化合反应后所呈现出的具有一定意义上的独立性的综合性事务。这就决定了决议行为规则包含两项并存的法益目标：一为确保团体或整体利益的最大化，为达至这一目标在必要的情况下可限制甚至剥夺部分成员的利益；二为确保少数派、弱势成员的利益不被不公平压制。综上所述，合同与决议各有其法益目标，并具有明显差异。归纳而言，在合同中，个人私权是决定性的、神圣的，不存在整体和团体利益之说；而在决议中，团体利益是决定性的、神圣的，个人私权则具有可让渡性、可衡量性。股东协议与公司决议边界的厘定以及二者各自的制度进化延展亦均以上述法益目标为基点。

第二，功能偏向标准。不同的法律行为类型有着不同的功能定位，进而形成各自的功能偏好。合同的功能偏好，重心在于资源的交易与分配，尤其是其中的交易功能，因此有学者认为合同行为的民法哲学基础是交换正义③。法律行为理论以合同法为重心，所以我们的民事法律行为在德国法上又被称为"法律交易"④。我们可以说合同或者契约本身并不创造价值增量，而是通过合同将资源配置给对其效用评价更高的人手中，进而通过

---

① 参见吴飞飞《论中国民法典的公共精神向度》《法商研究》2018 年第 4 期。
② 〔美〕詹姆斯·戈德雷：《现代合同理论的哲学起源》，张家勇译，法律出版社 2006 年版，第 264 页。
③ 参见王雷《论我国民法典中决议行为与合同行为的区分》，《法商研究》2018 年第 5 期。
④ 米健：《法律交易论》，《中国法学》2004 年第 2 期。

提升资源利用效能的方式促进整个市场、社会的进步。决议则不然，相对于合同而言，决议的功能是多重的。其一，决议本身也具有资源分配功能。如在一个组织体中，我们需要通过决议的方式决定组织体资源如何在成员之间进行分配。但资源分配功能并不是决议的核心功能。其二，决议具有社会组织功能。小到一个公司、社团的治理，大到国家与社会治理，均不同程度地依赖于决议。从宽泛意义上而言，我们每个人每天的每一个行为甚至都可以归之于决议。① 如今晚电影院同期放映三部电影，一部为当红明星主演的商业片，一部为匠心制作的反映社会现实问题的纪录片，一部为喜剧片。消费者到底购买哪一部的电影票，其实就是在行使决议的投票权，多数人的这一票投给谁就会对整个电影文化产业产生激励性引导效果。购买电影票，从私权视角看是一种合同行为，从社会视角看是一项决议行为。决议的社会视角其实就是决议的社会组织功能。第三，决议具有增量创造功能，这一功能属于私法上决议行为的核心功能。如卡尔·伦纳在《私法的制度及其社会功能》一书中提出，"财富在非物主手中执行的是生产功能，但在物主手里执行的只是分配功能……社团所有权将财物由原物主手中变换到社团手中，旨在实现财物的生产功能——资本积累功能"。②而社团的资本积累功能主要依赖于决议治理。综上，合同的功能偏重于资源的交换与分配，即存量利益的交互性配置；而决议的功能则更偏重于组织体的形成、治理，尤其是利益增量的创造。

二　股东协议与公司决议的法益目标区分及其启示

前文对合同与决议的法益目标区分做了阐释，顺延这条分析线路，在公司治理中股东协议与公司决议在法益目标层面又有何区分，这种区分对于公司法立法及纠纷裁判又有何借鉴意义呢？

（一）以自益性事务与共益性事务为依据的区分

股东协议的法益目标体现在两个不同的层面：一个层面是股东可以自

---

① 就一个自由、民主、文明且富有公共精神的社会而言，笔者认为"社会决议论"要比"社会契约论"更具理论解释力。

② 〔奥〕卡尔·伦纳：《私法的制度及其社会功能》，王家国译，法律出版社 2013 年版，第 188~205 页。

由地行使、处分自己的权利，另一个层面是股东不能因为行使、处分自己的权利而对公司以及其他股东造成不当影响。如果股权属于普通的物权或者债权，则这一法益目标的实现并不复杂。然而，股权不同于传统民事权利，它兼具"请求性与支配性、团体性与个人性"① 特点。公司内部各个股东所拥有的股权彼此间存在交叉地带，在很多情况下股东行使、处分自己的权能亦会对公司以及其他股东的权益造成影响。进而言之，股东权的完全独立部分构成了股东个人的自益权，而股东权与其他股东权的交叉地带则构成了股东的共益权。相应地，从股东权的结构性划分角度来看，公司内部的事务也就二分为了自益性事务和共益性事务。重回到股东协议与公司决议法益目标区分的线索上来，股东协议仅能涉及股东个人私权部分，因此股东协议也就仅能涉及自益性事务而不能涉及共益性事务。相反，公司决议则对应公司治理中的共益性事务，公司决议的目的也仅能指向公司的整体福祉。

以上述自益性事务与共益性事务的区分标准来重新检视实践中的股东协议与公司决议，会发现一些问题。比如，在私募股权投资协议中普遍性地存在着私募投资人书面同意条款，根据这类条款，不仅公司治理中的合并、分立等法定绝对多数决事项须征得私募投资人书面同意方可实施，包括选聘经理、利润分配等在内的众多其他事项不论目标公司股东会是否通过，同样须征得私募投资人书面同意方可实施。目标公司原有股东为了尽快融到资金，一般均会同意上述条款。这类条款表面上看，经全体股东甚至目标公司一致同意通过，似乎应当有效。但问题在于，在这类股东协议条款中，实际上私募投资人为了自身利益而以股东协议的形式在特定事项上剥夺了公司在共益性事务上的决定权，导致公司在特定事项上意志的形骸化。② 因此，对于此类股东协议，尽管存在意思表示一致的合意，也不能当然地认定为有效。并且，即使抛开理论合意性不谈，从实践效果层面上看，这类条款也经常容易导致纠纷发生，私募股东书面同意条款将私募

---

① 江平、孔祥俊：《论股权》，《中国法学》1994 年第 1 期。

② 在 PPP 项目合作协议中也存在类似现象，项目公司治理中的重大事项均须征得政府方股东同意。

投资人的利益优位于目标公司以及原始股东利益，而在公司经营管理过程中，彼此间的利益冲突不可避免。若不征得私募投资人同意，原始股东、创业团队擅自决定条款所列事项，纠纷往往会随之而来；若征求私募投资人意见，则其必然会将自身利益置于公司利益之上，而对公司的整体利益构成侵害。另外如有限责任公司股权代持协议，道理也是如此，是否隐名出资人与显名出资人私下订立协议即生效？对此笔者认为，该种协议不仅涉及股东私权处分关系，还涉及有限责任公司人合性问题，而人合性事务属于共益性事务。那么股权代持行为的规制逻辑其实与股权转让一脉相承，即代持关系须为其他股东知悉，其他股东应享有知情权和同意权，而同意权的行使参照股权转让的过半数规定，其实就是以决议行为为之。

综上所处，可知股东自益权的行使与处分可以股东协议为之，而涉及公司治理中的共益性事务则应以公司决议为之。此外，有一个比较特殊的问题是，在有限责任公司中借助全体股东一致同意的形式管理公司事务的现象较为普遍，这似乎是以股东协议的形式处置共益性事务，若如此则与笔者的分析逻辑有所冲突。此时的全体股东一致同意，本质上是公司决议的特殊形式，即获得一致通过的公司决议，而非股东协议。换言之，公司决议亦可一致决，一致同意未必就是股东协议。原因在于，此时的全体股东一致同意处理的是公司的整体性事务、共益性事务，最终是以公司的名义形成相关文件或做出相关行为，而非针对股东之私人事务、私权事务。吴建斌教授在对于初始章程与章程修订案的属性理解中就指出："由后续（修改）章程的性质，可以推断同一个章程修改之前的性质也非合同，全体股东或者发起人签字同意，只是形成组织章程的一个特例。"[①] 进而言之，公司决议"未必只能多数决，亦可一致决，甚至一票决"[②]。一票决的情况如部分上市公司中独立董事就特定事项的一票否决权。特殊的公司决议在外在形式上或许与股东协议别无二致，但共益性的价值目标倾向却是

---

① 吴建斌：《合意原则何以对接多数决——公司合同理论本土化迷思解析》，《法学》2011年第2期。

② 吴飞飞：《决议行为归属与团体法"私法评价体系"构建研究》，《政治与法律》2016年第6期。

其区别于股东协议的核心点所在。

(二) 以封闭公司与公开公司为依据的区分

由于法益目标的差异，股东协议与公司决议在封闭公司与公开公司中亦遵循着不同的法理逻辑。就股东协议而言，在封闭公司中，股东私权的独立空间较大，这也就意味着股东协议的合法性更强。而在公开公司中，股权纯然意义上的私权属性逐步退却，股权的公共属性逐渐增强，相应地股东协议的制度空间也就被逐渐压缩，公司决议的制度空间也就相对扩张。正如邓峰教授所言："公司的本质在于其'加总'的意志独立性，公司的公共化程度意味着公司意志独立性的增强，而带来相应的公司治理、公司法调整方式的变化，以及公司控制和经营者的权力独立性的增强，也必然带来其责任的变化。"① 并且，因为法益目标的变化，在封闭公司和公开公司中，法律对于股东协议的具体规制路径也会产生变化。如就股权转让问题而言，在封闭公司中，股权之转让这种私权处分行为因为会牵涉公司的人合性，所以立法的规制路径是赋予其他股东知情权、同意权和优先购买权。而在公开公司中，普通股东一定比例以下的股票买卖行为属于私人投资行为，法律不予干预，但是对于大额持股变动以及高管、控股股东、持股一定比例以上股东的持股变动，法律的规制手段变为强制信息披露、强制分阶段停止买卖以及期限内限制买卖。这种规制路径与有限责任公司股东转让股权的规制路径已经有了明显差别，原因即在于法益目标的转换。在公开公司中，上述股权变动限制规范的法益目标已经不再是维护公司人合性，而是资本市场系统性风险防范以及中小投资者权益保护。

公司决议也是如此，在封闭公司与公开公司中有所区分。一般层面上而言，决议在公开公司比在封闭公司中具有更大的适用空间。但是，相应地，决议在公开公司中所受的制度约束也越大，而这种制度约束也来自前文所述的法益目标。比如，在有限责任公司中，根据《公司法》的规定，公司治理的重大事项采三分之二以上通过的绝对多数决。那么，公司章程中可否对重大事项提高通过标准，即规定全体股东一致决或者五分之四以

---

① 邓峰：《作为社团的法人：重构公司理论的一个框架》，《中外法学》2004 年第 6 期。

上通过等？从司法判例来看，当前多数法院对该种做法持认可态度。而在公开公司中，将重大事项决议比例提高到三分之二以上的做法却存在很大争议。原因在于如下两个方面。其一，封闭公司中，决议具有人合性基础，人合性情感因素的存在在某种程度上可以填补公司治理的制度缝隙，增强共益性事务处理机制的弹性空间。因此，在封闭公司中，不论决议比例设定为多少，在通常情况下公司决议事项均有十分大的协商谈判空间，甚至有时候决议的通过比例仅仅是一种形式而已。在公开公司中则不然，在此类公司中通常存在着直接或者潜在的控制权争夺战，在这种情况下，公司法针对上市公司所作的通过比例规定就具有了中立条款的属性，它的法益目标已经不同于封闭公司中的类似规定。而上市公司提高公司决议通过比例的做法，就类似于单方面变动中立条款，进而赋予现任大股东或者控股股东以一票否决权，所以会引发争议。其二，封闭公司在本质上是处于微观界面的，它不具备系统性，因此封闭公司决议制度的法益目标亦没有防范系统性风险的考虑。公开公司则不然，如上市公司处在整个资本市场的"契约群"① 之中，具有"公共性"②，牵一发而动全身，具有显著的系统性特质，所以上市公司相关法律制度的法益目标皆会关注系统性问题。具体到公开公司决议，如果允许其将决议比例提高到四分之三、五分之四等较公司法规定更高的通过比例，极有可能引发公开公司控制权的锁死效应，这种锁死效应会导致公司并购市场的机能无法发挥，破坏整个资本市场的生态系统流动性，因此合法性存在争议。

三　股东协议与公司决议的功能偏向差异及其启示

在前文中，笔者分析了合同与决议在功能偏向上的差异，这种差异同样体现于股东协议与公司决议之中，并对公司法上这两套行为规则的进化与完善具有启发性意义。同时需要澄清的是，法益目标的比较更偏重于公司决议与股东协议在价值伦理层面的偏差，而功能偏向层面的比较则更多

① 陈醇：《金融系统性风险的合同之源》，《法律科学》2015 年第 6 期。
② 周游：《公司法上的两权分离之反思》，《中国法学》2017 年第 4 期。

地集中于公司决议与股东协议自身的结构功能差异。

（一）以分配型事务与决策型事务为依据的区分

公司内部存在两种利益，"一种为金融性利益，一种为管理性利益"①。同理，公司治理事务也存在类型化区分，只不过公司法学界对此一直关注不多。根据公司治理事务自身特性的差异，可以将其分为两类：一类为分配型事务，典型如利润分配以及其他股东基础性权利分配型事务；另一类为决策型事务，一般而言凡是涉及商业判断和经营战略的事务均可纳入决策型事务之中。需要说明的是：其一，分配型事务与决策型事务的边界并非总是确定的，而是时有交叉，如某一公司在何时分配利润最为适宜，通常也具有战略决策性特点；其二，在商业竞争强度愈来愈大的今天，总体来说决策性事务在公司治理中所占的比重会呈现出不断递增的趋势。

分配型事务在本质上具有交易、交换属性，如就利润分配而言，它其实是股东出资后从公司所获得的报偿，具有支付对价的特点。因此，公司尤其是封闭公司治理中的分配型事务，比较适宜以股东协议的方式处置。

决策型事务所指向的是公司治理的增量创造过程，具有开拓性、创造性、专业性和战略性特点。而这些特点往往是人与人之间的差异性所造就的，这就注定这类事务的处理与通常意义上的民主、平等格格不入，这也是公司为何采取科层制管理模式的原因所在。如科斯认为企业与市场是资源配置的两种机制，"在企业之外，价格变动决定生产，这是通过一系列市场交易来协调的。在企业之内，市场交易被取消，伴随着交易的复杂的市场结构被企业家所代替，企业家指挥生产"②。企业家指挥生产的正当性则来自他的魄力、创造力等企业家精神特质。公司决议规则是意思表示的冲突规则，借助这一规则形成主体间意思表示的"化合物"③，这一"化合物"则是成员集体智慧的结晶，所以公司治理中的决策型事务适宜以公司

---

① 吴飞飞：《公司法中的权利倾斜性配置——实质的正义还是错位的公平》，《安徽大学学报》（哲学社会科学版）2013年第3期。
② 〔美〕罗纳德·哈里·科斯：《企业、市场与法律》，盛洪、陈郁译校，格致出版社、上海三联书店、上海人民出版社2009年版，第3页。
③ 陈醇：《论单方法律行为、合同和决议之间的区别——以意思互动为视角》，《环球法律评论》2010年第1期。

决议的方式为之。一个典型的例证是，从股东会与董事会职权划分的角度而言，董事会主要负责公司治理中的决策型事务，在上市公司中董事会具有法定的独立地位，所以董事会或者董事的履职行为主要是以公司决议为之，而无所谓董事协议之说。

还有十分重要的一点是，公司决议的功能偏向对于公司决议规则本身的进化也有极强的启发意义。在公司法框架下，决议规则主要体现为人头多数决与资本多数决两类，其中资本多数决是主要决议类型。然而，公司决议的功能偏向之一在于创造增量或者说创造智慧增量，多数人支持的和多数资本支持的，尽管在通常情况下可能更具正确性、科学性，但还可以说"真理总是掌握在少数人手中"。因此，公司决议规则未来的进化方向应当是让有智慧、有魄力、有能力的成员掌握更多话语权。目前实践中所出现的"动态股权架构模式"以及以双层股权结构为代表的"加权表决制"已经在一定程度上印证了这一进化方向。其中"动态股权架构模式"下最典型的"股权调整型对赌协议"，通常将公司创业团队在一定期限内所达到的业绩条件或者特定经营目标（如上市成功）作为对赌条件性指标，进而引发股权结构在股东间的动态流变。业绩也好，特定经营目标也好，其实都是人的智慧的创造性结果。再以"加权表决制"为例，阿里巴巴采用的"合伙人制度"实质上就是"加权表决制"的具体化适用，即赋予以马云为中心的合伙人集团以特殊、多重表决权。赋予合伙人集团"加权表决权"的依据在于合伙人高度认同阿里巴巴的文化价值观，具备强劲的团队协作经验等。[1] 用通俗易懂的话说，就是这帮人有能力、有才干又团结，能把阿里巴巴搞好，所以给予他们倾斜性的决策权。这与前文所述的公司决议规则的进化路径也是一脉相承。

如果大胆一点预想，笔者甚至认为公司决议机制或者说公司控制权分配规则的流变，存在着一个由资本多数决向"智识多数决"的流变趋势。在资产阶级工业革命初期，彼时的公司多具有资金密集型特点，矿产开采、铁路修造、海外贸易无不如此，换言之，资本对于彼时的公司而言属

---

① 蔡崇信：《阿里巴巴为什么推出合伙人制度》，《创业家》2013 年第 10 期。

于稀缺资源，而刚刚从土地中解放出来的人力或者说劳动力资源却是十分丰富的。因为彼时的公司高度依赖资本，物以稀为贵，所以才会出现出资者对公司拥有所有权、出资者之间以资本多寡分配话语权的资本多数决法则以及作为公司制基石的有限责任制度。① 延续至今，资本多数决在公司法上已如颠扑不破的真理。然而，今天我们已经由工业经济时代步入了知识经济时代，知识经济时代的最大特点便是人的智力、创造力所蕴含的价值被发现、被重视，并成为竞争性稀缺资源。而在另一个视角，随着经济全球化以及多层次资本市场的不断完善，公司的融资便利性不断提高、融资成本不断降低是已然之趋势。如此一来，可以说在未来的公司中，人的智识要素的重要性不断提高，公司对资本的依赖性将会逐渐降低，公司决议规则或者说控制权分配法则由资本多数决向"智识多数决"流变或许可期。在我国近年来的商事实践中，以有限合伙为代表的合伙制模式不断趋热，这一现象背后的一大缘由便是，根据我国《公司法》的规定，尚不允许股东以劳务作为出资。而《合伙企业法》则允许合伙人劳务出资，这意味着合伙人的智力、情感以及专业能力等智识要素在合伙企业中均可被估值，进而意味着合伙企业尤其是有限合伙企业可以做到真正意义上的"专家理财"，所以有限合伙制才会如此受私募股权投资基金青睐。② 应该说这是合伙制相对于公司制的最具核心竞争力的优势，对公司决议规则的进化有着极强的启示性意义。

（二）以公司类型以及生命周期为依据的区分

不同类型的公司以及处在不同生命周期阶段的公司，它的公司治理功能偏重也是有所不同的，这一点已经逐渐为公司法理论与实务界所关注。典型如针对创新创业型公司，我们的立法和政策在多个方面已经或者正在尝试给予更多支持。

第一，从公司类型上看，可以将公司分为智识依赖程度高的公司和普

① 参见〔英〕罗纳德·拉尔夫·费尔摩里《现代公司之历史渊源》，虞政平译，法律出版社 2007 年版，第 118～134 页。
② 参见李建伟《私募股权投资基金的发展路径与有限合伙制度》，《证券市场导报》2007 年第 8 期。

通公司。智识依赖程度高的公司，比较典型的如创新创业型公司、高科技公司、互联网公司、文化传媒公司等。而所谓智识依赖程度高，归根结底是这类公司的经营管理尤其是营利性目标的实现高度依赖智识要素。换言之，这类公司十分倚重创造性能力。与股东协议相比，公司决议的功能偏向在于公司的创造性面向。智识依赖程度高的公司，在实践中多具有强人治理的色彩，即让更有智识、更有能力的人担当"带头大哥"，"带头大哥"的存在本身就意味着公司内部权力分配的非均衡化和差异化。并且，我们还会发现智识依赖程度高的公司治理不仅偏重决议规则，而且具有改进决议规则以对股东表决权进行差异化配置的积极性。如有学者统计发现，在美国资本市场上，采取双层股权结构的上市公司多为文化传媒公司、科技类公司等创新型公司。[1] 股东协议所必须达成的一致同意的合意机制，显然与智识依赖程度高的公司的权力配置逻辑格格不入。因此，对于这类公司，它的治理事务适宜更多地以公司决议方式为之。与之相反，普通公司的经营治理并不需要太多智识和创造性能力，只需要按部就班经营便可，这类公司治理的核心问题更多地集中于利润如何分配以及如何维系公司治理的稳定性，而股东协议的合意机制可以充分体现各方意志，相比于公司决议更契合普通公司的治理功能偏向。

　　第二，从公司的生命周期来看，可以将公司分为初创期的公司和稳定期的公司。对于初创期的公司而言，一方面股东彼此间都有着精诚合作的初心和诚意，彼此间能够相互尊重，对于公司经营管理的话语权分配也比较均衡；另一方面各个股东在能力和禀赋上的高低优劣尚未显现出来，尚不宜过早对股东权力（权利）做差别化配置。结合初创期的公司的前述两个特点，我们可以发现股东协议或者说协议治理更为适宜这类公司，现实中的小公司、项目公司也确实更多地依赖协议治理而非决议治理。但是，此处需要说明的一点是，处在初创期的创新创业型公司具有一定程度上的特殊性，即笔者在前文所说的智识依赖程度较高。因此，这类公司不同于

---

① 参见马一《股权稀释过程中公司控制权保持：法律途径与边界 以双层股权结构和马云"中国合伙人制"为研究对象》，《中外法学》2014 年第 3 期。

一般初创期公司，其治理更青睐于决议而非协议。此外，对于初创期公司而言，存在一个由初创期向稳定期转型的问题，在这个转型过程中需要避免的是公司治理结构被股东协议锁死的风险。具体而言，由于过分倚重股东协议治理，当股东意见不一时，有出现公司僵局甚至"少数压迫多数"[①]的风险。因此，即使相对于处在稳定期的公司而言，初创期的公司具有协议治理的便利性，但这种便利性仍旧是有限的，初创期的公司的协议治理也必须保持其谦抑性。

就处在稳定期的公司而言，其人格已经较为稳定和独立，在公司治理中股东意志不断让渡于公司意志，公司的社团性和组织性凸显。另外，在这个生命周期内各个股东在经营管理能力以及对公司忠诚勤勉度上的差别也逐渐体现了出来。因此，对于处在这个生命周期的公司而言，其治理更多地倚重公司决议，并且适宜采取差别化的决议方式。对于处在这一生命周期的公司而言，因倚重公司决议而存在的一个风险是公司控制权的锁死效应，或者说"多数派暴政"弊病。对此问题应当如何克服？路径大概有两条：一条路径是在关键性治理事项上重回协议治理，以赋予小股东借助合意机制向大股东"革命"的机会；另一条路径是改进公司决议规则的方式化解决议的自带性危机。第二条路径虽难度相对较大，却是公司法摆脱个人法思维、回归团体法本位所不得不优先选择的路径。

尽管我们对于公司法人这一主体人格的认识，已经从法人否认说、法人拟制说渐次发展到了法人实在说。但是我们对于公司法人治理规则的理解和适用，还停留在拟制说与实在说的中间地带。因此可以说，就公司治理而言，我们的方法论尚未追上认识论。拟制说偏重协议治理，实在说倾向决议治理，当下的公司治理，协议与决议并存。之所以如此，很大一部分原因在于，当下的公司决议规则相对于合同（协议）规则而言还太粗糙、太稚嫩，以至于很多公司治理问题不得不求助于协议。然而，由协议治理迈向决议治理是公司治理以及公司法的演进趋势，在这一点上而言，协议治理更多地代表着公司治理的过去，而决议治理则更多地指向公司治

---

① 宋智慧：《资本多数决：异化与回归》，中国社会科学出版社 2011 年版，第 12 页。

理的未来。由协议治理到决议治理的演进，同时也是公司本身由"财产到组织"① 的演进。

四 公司章程与股东协议不一致时的司法裁量

鉴于公司章程、股东协议是当下公司治理实践中最常用的两种自治规约，二者就同一事项规定不一致甚至南辕北辙的情况在公司治理纠纷审理实践中时有发生，在该种情况下法院究竟应当以哪一规定、约定为准作为裁判依据，观点不一。在过去很长的历史时期内，法院倾向于以股东协议的约定为准。原因有以下几个方面。第一，我国商事实践中曾长期流行公司章程"靠百度"的做法，很多公司的章程直接抄袭百度文库的章程模板，或者直接使用工商登记机关提供的章程模板，因此章程的规定并不能真实反映公司以及股东的真实意思表示。在这种情况下，裁判者认为股东协议是股东自己约定的合同，更能反映其真实意思表示，所以倾向于以股东协议约定为准。第二，一个公司只能有一部公司章程，但是可以有很多份股东协议，股东协议甚至有一事一议的个性化特征。因此，相对于公司章程而言，股东协议更具体、更有针对性，可以理解为在具体的事项上，股东协议属于具体性条款，而公司章程属于一般性条款，前者优先适用。近年，随着商事实践对公司章程的重视，以及公司法赋予公司章程越来越大的自治空间，公司治理越来越依仗公司章程而非股东协议，公司章程与股东协议冲突时的法律抉择问题再一次凸显出来。故在司法裁判环节，针对公司章程与股东协议就同一事项规定、约定不一致的情况，应当遵循以下裁判规则。

一是内外有别的法律适用原则。即当公司章程与股东协议就同一事项规定、约定不一致时，如果该事项涉及除公司及其股东以外的第三人，此时为了保护第三人的合理信赖利益，通常应以具有公示力的公司章程为准，该原则在目前的司法实践中占据主流地位。尽管公司章程、股东协议

---

① 潘林：《重新认识"合同"与"公司"：基于"对赌协议"类案的中美比较研究》，《中外法学》2017 年第 1 期。

都属于公司内部治理文件，但是公司章程属于法定的登记文件，具有一定程度上的公示性要求，而股东协议则属于纯粹的内部文件，没有登记公示要求，因此当纠纷涉及外部第三人利益时，以公司章程规定为准的逻辑符合信赖利益保护原则。如在一起股东出资责任纠纷中，公司章程规定的出资形式与股东协议约定的出资形式不一致，上海市高级人民法院认为："为维护公司利益，保障与公司交易关联方的信赖利益，股东应当按照公司章程之规定履行其出资义务。章程之规定，优先于股东协议。"①

二是内部适用不一致时的司法抉择。尽管在前一部分提出了内外有别的法律适用原则，即案涉事项关涉外部第三人合理信赖利益时，应当以具有公示力的公司章程规定为准，但这并不意味着内部适用时就应当以股东协议为准。从目前的司法实践情况来看，有关公司章程与股东协议冲突时的法律抉择问题绝大多数发生在内部适用场景下，非常考验裁判者的专业能力。当内部适用不一致时，可遵循以下两个裁判规则。

其一，审查公司章程、股东协议中有无明确规定、约定"优先适用条款"，若有"优先适用条款"，则以存在"优先适用条款"的文件为准。比如实践中有的公司在订立股东协议时，为了避免出现与章程冲突的现象，在股东协议中约定，"若本协议与公司登记备案的章程规定不一致的，以本协议约定为准"。而有的公司则在章程中规定，"股东之间签署的协议，与本章程规定不一致的，以本章程为准"。"优先适用条款"反映了当事人选择公司治理规范上的真实意思表示，选择存在"优先适用条款"的文件作为裁判依据，在司法实践中一般争议不大。

其二，公司章程与股东协议均未有或者均有"优先适用条款"时的司法裁断。实践中，经常出现类似情况，即同一公司的章程、股东协议均没有或者均有"优先适用条款"，此时所谓的"优先适用条款"就不能反映当事人的真实意思表示了，此时即应当采取其他选择标准。通常而言，有以下两种方案。第一种，以后签订的文件为准。当公司章程、股东协议就同一事项存在冲突且无"优先适用条款"，可理解为后签订的文件构成对

---

① 上海市高级人民法院（2020）沪民申 1450 号民事裁定书。

前面文件的实质修改，以后一份文件为准，更能反映当事人的真实意思表示。不过，这种认定方法有时候并不奏效，比如几名股东在筹备成立公司前就签订了完备的股东协议，其后根据工商登记机关要求起草并提交了公司章程，尽管公司章程制定在后，但是股东协议更能真实反映股东的意思表示。因此，裁判者适用该裁判规则时，应格外谨慎。第二种，从实质内容上分析比较，认定哪份文件更能够代表当事人的真实意思表示。比如某有限责任公司章程对于股权转让的规定与《公司法》完全一致，而股东协议则对股权转让进行了诸多细致的额外限制性约定。结合股东的陈述，可以探知公司章程中的股权转让条款系纯粹为完成工商登记备案所用，股东协议中的具体约定才是股东的真实意思表示。从这个层面，我们可以解读为，就同一事项，哪份文件规定、约定得更为翔实、具体，则更能够代表当事人的真实意思表示。

第五章 《民法典》时代公司决议的 制度更新

　　2023 年 12 月 29 日，第十四届全国人民代表大会常务委员会第七次会议修订通过了《公司法》并已于 2024 年 7 月 1 日开始实施。有关公司决议效力规则的法律条款集中在第 25~28 条。从条文内容上看，除了针对未被通知参会的股东撤销决议调整了除斥期间规则以外，其他内容几无变化，至多是将既有司法解释中的相关规则吸收、确认为《公司法》条文。最令人遗憾的是，《民法典》总则编将公司决议纳入法律行为体系后，公司决议规则应当对照法律行为制度进行适配性调整，以避免法律行为制度与公司决议规则在今后法律适用中出现冲突隔阂，但是《公司法》显然并未意识到这一点，并未结合法律行为制度对公司决议规则作出适时调整。所幸的是，《公司法》出台后，相关司法解释规则将会逐步出台，公司决议规则的制度更新还可以通过司法解释规则予以实现。

　　公司决议规则之完善，触角繁多，又有丰富的域外规则可供借鉴。然而，本书无意于也无力对公司决议规则之完善做一个全景式挖掘，基于此，本书试图在公司决议的法律行为定性之下，就处在公司决议规则与法律行为制度融合交叉地带的几个争议性规则予以探讨研判。需要说明的是，鉴于本章属于立法建议，因此在写作风格上与前面几章有所区别：其一，在写作体例上，本章参考了最高人民法院出台的司法解释理解与说明、学者立法建议稿的写作体例；其二，在案例分析部分，鉴于本章是集中性的个案分析，按照立法建议稿案例分析的写作模式，本章对案例进行了匿名化处理，以保护当事人的隐私权。

第一节　表决权瑕疵规则①

建议条文

股东会、董事会决议中，当事人因欺诈、胁迫、未被通知、伪造签名等原因而导致其错误地行使表决权的，可自知道或者应当知道瑕疵事由之日起 6 个月内，请求人民法院撤销表决权数。

表决权数被撤销后，根据决议是否满足公司法、公司章程规定的通过比例，认定决议是否成立。

公司决议作出后满 1 年，当事人以表决权瑕疵为由，请求人民法院撤销有瑕疵的表决权数的，人民法院不予支持。

条文主旨

本条是对表决权的可撤销性、撤销事由、除斥期间及法律后果的规定。

重点提示

1. 表决权瑕疵即参与公司决议行使表决权的成员的意思表示瑕疵。②《公司法》第 25、26 条及《公司法司法解释（四）》第 5 条分别规定了决议无效、可撤销、不成立三种效力瑕疵情形。但该三种效力瑕疵状态均针对决议之整体，对于股东、董事的表决权瑕疵未有涉及，民法上现有的意思表示瑕疵规则又无法直接适用于表决权瑕疵，这导致表决权瑕疵问题成为当前公司决议规则的一个立法漏洞。实践中比较常见的纠纷类型是伪造股东签名决议纠纷，这类决议之瑕疵既不是内容瑕疵，也非程序瑕疵，在司法裁判中各法院认定标准严重不统一。除了伪造股东签名决议之外，实

---

① 参见卢代富、盛学军主编《〈中华人民共和国公司法〉重点规则修改建议及立法理由》，法律出版社 2023 年版，第 142~146 页。

② 参见马强《论决议行为适用意思表示瑕疵的规则——以公司决议中表决人意思瑕疵为考察重点》，《华东政法大学学报》2021 年第 1 期。

践中参与表决的股东、董事，因被其他股东、董事或者实际控制人欺诈、胁迫或者因自身重大误解导致表决时作出错误的意思表示的情况也非常常见。① 因此，为填补公司决议瑕疵规则的立法漏洞，我们认为应当对表决权瑕疵作出专门规定。

需要格外提示的是，因表决权瑕疵导致的决议成员意思表示可撤销与《公司法》第 26 条规定的因程序性瑕疵导致的决议可撤销是两种不同类型的瑕疵规则，不可将二者混为一谈。

2. 表决权瑕疵公司决议的除斥期间。《公司法》第 26 条针对可撤销决议规定的是 60 日的客观除斥期间，即自决议"作出之日起 60 日内"，这有利于维护团体治理的稳定性，也避免公司与第三人发生的法律关系遭受过多影响，这是团体法与个人法的区别所在。但是因为该 60 日客观除斥期间规则的存在，对实践中大量"抽屉决议"当事人无法在法定除斥期间内撤销决议，导致可撤销决议规则对当事人的救济功能被弱化。有鉴于此，《公司法》第 26 条才规定"未被通知参加股东会的股东自知道或者应当知道股东会决议作出之日起六十日内，可以请求人民法院撤销"。表决权瑕疵不同于一般性程序瑕疵，股东对表决权瑕疵不知情的情况非常多见，如被伪造签名的股东。如果仍旧适用客观除斥期间，意味着公司只要在决议作出且除斥期间经过后再予公布，即可以规避相关规定，因此我们认为对于表决权瑕疵应当适用主观除斥期间。并且，考虑到表决权撤销后公司决议可能归于不成立，这个问题就涉及决议不成立规则与决议可撤销规则的梯度化设计问题，我们认为设置 6 个月主观除斥期间比较合适，既考虑到决议瑕疵规则的梯度化问题，又考虑到公司治理的效率性、稳定性特点。

同时，考虑到实践中，可能有些公司的股东在决议作出若干年后才知道或者应当知道决议的内容，此时公司已经根据决议作出了大量后续经营决策、交易行为，若再允许当事人撤销其瑕疵表决权，尽管有利于保护当事人的股东权利，但是对于公司团体治理决策的稳定性而言无疑会带来巨

---

① 参见李建伟《决议行为特殊效力规则的民法解释》，《法学杂志》2021 年第 7 期。

大的风险。^① 因此，笔者建议在 6 个月的主观除斥期间外再增设一个 1 年期的客观除斥期间，实现当事人权利救济与公司治理决策稳定性之间的有效平衡。

3. 表决权瑕疵公司决议的法律后果。根据意思表示瑕疵规则，意思表示瑕疵则法律行为可撤销，被撤销后法律行为归于无效。然而，根据意思自治原则，当事人能且仅能撤销自己有瑕疵的意思表示，而不能撤销法律行为相对人的意思表示，更不能直接撤销整个法律行为。^② 因此，民法规定的可撤销行为其实是意思表示的撤销，只不过在单方行为、合同行为中，意思表示撤销后，法律行为亦无存在的意义，因此立法规定撤销后法律行为归于无效。决议是团体法行为，成员的意思表示瑕疵并不直接影响决议效力，因此当事人撤销其表决权后，须再根据表决权扣减法则计算决议是否还能满足公司法、公司章程规定的最低通过比例，若未能满足则根据《公司法司法解释（四）》第 5 条第 4 款属于不成立之决议。《公司法司法解释（四）（征求意见稿）》第 5 条曾就表决权瑕疵公司决议在未形成有效决议项下规定了两种选择性方案，即"决议上的部分签名系伪造，且被伪造签名的股东或者董事不予认可；另一种观点：决议上的部分签名系伪造，且被伪造签名的股东或者董事不予认可，在去除伪造签名后通过比例不符合公司法或者公司章程的规定"时系未形成有效决议。但不知何故，最终通过的版本未选择其中任一种方案，给表决权瑕疵决议效力认定问题留下了悬念，导致实践中争议频发。我们期待后续司法解释的出台能够将表决权瑕疵规则纳入公司决议瑕疵规则之中。

背景依据

《民法典》总则编第 134 条在世界范围内首次将决议行为纳入法律行

---

① 参见卢代富、盛学军主编《〈中华人民共和国公司法〉重点规则修改建议及立法理由》，法律出版社 2023 年版，第 151~154 页。

② 参见吴飞飞《论决议对法律行为理论的冲击及法律行为理论的回应》，《当代法学》2021年第 4 期。

为范畴，在实定法上终止了有关决议行为定性的长久争议，① 被有的学者称为民事法律制度中鲜明的"中国元素"②。自此，民法上的法律行为规则将作为决议规则的一般法而被适用，这是我们完善决议规则的整个大的实定法背景。

在过去很长的时期内，公司法学界一直认为法律行为理论中的意思表示瑕疵规则不能适用于公司决议。③ 因为意思表示瑕疵规则的经典模型是"意思表示瑕疵—法律行为可撤销"。而公司决议并不是意思表示一致的产物，是人头或者资本多数决，如果因为某个成员的意思表示瑕疵而撤销整个决议，这与团体法规则的公共性不符。因为这个缘故，公司决议长期疏离于法律行为规则。但是这种疏离本身又缺乏足够的底气，公司决议立法时仅仅规定了内容瑕疵与程序瑕疵两种瑕疵类型，对于表决权瑕疵未作规定，这可能是为了避免与民法上成熟的法律行为制度产生冲突而做的谨慎选择。

在民法上，由于长期以来个人法独占鳌头，团体法一直不发达，所以法律行为理论也好，意思表示瑕疵规则也罢，其实都是以个人法行为为蓝本提炼抽象出来的，所以这套规则在适用于团体法时将不可避免地产生"排异反应"。尽管法律行为理论是德国潘德克顿法律体系之精华，是民法理论之高地，但是它本身也存在某些问题，正是这些问题导致它在适用于公司决议时遭遇困境。具体而言，在民法理论上，意思表示与法律行为的关系长期以来混沌不清，很大一部分观点认为法律行为就是意思表示。例如，《德国民法典》"立法理由书"的解释是，"就常规言，意思表示与法律行为为同义之表达方式"。④ 弗卢梅认为："使意思表示独立于法律行为的意义仅仅在于，当法律行为中所出现的问题涉及意思表示时，将其转化为意思表示的问题更加便于掌握。"⑤ 温德夏伊德直言："法律行为就是意

---

① 有关决议行为定性，主要有意思形成机制说和法律行为说两类。参见吴飞飞《决议行为归属与团体法"私法评价体系"构建研究》，《政治与法律》2016 年第 6 期。
② 王雷：《〈民法总则〉中决议行为法律制度的力量与弱点》，《当代法学》2018 年第 5 期。
③ 参见〔韩〕李哲松《韩国公司法》，吴日焕译，中国政法大学出版社 2000 年版，第 268 页。
④ 〔德〕迪特尔·梅迪库斯：《德国民法总论》，邵建东译，法律出版社 2000 年版，第 190 页。
⑤ 〔德〕维尔纳·弗卢梅：《法律行为论》，迟颖译，法律出版社 2013 年版，第 32 页。

思表示。"① 朱庆育教授则更为激烈地提出,"它们的功能均在于根据行为人意志发生相应法律效果,二者性质不必两论,属于同义概念……之所以不建议废弃具有叠床架屋之嫌、且已被管制色调严重污染的'法律行为'概念,纯粹是基于对习惯用语的尊重"。② 受这一观念传统影响,法律行为体系在很多地方并未认真区分法律行为与意思表示,尤其是在可撤销行为问题上,这一混淆现象更为明显。根据《民法典》规定,法律行为存在欺诈、胁迫、乘人之危以及重大误解时,表意人可以撤销法律行为。然而,以合同为例,某一方当事人因重大误解而导致意思表示瑕疵,却可以撤销整个法律行为,这就导致对方的意思表示也被撤销,这种逻辑与民法的意思自治精神严重背离。也正是法律行为理论的这个逻辑性缺陷,导致它长期以来难以与公司决议规则有效地对接适用。

可撤销行为的撤销权客体到底是意思表示还是法律行为的逻辑矛盾,其实已经被察觉。《德国民法典》针对欺诈、胁迫等意思表示瑕疵情形规定的是表意人可以撤销该意思表示,只不过在法律适用部分又将撤销意思表示与撤销法律行为混在一起表述。该法第118、119、120、123条用词是意思表示的撤销,第142~144条用词是法律行为的撤销,已经有撤销意思表示还是撤销法律行为的区分意识。③ 我国台湾地区民事领域相关规定与《德国民法典》的规定几乎一致。

严格意义上说,法律行为与意思表示是包含性关系,法律行为中除意思表示之外,还有特定形式、程序等其他要素。我们可以把法律行为的结构简单地表述为"法律行为=意思表示+程式",其中"程式"指形式与程序。根据意思自治原则,《民法典》所规定的几种可撤销行为的撤销权客体应当是意思表示。在个人法行为中,意思表示被撤销后,法律行为的效力状态应该是不成立而非无效,如合同行为中,一方当事人撤销意思表示后,"合意"无法形成,合同不满足其基本成立要件,故合同不成立。

---

① 《学说汇纂法学》Ⅰ,§69,1,转引自〔德〕维尔纳·弗卢梅《法律行为论》,迟颖译,法律出版社2013年版,第38页。

② 朱庆育:《意思表示与法律行为》,《比较法研究》2004年第1期。

③ 参见《德国民法典》(第3版),陈卫佐译注,法律出版社2010年版,第41~51页。

明确意思表示瑕疵则意思表示可撤销的基本规则后，意思表示瑕疵理论就可以贯通适用于个人法与团体法两个领域，决议行为的法律行为属性也就有其实际意义。在公司决议中，若当事人因欺诈、胁迫、乘人之危、伪造签名等原因致使其表决权存在瑕疵，则可以在法定除斥期间内撤销其表决权，然后再根据公司决议是否还能够满足公司法、公司章程规定的最低通过比例，判断决议的效力。如果决议仍旧满足最低通过比例，则决议效力不受该表决权瑕疵影响；若扣除该表决权数后决议达不到最低通过比例要求，则决议归于不成立。

以伪造股东签名决议为例，当前司法实践的做法呈现出个人法进路与团体法进路两分的态势：采个人法进路者多以股东意思表示不真实、决议侵权为由对其作无效认定，采团体法进路者则以决议存在程序瑕疵为由将其归于可撤销决议之列。① 在法律行为制度上，除真意保留、虚伪通谋的法律行为外，意思表示不真实的法律行为并非直接无效，如欠缺行为能力人实施的法律行为、受欺诈实施的法律行为等皆是如此。依照侵权法的逻辑，侵权应当是导致损害赔偿责任的产生而非直接导致法律行为无效。因此，前述判决伪造股东签名决议的个人法进路难以自圆其说。伪造股东签名决议通常与未履行决议通知程序竞合，因此将伪造股东签名决议瑕疵归类为程序瑕疵，有一定合理性。然而，该种瑕疵定位容易导致公司决议瑕疵体系失衡。如有限责任公司某股东持股比例为60%，在股东会决议中若该股东投反对票则决议不成立，若其他股东伪造该股东签名，根据前述观点股东会决议属可撤销决议。如此一来，就出现一种伪造签名比不伪造签名的瑕疵后果更轻的吊诡局面，导致公司决议瑕疵体系失衡。因此，将伪造股东签名决议瑕疵定位为程序瑕疵亦不科学。根据本书的观点，伪造股东签名决议瑕疵属于表决权瑕疵也即股东意思表示瑕疵，只需扣除该被伪造签名股东的表决权比例，并考察股东会决议是否仍旧满足其最低通过比例要求即可。

综上所述，作为法律行为的公司决议，其瑕疵类型可分为表决权瑕

---

① 参见王延川《伪造股东签名的股东会决议效力分析》，《当代法学》2019年第3期。

疵、程序瑕疵与内容瑕疵三类，其中表决权瑕疵是连接法律行为制度与公司决议规则的桥梁纽带，公司决议成立规则则是公司决议规则连接法律行为制度的端口。

《公司法》有关公司决议的几个条文，均未对表决权瑕疵决议的效力认定问题作出规定，给未来的司法实践留下了立法悬念。《公司法》第27条规定的4种公司决议不成立情形的第4种，即"同意决议事项的人数或者所持表决权数未达到本法或者公司章程规定的人数或者所持表决权数"，似乎为表决权瑕疵决议效力认定预留下一定的解释空间。比如，公司某股东持股比例为10%，在决定本公司与另一公司合并的股东会决议中，其因被大股东胁迫而投了赞同票，该公司合并股东会决议最终以全体股东所持表决权70%的比例通过。事后，该持股比例为10%的股东以其参与表决时受到胁迫为由请求法院认定案涉股东会合并决议未达到三分之二的通过比例并认定该决议不成立。在裁判者看来，在胁迫事实证据确凿的情况下，扣减10%的赞同票比例，并认定案涉决议未达到法定的最低通过比例且决议不成立，在法理和逻辑上也可以说得通，并无硬伤，而作此裁判的法官其实是在适用本部分所提出的表决权瑕疵规则。

尽管此前的《公司法司法解释（四）（征求意见稿）》第5条曾试图以伪造股东签名决议为突破口对表决权瑕疵决议效力认定问题作出初步规定，但是后来该尝试并未被最终通过的司法解释所接受。笔者揣测，在《公司法》及其司法解释制定过程中，包含本次《公司法》修订中，肯定有相关人士将表决权瑕疵决议问题拿出来讨论，而之所以迟迟未能得到立法回应，最可能的原因或许是：表决权瑕疵所适用的欺诈、胁迫、乘人之危、重大误解等事实缘由通常是在传统民事法律关系中才被适用，并且真实的适用概率比较低，因为在法院看来，民事法律关系各方当事人都是理性人，既然是理性人，在纯粹的民事纠纷中很难说会完全被对方欺诈、胁迫或者对交易标的的认识产生重大误解，这是理性人假设引导下得出的必然结论。同理，公司股东、投资人作为商主体，如果说民事主体是理性人，则他们属于高度理性人。既然是高度理性人，很难说在股东会、董事会决议中其会被其他股东欺诈、胁迫或者存在重大误解等情形。或许是基于商主体的高度理性人假设，《公司法》并未在公司决议瑕疵规则部分对表决权瑕疵问题作出规定。立法者或许担心，一旦在立法上承认表决权瑕疵规则，就意味着未来的司法实践中会出现大量的股东以自己在表决中受到欺诈、胁迫、重大误解为由主张撤销其表决权数，进而给公司决议的安定性带来巨大的风险，不利于公司自治目的的实现。立法者的担忧不无道理，比如在对赌协议纠纷中，私募投资方给目标公司投入资金，并与目标公司或其原始股东签订对赌协议，若对赌目标实现则投融资各方皆大欢喜，一旦对赌目标未能实现，就意味着目标公司或者其原始股东要根据协议承担现金补偿或者股权回购义务，他们通常会在诉讼中主张投资协议中约定的对赌条款显失公平，并据此请求法院撤销协议或者对补偿金、回购款作调低处理。① 法院对此主张通常不予采信，因为在裁判者看来，当初签订投资协议时各方意思自治，一旦对赌失败就主张协议不公平，违背禁止反言原则和诚信原则。② 尽管立法者的疑虑不无道理，但是公司内部股东间关系与投融资法律关系等外部法律关系相比还是有显著差异。无论是普通民事合同，还是商事合同，各方当事人在理论上是势均力敌的状态，所以法律将他们统一假设为理性人不无道理，且具有效率优势。但是公司内部主体间法律关系则不然，理论上任何一家公司，不论其大小，股东之间均有大小、强弱之分，股东之间的地位、实力并非势均力敌。一旦当事人之间地位、实力出现高低分化，显失公平、欺诈、胁迫等情形就具有了发生的可能性，并且地位越是悬殊，发生的概率越高。比如在消费合同法律关系中，欺诈、显失公平发生的概率就比一般民事合同高很多，所以消费者权益保护法会对经营者的欺诈行为施加惩罚性赔偿。同理，在公司内部，由于股东间实力、地位的高低分化，股东尤其是小股东表决权瑕疵情形不可避免发生，立法者应当客观地承认这一事实，并在公司决议瑕疵规则体系中给表决权瑕疵规则留出制度空间。

---

① 参见盛学军、吴飞飞《"中国式对赌"：异化与归正——基于契约法与组织法的双重考察》，载卢文道、蔡建春主编《证券法苑》（第二十九卷），法律出版社 2020 年版。

② 参见最高人民法院（2022）最高法民申 418 号民事裁定书。

典型案例

郁某与 A 公司决议效力确认纠纷案①

案情简述

A 公司拟召开股东会，该公司法定代表人孙某请施某代为通知郁某参会，郁某收到通知后未到场参会，A 公司股东会陆续作出了 9 份决议文件，9 份决议文件均有郁某同意决议的签字。郁某主张几次股东会其均未到场参加，决议文件上的签名均系伪造，相关股东会决议无效。

审判意见

S 省高级人民法院认为，《中华人民共和国公司法》（2018 年版）第 21 条第 1 款规定，公司股东会或者股东大会、董事会的决议内容违反法律、行政法规的无效。几份股东会决议文件上郁某的签名均系伪造，不能反映郁某的真实意思表示，故相关股东会决议应属无效。

点评

对于伪造股东签名决议，实践中绝大多数法院会对决议效力作否定性认定，具体裁判进路有以下几种。第一，意思表示不真实，决议无效。② 《民法典》将意思表示不真实规定为法律行为的生效要件之一，但却不能反推意思表示不真实的法律行为就无效，如欺诈行为就属可撤销行为，所以该种裁判进路存在问题。第二，决议侵犯股东表决权无效。民法学界曾经持续讨论过一个问题，即宪法基本权利能否作为法律行为效力的阻却要件，就是说如果某法律行为侵犯了公民的宪法基本权利，会不会导致行为无效，形成的共识是基本权利不能作为法律行为阻却生效要件，不然有违私法自治精神。③ 既然宪法基本权利都不能直接导致行为无效，侵犯表决权导致决议无效，在道理上说不通。第三，伪造股东签名属于程序瑕疵，

---

① 参见山东省高级人民法院（2016）鲁民终 780 号民事判决书。

② 参见吴英霞《组织法视角下股东会决议无效规则重构》，《安徽大学学报》（哲学社会科学版）2023 年第 3 期。

③ 参见刘志刚《基本权利对民事法律行为效力的影响及其限度》，《中国法学》2017 年第 2 期。

决议可撤销。① 该对观点，我们认为：一方面，伪造签名正本清源系伪造股东之意思表示，将其归为程序瑕疵，有穿凿附会之嫌；另一方面，如果被伪造签名股东仅持股 5%，后因伪造其签名而撤销整个决议，其实等于赋予了决议瑕疵规则以惩罚性，这不仅不利于维系公司治理的稳定性，也与决议瑕疵规则的立法定位不符。综上，既有的几种裁判进路，均存在不同程度的问题争议，由立法直接规定表决权撤销规则，可以在一定程度上减少纷争。

第二节　决议不成立之诉除斥期间规则

建议条文

当事人请求人民法院确认决议不成立的，应自知道或者应当知道决议不成立事由之日起 6 个月内向人民法院提起诉讼。

公司决议作出后满 1 年，当事人请求人民法院确认决议不成立的，人民法院不予支持。

条文主旨

本条是关于公司决议之诉的主观除斥期间、客观除斥期间的规定。

重点提示

1. 公司决议不成立之诉应有除斥期间规则。《公司法》对公司决议瑕疵的规定是由无效、可撤销的"二分法"发展到无效、不成立、可撤销的"三分法"。"三分法"之下，公司决议瑕疵的法律效果由轻到重呈梯度化分布。最轻微的瑕疵，适用决议瑕疵驳回裁量规则，决议有效；一般性程序瑕疵，决议可撤销；重大程序瑕疵，决议不成立；内容违法，决议无效。我们知道，公司决议可撤销的除斥期间是自决议作出之日起

---

① 参见王延川《伪造股东签名的股东会决议效力分析》，《当代法学》2019 年第 3 期。

60 日内，决议无效是自始无效，没有诉讼时效和除斥期间。那公司决议不成立呢？理论上来说，决议不成立就是自始不成立，似乎也不适用时效期间，但是如果如此，则公司决议不成立几乎等同于决议无效，进而间接导致决议无效范围的过大，与我们维系团体治理决策稳定性的制度初衷不符合。因此，公司决议也应当有时效期间规则。实践中，对这个问题，有的法院认为公司决议不成立应当适用诉讼时效，有的认为不应当适用。[①] 我们认为，公司决议不成立之诉不适用诉讼时效规则，因为诉讼时效对应的是民事请求权，而公司决议不成立之诉对应的实体权利是民事形成权，二者并不对应。[②] 同时，公司决议不成立应当适用除斥期间规则。否则，如果既不适用诉讼时效，也不适用除斥期间，就等于不受时效期间规则限制了，将会背离公司决议不成立规则的立法初衷。

2. 公司决议不成立之诉的主观除斥期间为 6 个月，客观除斥期间为 1 年。公司决议不成立之诉，属于确认之诉，适用于民事形成权，除斥期间也适用于民事形成权，因此对公司决议不成立设置除斥期间规则，法理上不存在障碍。问题的关键是设置多久的除斥期间比较合适。在表决权瑕疵部分，笔者分析过，在股东的表决权有瑕疵时，可以撤销其表决权，而表决权被撤销后，决议如果不能达到法律或者章程规定的最低通过比例，则公司决议不成立。我们把这个问题连贯起来可以得出决议不成立之诉的除斥期间与表决权瑕疵的撤销期间应当保持一致性的解释结论。所以，对其应当设置 6 个月的主观除斥期间和 1 年的客观除斥期间。

背景依据

在《公司法司法解释（四）》实施前，我们的公司决议规则没有规定决议不成立这一法律效果情形。现在由《公司法司法解释（四）》第 5 条所规定的 5 种决议不成立情形，在既往的司法裁判实践中，要么被以内容违法为由而认定决议无效，要么以程序违法为由认定决议可撤销，即散布

---

① 参见吴飞飞《〈公司法〉修订背景下公司决议规则重点立法问题探讨》，《经贸法律评论》2021 年第 5 期。

② 参见汪渊智《形成权理论初探》，《中国法学》2003 年第 3 期。

在无效和可撤销决议之中。但是，这种立法思路隐含的一种观念是，在公司法上，内容重于程序。公司决议内容违法，则决议自始无效；公司决议程序违法，当事人只能在决议作出之日起 60 日内向法院请求撤销。这就导致公司决议瑕疵之间呈现出一种断崖式的效力悬殊结构。而随着公司法规则的日渐完善，尤其是公司法的组织法特性不断凸显，程序在公司治理中的重要性应该被凸显出来，而不能继续重内容轻程序。基于这种考虑，我们的公司决议瑕疵规则由"二分法"变为了"三分法"。把一部分重要程序从一般性程序中提炼出来，作为公司决议的成立要件。那么，决议不成立的法律效果重于决议可撤销的地方其实主要体现在时效期间上，甚至无效、不成立、可撤销三种效力状态的区别也基本体现在时效期间上。但是《公司法司法解释（四）》对公司决议不成立未规定期间，这在实际上导致了一种结果，即决议不成立在法律效果上与决议无效没有太多实质性区别，决议瑕疵规则的梯度化设计没能被反映出来。

决议不成立规则目前还属于十分不成熟的一套规则，即使是在比较法中，亦复如此。甚至在公司决议规则最为发达的德国公司法中，对是否规定决议不成立这一瑕疵类型，其态度都处于左右摇摆的状态。① 但是在域外立法上，比较统一的认识是，决议不成立的存在价值主要是克服决议无效事由范围过窄的问题。德国、意大利等国公司法对于决议无效事由均规定得比较严格且范围狭窄，诸多重大瑕疵情形无法纳入其中，所以决议不成立规则应运而生。② 因此，有观点认为，决议不成立与无效无实质差别，即"公司决议不成立没有独立存在的必要，立法应当回归原《公司法》第 22 条确立的二分法。具有严重程序瑕疵的公司决议应通过类推适用《公司法》第 22 条第 1 款而被评价为无效"③。然而，公司决议不成立在我国公司法上的本土境遇与域外法上并不相同。首先，从实定法规定来看，域外

---

① 参见胡晓静《德国学理及司法实践中的股东会决议不成立——兼评〈公司法司法解释（四）〉第 5 条》，《山东大学学报》（哲学社会科学版）2018 年第 3 期。
② 参见殷秋实《法律行为视角下的决议不成立》，《中外法学》2019 年第 1 期。
③ 柯勇敏：《公司决议不成立的质疑与二分法的回归》，《法律科学》2020 年第 5 期。此处的《公司法》指 2005 年版。

发达国家公司法往往对公司决议无效事由作出严格限定，并对无效事由作明确的列举规定，以尽最大可能尊重公司决议自治的效力性。但是我国现行《公司法》并未如此，而是笼统地规定为"公司股东会、董事会的决议内容违反法律、行政法规的无效"。这种"决议违法无效"的规定模式实际上给了公司决议无效事由非常大的解释空间，因此从实定法上看，我国《公司法》并不存在无效事由过窄的问题。其次，从司法实践来看，公司决议被法院认定无效的情况非常多见，且具体无效事由五花八门，除了最常见的违法无效之外，还有前文所述的意思表示不真实决议无效、决议侵权无效等。如在2012年最高人民法院公报案例"安盛案"中，法院认定安盛公司对祝鹃作出的股东会处罚决议无效，裁判理由是"股东会在没有明确标准、幅度的情况下处罚股东，属法定依据不足，相应决议无效"①。该裁判理由将公司章程的事先规定解释为"法定依据"，因此，从法律适用环节来看，我国《公司法》上的决议无效规则也并不存在范围过窄的问题。最后，即使抛开公司决议不成立的本土法境遇不谈，仅从法律行为理论上看，公司决议无效属于法律的价值判断问题，而决议不成立则属于事实判断问题，二者并不可混为一谈。至于公司决议无效事由过窄还是过宽，完全可以通过扩充或者限缩无效事由的方法予以解决，而无必要通过公司决议不成立规则"曲线救国"。

由上可知，在我国《公司法》上，公司决议不成立规则并非作为扩充公司决议无效事由的替代性方案存在。相反，我国的公司决议不成立情形其实是为了解决公司决议可撤销规则对当事人救济力度不够、决议程序规则效力位阶过低的问题。因此，我们的公司决议不成立规则应当以决议可撤销规则为其参照系，或者说公司决议不成立在法律效果上应当更接近于可撤销决议而非无效决议。但是，《公司法司法解释（四）》针对公司决议不成立，既未规定诉讼时效，也未规定除斥期间，这意味着当事人可以随时向法院起诉，请求确认决议不成立。如此一来，公司决议不成立的法律效果实际上与无效决议几乎别无二致，换言之，公司决议不成立在实际

---

① 参见《中华人民共和国最高人民法院公报》2012年第10期。

效果上几乎等同于扩大了无效决议的事由范围，这对于公司治理决策的稳定性、效率性而言显然是一种伤害。因此，未来《公司法》进一步修订或者出台相关司法解释，应当为公司决议不成立之诉规定时效期间。那么，到底是规定诉讼时效还是除斥期间呢？从目前司法裁判实践情况来看，法院认定公司决议不成立时，适用诉讼时效的有之，适用除斥期间的有之，不适用任何时效期间的亦有之。[①] 从理论上讲，确认公司决议不成立，对应的当事人实体权利为形成权，而诉讼时效对应的实体权利为请求权，因此确认公司决议不成立之诉不应适用诉讼时效。除斥期间则适用于形成权，理论上确认公司决议不成立之诉可设置一定的除斥期间。

确认公司决议不成立之诉的除斥期间究竟规定为多久更科学？这个问题要从前一个问题即股东或董事瑕疵意思表示的撤销期间找寻答案。笔者在前文提出，对于表决权瑕疵的公司决议，股东或者董事可以撤销其同意决议的意思表示，有瑕疵的意思表示被撤销后，法院再依据公司决议成立规则判断案涉公司决议是否成立。进而言之，表决权瑕疵规则与公司决议不成立规则是前挂后连的关系，股东或董事撤销其瑕疵表决权数的除斥期间应当与确认决议不成立之诉的除斥期间具有一致性。《民法典》第152条针对可撤销行为规定了1年的主观除斥期间和5年的客观除斥期间。鉴于公司治理的商事属性以及公司决议对公司后续治理决策稳定性的影响，表决权瑕疵的除斥期间应短于《民法典》第152条规定的主客观除斥期间，长于《公司法》第26条针对可撤销决议所规定的60日的客观除斥期间，综合权衡后笔者认为对瑕疵表决权撤销、确认公司决议不成立之诉设置6个月的主观除斥期间、1年的客观除斥期间较为科学。[②]

《公司法》第27条对公司决议不成立规则作出了明确规定，从内容上看基本延续了《公司法司法解释（四）》第5条的相关规则，但是也相应做了小幅调整。其中，最明显的调整是将《公司法司法解释（四）》第5条最后一项，即"导致决议不成立的其他情形"作了删除处理。尽管删除

---

① 参见单单《公司决议不成立之诉的除斥期间》，《人民司法》2020年第22期。

② 参见吴飞飞《伪造股东签名决议效力之判别——兼论意思表示瑕疵规则与公司决议瑕疵规则的适用对接》，《南大法学》2020年第3期。

最后一项的做法看似是微小调整，其实给公司决议不成立规则带来了很大的变化。简单说来，《公司法》第 27 条把《公司法司法解释（四）》第 5 条所确立的"开放式"的公司决议不成立事由体系①改为了"封闭式"的事由体系，在客观上产生了限缩公司决议不成立事由范围的立法效果。早在《公司法司法解释（四）》制定出台前，《公司法》（2005 年版）第 22 条仅规定了决议无效与决议可撤销两种瑕疵类型，但是在司法裁判实践中，时常有当事人提起公司决议不成立确认之诉。针对此类诉讼请求，法院通常采取的态度是"不予受理"、"驳回起诉"或者"驳回诉讼请求"，理由是当事人的请求缺乏事实和法律依据，公司决议不成立之诉不在法院受案范围之内等，当然亦有少部分案件，法院开创性地突破《公司法》（2005 年版）第 22 条的立法限制，基于法律行为理论对案涉公司决议是否成立作出裁断。在《公司法司法解释（四）》出台实施后，公司决议不成立之诉近乎"井喷式"爆发，根据相关学者的统计结果显示，司法实践中法院认定公司决议不成立的事由包含未履行通知程序、伪造签名、无召集权人召集、主持人瑕疵等十四种之多。② 从司法裁判实践来看，由于《公司法司法解释（四）》第 5 条中兜底条款的存在，实际上使得公司决议不成立事由范围呈现出了较为明显的开放性特点。加之，无论是《公司法司法解释（四）》还是《公司法》第 27 条均未针对决议不成立设置时效期间规则，将会导致公司法上的决议不成立情形不仅极其宽泛还在法律后果上无限接近甚至等同于公司决议无效，这显然与公司决议治理的安定性追求严重背离。所幸的是，《公司法》删除第 27 条的兜底条款后，法定的公司决议不成立事由仅限于该条所规定的四种情形，决议不成立事由司法认定过宽的现象将会得到极大缓解。然而，公司法属于私法，私法奉行实质主义，公司决议不成立针对的是重大程序瑕疵，尽管重大程序瑕疵对于公司决议的作出至关重要，但其毕竟不当然涉及决议的内容实质。如果公司作出的一项决议，在内容实质上对公司整体而言意义重大且迫在眉睫，但是

---

① 参见殷秋实《法律行为视角下的决议不成立》，《中外法学》2019 年第 1 期。

② 参见李建伟、王力一《公司决议不成立之诉实证研究——〈公司法解释四〉出台前审判创新实践的价值发现》，《经贸法律评论》2020 年第 3 期。

却存在重大程序瑕疵，对于此类决议，由于《公司法》对决议不成立未设置时效期间，可能该决议作出很多年后，公司股东之间关系失和，部分股东很可能会以该决议作出时存在重大程序瑕疵而主张决议不成立，进而导致加重公司被"秋后算账"的现实风险。因此，未来修法或者出台相关司法解释时，增设公司决议不成立之诉的除斥期间规则，是更为科学的选择。

典型案例

李某与 A 公司公司决议效力确认纠纷案①

案情简述

A 公司章程规定："公司再融资须召开股东会，经全体股东所持表决权比例三分之二以上通过。"2015 年 3 月该公司股东会就再融资事项进行决议，该次股东会决议通过比例为 60%。其后公司便与 B 公司签订投资协议，引入该投资者。2019 年 6 月，A 公司股东李某向法院起诉，请求确认该次股东会融资决议不成立。A 公司主张李某的请求已过诉讼时效。

审判意见

法院经审理认为，诉讼时效的适用对象是请求权，而确认决议不成立之诉的实体权利是形成权，对形成权不能适用诉讼时效。

点评

在该案中，形成权不能适用诉讼时效的裁判说理无疑是正确的，部分法院对决议不成立适用诉讼时效规则的做法显然有悖于法理。该案充分地暴露出决议不成立规则的立法漏洞，该类诉讼不适用诉讼时效，但立法及司法解释又未规定除斥期间，这意味着当事人随时可以主张决议不成立，这将会给公司治理带来极大的不确定性，并使决议不成立规则在实质上等同于无效规则，造成决议无效情形适用的实质扩大化。

---

① 参见上海市第二中级人民法院（2019）沪 02 民终 6605 号民事判决书。

第三节　除名决议有效确认之诉

建议条文

有限责任公司股东会通过决议开除股东的，公司应在决议作出之日起30日内向法院提起决议效力确认之诉，由人民法院适用简易程序审理。

除名决议符合公司决议的生效要件，不违反法律、行政法规强制性规定以及公司章程规定，且不存在股东压制情形的，法院应确认其效力。

法院在审查除名决议效力时，应综合考虑被除名股东过错、公司章程或者股东协议有无除名依据、开除股东是否有必要性、除名后股权处置方案是否公平等因素。

条文主旨

本条是关于有限责任公司股东会除名决议有效确认之诉的受理、审查重点的规定。

重点提示

1. 遵循法律行为理论，公司决议作为团体法律行为，除非法律规定特别生效要件，原则上决议作出即生效。这是基于如下几方面的原因。第一，法律行为是私法自治工具，公司决议是团体自治工具，公司决议作出即生效，符合私法自治精神。如果公司决议作出后均须经法院或者其他国家有权机关确认之后方才生效，公司自治就荡然无存。[①] 第二，如果允许法院开放性受理公司决议有效确认之诉，则实践中大量与公司交易的第三方出于交易安全考虑，在交易须经公司有权机关事前决议的情况下，极有可能要求公司向法院提起决议有效确认之诉，以降低交易风险。而如此一来，法院就成为公司重大交易行为的法律背书机关，不仅容易导致滥诉，

---

① 参见吴芳《有限责任公司股东除名规则之检讨与完善》，《现代法学》2021年第2期；刘胜军《论股东除名的事由与程序再造》，《法学》2023年第3期。

也与法院本身的职能定位不符。第三，公司治理格外注重效率性，若一般性地允许公司提起决议有效确认之诉，实践中会出现一种现象，即公司股东会或者董事会作出决议后，反对派成员对决议效力不予信服，要求公司提起决议有效确认之诉，待法院确认决议有效后，才予以认可。这不仅会导致明明有效的公司决议无端陷入效力纷争之中，还会极大地降低公司治理决策效率。综上，公司决议原则上作出即生效，法院一般不受理决议有效确认之诉。

2. 有限责任公司股东除名决议，应以法院确认决议有效作为除名决议生效要件。原因在于如下两方面。第一，有限责任公司具有显著的人合性特征，尤其是对于新型创业型公司而言，其人合性的特征更加显著。实践中，大量的有限责任公司成立之初，股东彼此间齐心协力、众志成城，而公司经营发展过程中通常会出现某些股东无法经受住公司人合性的检验，离心离德、背信弃义的事情常有发生。有鉴于此，很多有限责任公司在经营过程中，会产生开除"异己分子"① 的现实甚至紧迫的需求。而实践中经常出现的情况是，有限责任公司作出股东除名决议后，将决议文件送达被除名股东，被除名股东不仅置之不理，且仍旧以股东身份主张、行使其股东权利。公司无奈向法院提起诉讼，法院根据《公司法司法解释（四）》的规定，通常并不受理此类案件。市场监管机关在没有法院生效判决文书、没有被除名股东签字同意的情况下，通常也会拒绝公司的变更工商登记请求。这就导致实践中大量有限责任公司除名决议被搁置，无法被执行，给公司的经营管理、人合性带来诸多不便，甚至会导致公司陷入治理僵局。因此，从维系有限责任公司人合性、提升有限责任公司治理效能的目的出发，法院应当受理除名决议有效确认之诉。第二，从公司的角度而言，应当赋予其提起决议有效确认之诉的诉权。同理，从被除名股东的角度而言，公司提起此类诉讼，不仅仅是权利，也是一项义务。因此，实践中市场监管机关之所以要求变更工商登记须经过被除名股东同意或者

---

① 参见段威《有限责任公司股东退出机制：法理·制度·判例》，中央民族大学出版社2013年版，第149~156页。

公司能够提供法院支持的生效裁判文书，是因为股东除名决议极有可能成为大股东对小股东、异议股东实施股东压制的工具。因此，如果有限责任公司股东除名决议作出即生效，会给被除名股东带来权利救济上的麻烦。尤其是在被除名股东的股权已经被公司处置给第三人的情况下，还会引发股权回转的问题，牵涉利益众多。因此，该条将法院的确认作为除名决议的生效条件。尽管这样会增加一些诉讼成本，但是相对于矛盾纠纷的解决而言，此类成本必要且并不高昂。

3. 除名决议的司法审查要素。第一，需要明确的是，有限责任公司股东会通过除名决议开除股东，尽管系剥夺股东固有权，但决议并不因为除名事实本身而导致效力瑕疵，即公司法明确允许有限责任公司以股东会决议形式开除股东。第二，只要股东除名决议在内容、程序上不违反法律、行政法规的强制性规定，不违反公司章程，原则上除名决议有效。第三，除非公司章程、股东协议事前有明确规定、约定，且被除名股东事前在章程、股东协议中同意该规定、约定，否则不允许无过错除名。笔者认为，囿于目前我国有限责任公司并不尽如人意的公司治理生态，股东除名原则上应以被除名股东有重大过失为要件，应符合比例原则。第四，公司章程或者股东协议中的除名依据是决议效力审查的重点，同时对于章程修订案中的除名依据应重点审查，以确认其有无股东压制动机。第五，股东被除名后的股权处置方案是否公平、合理是除名决议的审查重点。在最高人民法院第96号指导性案例"宋文军诉西安市大华餐饮有限公司股东资格确认纠纷案"的裁判要旨中，最高人民法院针对公司章程中的"人走股留"条款效力问题指出一点，即"有限责任公司按照初始章程约定，支付合理对价回购股东股权，且通过转让给其他股东等方式进行合理处置的，人民法院应予支持"。① 也就是说，即便在普通的"人走股留"纠纷中股权处置方案都是审查重点，在争议频发的股东除名纠纷中，股权处置方案的审查更是重中之重。此外，股权处置方案是否公平、合理，通常也是判断股东除名决议是否涉嫌实施股东压制的重要判断指标。实践中部分公司在创业

---

① 参见《最高人民法院关于发布第18批指导性案例的通知》（法〔2018〕164号）。

初期众志成城、和衷共济，一旦创业成功，控制股东或者头部的强势股东就会萌生出"兔死狗烹"的念头，试图将弱势的创业伙伴开除出公司，然后独享公司的创业成果，此时他们往往会采取原价回购股权或者其他低价处置被除名股东股权的操作方式，股东压制动机不言自明。最为公平的股权处置计价方式是按照股东被除名时的公司净资产占比作价，当然对于互联网公司等新型公司而言还要考虑其经营模式、发展前景，将可能的预期收益折算在股权价格之内。此外，如果有限责任公司事前在公司章程或者股东协议中明确规定、约定了除名的股权处置计价方案，法院并非就可以不再审查，如果该事前方案显失公平，法院仍可以应当事人请求否定其效力，并以净资产占比作价的"比例分配规则"① 填补其漏洞。

背景依据

在我国早期的公司治理实践中，一般认为公司不能开除股东，因为公司与股东是平等的民事主体，而除名是对股东财产权、身份权的剥夺，这属于宪法、法律保留权力，公司没有这项权力，所以早年的司法案例中诸多除名决议被法院作了无效认定。2014 年《公司法司法解释（三）》实施后这一情况逐步发生变化，该司法解释第 17 条第 1 款规定："有限责任公司的股东未履行出资义务或者抽逃全部出资，经公司催告缴纳或者返还，其在合理期间内仍未缴纳或者返还出资，公司以股东会决议解除该股东的股东资格，该股东请求确认该解除行为无效的，人民法院不予支持。"尽管该条严格意义上仅针对股东拒不履行出资义务、抽逃全部出资这两种极端情形，但毫无疑问，这条规定为实践中公司开除股东开了一个口子。② 再加上公司法在诸多问题上允许公司章程"另有规定"，③ 公司的自治意识和自治需求不断强化，综合几种因素导致实践中大量股东除名纠纷逐渐涌现出来。

在公司法理论界，针对股东除名决议的属性，有"社团罚"与"合同

---

① 楼秋然：《评估权中的少数股权折价问题研究》，《政治与法律》2016 年第 2 期。
② 参见李建伟《有限责任公司的股东除名制度研究》，《法学评论》2015 年第 2 期。
③ 参见钱玉林《公司章程"另有规定"检讨》，《法学研究》2009 年第 2 期。

罚"之争。前者认为，开除股东是作为团体的公司为了维系其人合性、保持团队成员的清洁度所拥有的一种"权力"，是不以被除名股东个人意志为转移的，其背后折射的团体法思维是团体整体利益优先于股东个体利益的价值理念。持"合同罚"论者则认为，公司之所以可以开除股东，是因为公司章程、股东协议或者股东加入公司时的默示契约之规定、约定，即股东允诺在特定情况下，公司可以将其开除。① 两种属性定位相比较，"社团罚"定位更偏重公司整体利益和决策权威性，但是容易导致资本多数决被滥用，在公司内部出现多数派对少数派的"暴政"；"合同罚"定位则更偏重股东个体利益和弱者救济，容易导致公司内部陷入"个人主义"泥沼，② 出现治理僵局。权衡利弊，"社团罚"的定位更为科学，基于如下原因。其一，公司是团体，公司法是团体法，"社团罚"的定位不符合公司法的团体法属性。如果将股东除名决议定位为"合同罚"，其实是"大合同法"思维或者公司合同主义的不当扩张。其二，尽管两种定位各有其优劣，但相对而言，"社团罚"的缺陷更容易被治愈。在"社团罚"定位下，股东除名可能会出现变相实施股东压制等情况，但司法确认环节作为最后的保护屏障，可以有效矫正其缺陷。但是在"合同罚"定位下，如果被除名当事人事前未允诺，公司极难将其清除出公司，股东除名的实施空间会被严重压缩，且法院很难予以矫正。

股东除名决议纠纷数量增多，还有其商事治理实践背景。近年来，随着互联网科技公司等创新型公司兴起和国家双创政策的推动，新型公司对股东的人力贡献更加重视，这也是近几年股权激励遍地开花的实践背景。这就意味着新型公司往往不能忍受股东躺在出资上"睡觉"，甚至实施损害公司利益之行为，公司若要维持其内部团结和整体运营效率，就必须被赋予杀伐决断、清除异己分子的权力，股东除名决议恰好可以满足这一需求。

但是观念的变化通常需要一个过程，公司作出除名决议后，工商登记机关对此类决议特别警惕，出于对股东压制风险的疑虑，往往不愿意为公

① 参见蒋大兴《社团罚抑或合同罚：论股东会对股东之处罚权——以安盛案为分析样本》，《法学评论》2015年第4期。
② 参见吴飞飞《论"人走股留"纠纷裁判规则的适用困境与改进》，《现代法学》2023年第1期。

司变更工商登记，法院又不受理决议有效确认之诉，导致实践中大量股东除名纠纷不能及时得到有效解决。

股东除名制度肇始于德国，在德国公司法上，除名决议被视为维系有限责任公司人合性、剔除公司内部异己分子的有效手段。[1] 在德国公司法上，开除股东是公司自治问题，由公司章程对除名事由进行规定，并且股东除名是不以股东过错为条件的，诸如年龄、身体状态均可作为除名事由。当然，在公司章程未对除名事由进行规定的情况下，法院会以"概括性重大事由"为标准进行审查，如"财产关系不明或者存在非正常的财产关系往来；股东有浪费挥霍公司财产的不良嗜好、股东罹患重大疾病，以至于不再具备公司合同中约定的成为股东的前提性条件；拒绝履行公司章程中规定的股东义务；严重违反对公司应负的义务尤其信义义务；等等"[2]。德国公司法上股东除名制度最大的特点之一是股东会除名决议作出后必须向法院提起除名决议效力确认之诉，经由法院确认决议方才生效。[3] 这显然兼顾了公司的人合性需求和被除名股东的个人权益保护需求。

《公司法》第52条规定："股东未按照公司章程规定的出资日期缴纳出资，公司依照前条第一款规定发出书面催缴书催缴出资的，可以载明缴纳出资的宽限期；宽限期自公司发出催缴书之日起，不得少于六十日。宽限期届满，股东仍未履行出资义务的，公司经董事会决议可以向该股东发出失权通知，通知应当以书面形式发出。自通知发出之日起，该股东丧失其未缴纳出资的股权。依照前款规定丧失的股权应当依法转让，或者相应减少注册资本并注销该股权；六个月内未转让或者注销的，由公司其他股东按照其出资比例足额缴纳相应出资。股东对失权有异议的，应当自接到失权通知之日起三十日内，向人民法院提起诉讼。"此即为本次《公司法》全面修订中众望所归的股东失权规则。该规则在我国《公司法》上的确立，

---

① 参见段威《有限责任公司股东退出机制：法理·制度·判例》，中央民族大学出版社2013年版，第149~154页。

② 〔德〕托马斯·莱赛尔、吕迪格·法伊尔：《德国资合公司法》（第3版），高旭军等译，法律出版社2005年版，第517~520页。

③ 参见〔德〕托马斯·莱赛尔、吕迪格·法伊尔《德国资合公司法》（第3版），高旭军等译，法律出版社2005年版，第520页。

意义重大。其一,该失权规则有效地填补了《公司法司法解释(三)》第17条适用情形过于极端有限的法律漏洞,使股东失权成为公司法上的常态性治理手段,有利于进一步规范股东的出资行为,敦促股东积极履行出资义务。其二,过去的公司治理实践中,针对股东出资瑕疵行为,很多公司诉诸股东除名通道,但是由于法院对此类纠纷类型不予受理,导致公司及守信的股东很难对出资瑕疵股东追究相应责任。而股东失权制度确立后,公司董事会经催告后可直接以决议形式宣布其未缴纳出资的股权部分失权,可以极大提高公司治理效能,亦有利于化解公司治理僵局。但是股东失权与除名毕竟是两种相似却不同的制度,前者无法替代后者。因为,前者只针对股东的出资违约行为,不针对其他情形,其背后的立法目的归根结底是出于资本信用及债权人利益保护考量,偏重于公司治理的资合性面向。而后者则是以公司内部股东间关系为主线,偏重于解决公司内部的人合性困境。①

尽管笔者主张我国《公司法》在出台相关司法解释时,应明确法院可以受理股东除名决议有效确认之诉。但是对于除名决议有效性的审查,应持十分谨慎的立场。之所以法院、工商登记机关会对股东除名决议避之唯恐不及,很大一部分原因在于,在裁判者及登记机关看来,一方面,股东除名决议背后似乎都隐藏着或多或少的股东压制动因,若认可其效力,则有置小股东权益于不顾的风险。另一方面,若否决其效力,似乎又有违公司自治原则,尤其是当除名决议确有合理性时,有戕害公司自治的嫌疑。我们可以将法院、登记机关的畏惧心理归纳解释为一种隐隐约约的"社会效果压力",其关键点是担心股东被除名或剥夺股东权后无法得到妥当安抚。

基于此,法院在对股东会除名决议进行司法审查时应着重审查以下几个层面。第一,股东会除名决议的程序合法性审查。因为如果决议程序不合法,我们有理由怀疑除名决议的实质目的正当性,这就是程序影响实质。第二,除名事由的审查。除名事由的审查根据公司章程、股东协议事

---

① 参见王东光《股东失权制度研究》,《法治研究》2023年第4期。

前有无明确规定、约定，审查的逻辑也不一样。如果公司章程、股东协议事前对除名事由有明确具体的约定，法院需要重点审查具体的除名事由是否符合章程的规定或者股东协议的约定。相反，若公司章程、股东协议事前并无规定、约定，而由股东会直接作出除名决议，那么针对这种情况，首先需要说明的是股东除名并不要求事前在公司章程、股东协议中有依据。若是直接以股东会决议形式除名，需要审查被除名的股东自身是否具有重大且无法容忍的过错、有无其他替代性方案、除名决议是否有股东压制动因等几个因素。只有经审查确认，被除名股东自身确实有重大且无法容忍的过错并无其他可替代性方案，且除名决议不存在股东压制动因的情况下，除名事由才具有正当性。第三，股权回购、转让价款的公平性审查。股东会决议除名，需要对被除名股东的股权进行处置，直接的处置方案有两种：一种是由公司回购其股权，然后减资注销该部分股权或者暂留作库存股；另一种是责令被除名股东将股权转让给其他人。两种处置方案均存在股权计价的问题，法院应对股权计价方案是否公平进行审查。实践中常见的计价方式有以下几种。其一，原价回购。在有限责任公司"人走股留"纠纷中，该种计价方式最为常见。对此，笔者曾在另文中指出，"原价回购股权，是对员工持股股权的掠夺式回购"①，对员工持股股东极为不公，因为员工股东入股期间的投资增值收益完全没有被计算进去。其二，固定利率回购。实践中，部分公司在章程、股东协议中对股东除名股权回购计价方式作出按固定利率回购的规定或者约定。对此，笔者认为，若是被除名股权的净资产占比计价与固定利率回购计价相差不多，可以认定按照固定利率回购。如果二者有很大悬殊，则按照净资产占比计价，因为该计价方式对于公司与被除名股东而言均最为公平。其三，公司净资产占比计价。这种计价方式最为公平，是法院认定计价规则时的首选方案、"默认规则"②。第四，公司回购股权的履行能力审查。这一点在司法裁判实践中经常被法院遗漏，而导致公司因此减损了偿债能力。即如果回购被除名

---

① 吴飞飞：《论"人走股留"纠纷裁判规则的适用困境与改进》，《现代法学》2023 年第 1 期。
② 楼秋然：《评估权中的少数股权折价问题研究》，《政治与法律》2016 年第 2 期。

股东的股权，会导致公司无法偿付到期债务的，法院应认定案涉除名决议、股权回购协议不具备可履行性，待履行条件成就时再由公司重新启动除名、回购程序，这是贯彻公司法上资本维持原则要求的具体体现。①

典型案例

李某与 A 公司、第三人张某公司决议效力确认纠纷案②

案情简述

李某和张某系 A 公司股东，分别持股 70%、30%。2015 年 A 公司于 2015 年 12 月 3 日致函张某要求其于 2015 年 12 月 7 日前履行出资义务，并赔偿经济损失。经多次催告，张某仍不履行出资义务。2015 年 12 月 31 日，A 公司召开股东会，决议剥夺张某股东资格，决议文件送达张某，张某置之不理。之后，张某反复多次向 A 公司主张行使股东知情权、利润分配权等权利，其后又请求解散公司。

李某不胜其烦，其后以该公司名义向法院起诉，请求确认剥夺张某资格的股东会决议有效。

审判意见

法院认为，尽管《公司法》及相关司法解释并不承认决议有效确认之诉，但具体到本案中，张某并未向法院起诉请求确认决议无效，而是反复提出行使股东权的要求。这种情况下，如果不确认决议有效，则 A 公司与李某将被张某反复纠缠，无法脱身。故法院判决确认剥夺张某股东资格的股东会决议有效。

点评

严格说来，目前法院对股东除名决议的裁判分为两条裁判进路。第一条，作出除名决议的公司请求法院确认决议有效，法院一般不予受理。第二条，被除名股东提起除名决议无效确认之诉，法院经审查，如认为决议不存在瑕疵情形，则驳回原告诉讼请求，确认决议有效，这类似于间接确

---

① 类似规定可参见《九民纪要》第 5 条。
② 参见上海市第一中级人民法院（2016）沪 01 民终 5482 号民事判决书。

认决议有效。但如若被除名股东不请求确认决议无效，反而一再要求行使各项股东权利，公司又无法变更工商登记，这无疑给公司治理造成极大的不良影响，因此该法院的判决对公司决议有效确认之诉的理解和适用非常灵活到位，回应了实践中股东除名决议的制度诉求。《中华人民共和国民事诉讼法》（以下简称《民事诉讼法》）第 122 条规定："起诉必须符合下列条件：（一）原告是与本案有直接利害关系的公民、法人和其他组织；（二）有明确的被告；（三）有具体的诉讼请求和事实、理由；（四）属于人民法院受理民事诉讼的范围和受诉人民法院管辖。"这是现行《民事诉讼法》关于原告起诉资格的规定，尽管《公司法司法解释（四）》没有对决议有效确认之诉作出明确规定，但是其也没有明确禁止股东提起公司决议有效确认之诉。最为重要的是，若公司的除名决议得不到执行，则可能或者已经给公司治理带来诸多麻烦时，公司对于请求确认决议有效具备诉的利益，即确认利益①。在原告具有确认利益且不违反实定法禁止性规定的情况下，法院受理此类纠纷其实并无合法性障碍。

第四节　决议特别生效规则

建议条文

有限责任公司、非上市股份有限公司股东会决议自送达之日起生效；上市公司股东会决议自公告之日起生效，有正当理由的可以不予公告。

有限责任公司董事会决议自作出且通知全体董事、股东之日起生效，股份有限公司董事会决议自作出之日起生效。

条文主旨

本条是关于公司股东会或股东大会、董事会决议生效规则的规定。

---

① 参见刘哲玮《确认之诉的限缩及其路径》，《法学研究》2018 年第 1 期。

重点提示

根据法律行为理论的一般原理，原则上法律行为成立即生效，具体到公司决议，理论上决议只要依法、依章程作出即生效。《公司法》及相关司法解释虽未对此作具体规定，但隐含的逻辑确是如此。然而，在实践中我们发现决议行为比较有特殊性。比如合同，它不会存在成员不在场的问题，合同订立，全体当事人均在场知悉，故无须再有特别的生效程序，但是决议不同，决议会有不在场的成员。尤其是对于公司内部的少数派股东而言，尽管他们不能左右决议的结果，但是他们对决议享有第一时间的知情权。这一知情权尤其可以避免伪造股东签名决议、肆意处置股东权决议的出现。因此，我们认为股东会或者股东大会决议作出并不立即生效，应当自送达或者公告结束之日起生效。

有限责任公司、非上市股份有限公司股东人数总体而言数量不多，采送达生效规则，不会给公司带来操作困难，也不会产生太多的管理成本。上市公司股东大会决议作出后须公告，因此我们把公告程序解释为决议生效程序，又因为上市公司股东人数众多，故不需要再另行送达。

理论上董事会决议也应有特别生效规则，只是考虑到股份有限公司内部成员人数众多，且商业机会瞬息万变，对于股份有限公司董事会决议的生效规则，我们认为应当自作出之日起生效。因为董事会与股东（大）会的功能定位不同，董事会是公司的经营决策和战略管理机构，讲究专业性和效率性，所以除非公司章程另有规定，原则上董事会决议自作出之日起生效。

背景依据

公司决议何时生效看似并无争议，遵循公司决议的法律行为性质，股东会、董事会决议理论上作出即生效，而无须附加其他生效规则，实践中的做法也是如此。在公司法理论界，尽管很大一部分学者并不承认决议行为的法律行为属性，但不可否认的是，公司法上的公司决议规则很多地方潜移默化地受法律行为制度影响，甚至可以说脱胎于法律行为制度，法律行为生效规则即如此。在法律行为理论中，除了附生效条件的法律行为以外，其他法律行为原则上成立即生效，至于是否会被撤销或最终认定为无效，则受阻却生效要件影响，但阻却生效要件的适用普遍是事后性的。之所以法律行为的生效规则如此规定，主要基于以下几点原因。第一，成立即生效，可以最大限度地降低法律行为订立中的不确定性因素，保障相对方的信赖利益，促进交易之便捷。第二，法律行为是私法自治的工具，其精神内核为意思自治，对法律行为设置一般性生效程序，与意思自治原则相冲突。第三，传统的法律行为理论发端于个人法领域，个人法领域主要是单方行为、合同行为，法律行为实施中所有当事人理论上均在场，具有亲历性，既然当事人均在场、亲历，也就无须再多余地设置一道生效程序。前面的三点理由中，前两点对于公司决议同样成立，但是第三点无法用以解释公司决议。公司决议是人头多数决或者资本多数决，无论哪一种决议方式，理论上都可能存在当事人不在场、不亲历的情况，尤其是对于上市公司而言，股东人数众多，大量散户股东基于理性、冷漠等原因根本不会参加股东大会。如果公司决议作出便生效，意味着决议可以在部分成员不在场、不知详情的情况下生效，会导致"抽屉决议"现象出现，这与公司治理的民主理念相背离，也不利于保障中心股东知情权、监督权。

因此，包括公司决议在内的决议行为，应当设置一个特定的生效程序，以确保全体成员对决议的议事程序和内容知情。具体而言，有限责任公司和未上市的股份有限公司股东会决议作出后，自通知全体股东之日起生效；上市公司股东大会决议作出后，自公告或者以其他合理方式通知全体股东后生效。通知或者公告的内容包括股东会的召开时间、地点、议题、议事流程、表决通过比例等基本信息。那么，董事会决议是否需要以通知或公告程序作为生效程序呢？笔者认为，有限责任公司董事会决议应当有此生效程序，因为一方面董事会会议亦有董事不在场的情况，另一方面有限责任公司董事会属于全体股东的委托授权机关，故有限责任公司董事会作出决议后，不仅要向全体董事发出通知，还应向全体股东发出通知，决议方才生效。然而，股份有限公司董事会决议原则上作出即生效，而不应设置特别生效程序。理由是：其一，股份有限公司董事会具有很强的独立性，而不仅仅是全体股东的授权机关，如上市公司董事会是代表公司整体意志行事而非代表股东意志行事，因此董事会决议不以向股东通知披露为其生效要件；① 其二，股份有限公司董事会决议具有极强的效率导向，尤其是上市公司董事会决议，其生效时机不仅关乎公司能否抓住瞬息万变的商业机会，还会对股价以及整个资本市场波动产生影响，因此原则上股份有限公司董事会决议作出即生效。

如前文所述，在有限责任公司治理中，"抽屉决议"现象十分常见，根据《公司法》（2018 年版）第 22 条的规定，对于可撤销决议，股东必须在决议作出之日起 60 内请求法院撤销该决议。而现实中，一旦股东遭遇"抽屉决议"，往往已经经过了 60 日的客观除斥期间，进而导致相关股东救济无门。部分法院出于股权权利救济目的，通过对决议无效事由予以扩大解释的方法，认定案涉决议无效，实现其权利救济裁判目的。② 为了避免、减少这一现象，《公司法》第 26 条第 2 款规定："未被通知参加股东会会议的股东自知道或者应当知道股东会决议作出之日起六十日内，可以请求人民法院撤销；自决议作出之日起一年内没有行使撤销权的，撤销权消灭。"显然，该款是为了解决有股东未被通知参会情况下的"抽屉决议"权利救济问题，旨在针对该种特殊情形拉长权利救济的时效期间，降低"抽屉决议"的发生概率。但是，该条的适用情形非常局限，即只适用于未被通知参会的股东。现实中，还有很多其他情形会导致"抽屉决议"的产生，比如：股东在会议中途有事退场，其他股东在这种情况下临时加入新的议案；某股东虽然被通知参会，但是在其请假未到会的情况下，其他股东针对议题外的议案作出决议；等等。《公司法》第 26 条第 2 款显然无法解决这些情况下的"抽屉决议"问题。当然，或许在立法者看来，中途退场以及请假未到会的股东自身有其过失，所以对其权利无须给予额外救济。该种思路显然是对公司决议瑕疵规则价值作用的曲解，公司决议瑕疵规则的作用是引导、促进公司作出最科学、民主、高效、安定的决议文件以及制止有害决议文件的实施，而非根据过错程度对谁作出相应惩罚。笔

---

① 参见〔美〕J·B. 希顿《公司治理与代理崇拜》，林少伟、许瀛彪译，《交大法学》2018 年第 4 期。
② 参见吴飞飞《论公司决议无效事由的扩大解释与限缩澄清》，《社会科学》2022 年第 1 期。

者认为，从一劳永逸的目的解决"抽屉决议"问题，最有效且成本极低的方法就是确立决议特别生效规则，确保每个股东都对公司作出的决议内容知悉，"抽屉决议"自然丧失其赖以产生的规则土壤。

典型案例

燕某乙与 S 房地产开发公司公司决议纠纷案①

案情简述

S 房地产开发公司成立于 2010 年 5 月，工商登记信息显示，该公司注册资本 1000 万元，燕某甲持股 99%，燕某乙持股 1%。2013 年 S 房地产开发公司在未实际召开股东会的情况下，形成了股东会决议，决议内容为：燕某甲将其持有的 S 房地产开发公司股权的 60% 转让给侯某，19% 的股权转让给周某，燕某乙将其持有的 1% 的股权转让给周某。股东会决议文件上有燕某甲、燕某乙的签字确认，事后经司法鉴定确认燕某乙的签字系伪造。2013 年 8 月，S 房地产开发公司根据前述决议文件完成了工商登记变更。

审判意见

2016 年 6 月，燕某乙在登记机关查询相关信息时发现自己已经不具有 S 房地产开发公司的股东资格，随即向人民法院提起了诉讼，请求判定案涉股东会决议不成立。其后几名当事人希望以和平方式解决纠纷，燕某乙向法院撤回了起诉。但是 2020 年 1 月，因解决方案未形成共识，燕某乙再次向法院提起诉讼。法院经审理认为，燕某乙仅持有 S 房地产开发公司 1% 的股权，扣除其持股比例，案涉股东会决议仍旧可以达到通过比例，法院据此驳回了燕某乙的诉讼请求。

点评

该案从裁判逻辑和审理结果来看，问题都非常明显。股权尽管具有某种程度上的公共性，但是本质上属于私权，除非在股东除名、股东失权、"人走股留"等特定情境下，股东会原则上无权直接处分股权。本案中，

---

① 参见河北省迁安市人民法院（2020）冀 0283 民初 626 号民事判决书。

案涉股东会决议直接处分了燕某乙的股权。法院以燕某乙持股比例仅为1%，不足以影响案涉决议通过为由驳回其诉讼请求，裁判逻辑匪夷所思。按照这个逻辑，就意味着有限责任公司持股比例超过三分之二的大股东或者联合持股超过该比例的一致行动人可以随意以股东会决议的形式处置他人股权，这显然是不对的。

不过，前述问题不是本部分讨论的重点。本部分需要讨论的是，S房地产开发公司作出一个有关股东股权处置的决议，而该股东却完全不知情，直到其到登记机关办理其他事情时才知晓该情况，本案的故事情节极具戏剧性。导致这一现象发生的制度性成因之一，便是公司决议原则上作出即生效。假设根据笔者的观点，有限责任公司股东会决议作出且通知股东会才生效，情况就变得完全不一样。首先，因为决议文件要通知到股东本人，S房地产开发公司大概率不敢作出直接处置他人股权的决议。其次，即便S房地产开发公司股东会确实作出了此类决议，原告股东也可以借助通知程序知悉该决议，并采取权利救济措施，也不至于长期处在信息受蒙蔽状态。最后，假设S房地产开发公司股东会作出决议后未通知该股东，根据本书主张的决议特别生效规则，该股东知悉后可主张决议未生效。

第五节　公司决议外部效力规则

建议条文

公司股东会、董事会决议被人民法院宣告无效、撤销或者被确认不成立的，公司根据该决议与善意相对人形成的民事法律关系不受影响。

人民法院在认定相对人是否为善意相对人时，应综合考虑公司法、公司章程是否对决议事项有相关规定，第三人是否尽到了相应的审查义务。

条文主旨

本条是关于瑕疵公司决议对公司与第三人所形成的外部法律关系是否产生对抗效力的规定。

重点提示

1. 公司决议外部效力问题，总体上应当贯彻《民法典》第 85 条所规定的"善恶二分制"，即善意相对人依据瑕疵公司决议与公司形成的法律关系不受公司决议效力瑕疵影响。关于瑕疵公司决议外部效力问题，如本书第四章第三节所述，近年在学术界争议较大。有公司法学者认为，"善恶二分制"系以自然人为规范调整对象所形成的外部效力逻辑，公司作为组织体，其意思形成与表示机制与自然人相比有显著差异，所以"善恶二分制"对公司决议的适用性值得怀疑。据此，他们认为应当在"善恶二分制"之外构建独立的且更为精细化的公司决议外部效力规则。① 然而，公司法学界关于独立的公司决议外部效力规则的探讨只能说尚处于起步阶段，有待进一步形成共识。"善恶二分制"法律适用历史悠远，认可度更高，适当调整适用于公司决议并无障碍。并且，《公司法》第 28 条也延续了"善恶二分制"的立法进路，公司决议外部效力问题继续适用"善恶二分制"无疑是当下最为稳妥的选择。

2. 相对人是否尽到相应的审查义务，是决定善意认定的关键因素。民法中的"善意"是一种推定的"善意"，由主张相对人并非"善意"的当事人承担举证责任。而在公司决议外部效力问题上，"善意"推定模式须有所调整。法定的决议事项，相对人尽到审查义务后，才能被认定为善意相对人。章定的决议事项分两类：一类是针对公司章程中的缺省性规范而规定的决议事项，此类决议，相对人应尽到合理审查义务；另一类是公司章程完全自主规定的决议事项，此类决议，相对人可推定为"善意"。法定、章定决议事项之外的公司决议，相对人可推定为"善意"。

背景依据

公司决议外部效力问题的讨论肇始于公司越权担保规则的变迁。《合

---

① 参见李建伟《公司决议的外部效力研究——〈民法典〉第 85 条法教义学分析》，《法学评论》2020 年第 4 期；蒋大兴《公司组织意思表示之特殊构造——不完全代表/代理与公司内部决议之外部效力》，《比较法研究》2020 年第 3 期。

同法》（1999 年版）第 50 条规定："法人或者其他组织的法定代表人、负责人超越权限订立的合同，除相对人知道或者应当知道其超越权限的以外，该代表行为有效。"该条是过去处理公司内外法律关系的基本遵循。《公司法》（2005 年版）第 16 条第 1 款规定，"公司向其他企业投资或者为他人提供担保，依照公司章程的规定，由董事会或者股东会、股东大会决议；公司章程对投资或者担保的总额及单项投资或者担保的数额有限额规定的，不得超过规定的限额"。实践中很多公司超越章程的规定，在股东会或董事会未作决议的情况下，对外越权提供担保，此类担保合同的效力引发了极大的争议。持传统观点的人士认为，外部债权人对于公司章程、决议文件没有审查义务，其"善意"是直接被推定的，除非公司方能够证明债权人明知其越权仍旧与之订立担保合同。[①] 受此传统观念影响，实践中大量的公司越权担保合同被法院作有效认定。公司法学界对该种裁判立场进行了持续性的批判，核心观点之一便是公司不同于自然人，而意思形成和表示高度依赖于程序机制，且具有可视性，基于诚信原则，也基于《公司法》（2018 年版）第 16 条的立法转致，债权人都应当对公司章程、决议文件承担一定审查义务。这种观点逐渐占据上风，2019 年《九民纪要》出台，明确了担保债权人的形式审查义务。紧随其后的《民法典担保制度司法解释》更进一步规定了债权人的合理审查义务。

基于公司担保规则的变迁，公司法学界乘胜追击，试图在公司担保问题以外赋予公司决议更为广泛的外部效力，以更好地维护公司法的法益目标。这种努力方向本身是可取的，但是需要一个较为持久的过程。最为关键的是，目前公司法界尚没有足够的实证依据证明在公司担保问题以外，还有哪些非常棘手的类案纠纷需要在更为广泛的层面上赋予公司决议外部效力才能得以解决。在缺乏实证紧迫性的情况下，尊重当下规则是明智之举。因此，"善恶二分制"仍应作为认定公司决议外部效力的基本规则。

《公司法》第 28 条第 2 款规定："股东会、董事会决议被人民法院宣告无效、撤销或者确认不成立的，公司根据该决议与善意相对人形成的民

---

① 参见钱玉林《公司法第 16 条的规范意义》，《法学研究》2011 年第 6 期。

事法律关系不受影响。"该款对公司决议外部效力的规定延续了《民法典》第 85 条的规定,继续秉承"善恶二分制"立场,值得赞赏。但是,尽管《公司法》第 28 条第 2 款对公司决议外部效力问题作出了看似明确的规定,但是实践中的纷争大概率不会因此而消弭。可以预见,未来法律适用中,最为棘手的问题是如何认定外部相对人为善意相对人。在整个公司发展史来看,公司决议、章程的外部效力一直都是难以完全厘清的难解之题。在公司制产生的初期,成立公司需要有国王或者议会颁发的"特许状",彼时的"特许状"即为今天的公司章程、公司决议,"特许状"会对公司的经营范围、目的能力作出明确的规定,且一经规定即推定所有与公司交易的第三人知悉"特许状"的内容。① 一旦公司超越其目的能力范围与外部第三人从事交易、实施法律行为,相关交易、法律行为即会被认定为无效,这就是赫赫有名的"越权无效原则",也称"越权原则"。② 也就是说,外部第三人不能主张其不知道也不应当知道"特许状"对公司目的能力范围的限定而宣称自己是善意第三人,不知"特许状"的限定本身就构成恶意。商事特许主义时代,公司不是真正意义上的商主体,往往代表了国家意志,因此公司的"特许状"在当时实际上等同于法律,所以不知"特许状"者不免责。

此后,随着公司制由商事特许主义发展到准则主义,公司成为真正意义上的商主体,尤其是在市场经济环境下,国家出于鼓励交易、促进市场繁荣的考虑,在法律制度设计上更倾向于保护与公司交易的第三人利益,现代民法上的信赖保护原则、表见代理制度、商事外观主义原则、善意取得制度等都是在这种制度背景下产生的。③ 因此,进入现代以后,公司决议、章程一般而言都不再具有推定通知作用,与公司交易的第三人对公司决议、章程是如何规定的,除非系明知,否则既不知道也不应当知道。对于外部第三人而言,在与公司交易的过程中,只需要确认对方拥有公司的

---

① 参见张乃和《近代英国公司制度的起源》,《吉林大学社会科学学报》2021 年第 6 期。
② 参见孙英《公司目的范围外经营规制:从外化到内敛——兼论双重性民事权利能力对公司越权的适用》,《法学论坛》2010 年第 1 期。
③ 参见罗昆《鼓励交易原则的反思与合理表达》,《政治与法律》2017 年第 7 期。

代表权、代理权外观，就可以与之交易，且会直接被推定为善意第三人，整个市场的交易量也因此而被"盘活"。然而，随之而来也引发了一系列问题。法律在一般性层面否定了公司决议、章程的外部效力、推定通知作用以后，由于法定代表制、代理制的存在，道德风险事件频发，商事交易风险被不公平、不合理地过多地分配给了公司一方，长此以往不仅不能实现鼓励交易的初衷，还会放大市场交易风险，甚至引发金融风险、股市动荡。基于此，我们整套旨在保护外部第三人利益的制度都在不同程度地发生调整、变化，比如商事外观主义原则，过去很长的历史时期内法院系统一直奉商事外观主义原则为圭臬，注重权利外观与第三人利益保护，疏漏对于实质权利人的保护。但是在近年的案外人执行异议之诉中，外部第三人和实质权利人的权利冲突现象愈加剧烈。在这种情况下，最高人民法院及时扭转裁判思路，在《九民纪要》开篇中指出："从现行法律规则看，外观主义是为保护交易安全设置的例外规定，一般适用于因合理信赖权利外观或意思表示外观的交易行为。实际权利人与名义权利人的关系，应注重财产的实质归属，而不单纯地取决于公示外观。总之，审判实务中要准确地把握外观主义的适用边界，避免泛化和滥用。"① 同步发生调整、变化的还有本部分所讨论的公司决议、章程的外部效力规则。从直观上看，《民法典》第85条及此前《合同法》（1999年版）相关条款都是奉行公司决议外部效力的"善恶二分制"，《公司法》第28条亦未对此作出任何实质调整。上述做法是否意味着公司决议、章程外部效力认定问题还是延续过去的"老路子"呢？答案绝非如此。公司决议外部效力"善恶二分制"实质转向的关键点在于第三人善意认定的逻辑与标准。既往的"善恶二分制"直接推定外部第三人为善意第三人，由公司一方承担外部第三人非善意的举证责任。而今后，至少在商事纠纷审理中，法院一般不能直接推定外部第三人为善意第三人，而应当综合相关事实的审查成本与交易风险之间的匹配度以及外部第三人的身份、能力作出综合判断。以公司越权担保

---

① 最高人民法院民事审判第二庭编著《〈全国法院民商事审判工作会议纪要〉理解与适用》，人民法院出版社2019年版，第5~6页。

中的债权人审查义务规则为例，此前司法裁判的主流态度是不承认第三人对公司决议、章程负有审查义务，经过公司法理论界和实务界历时十余年的努力，2019 年《九民纪要》首次明确规定外部第三人对公司章程、决议文件应当承担形式审查义务，也即最低限度的审查义务。但是此后最高人民法院发布的《民法典担保制度司法解释》则将该形式审查义务改为合理审查义务。如果说形式审查义务是点到为止的审查义务，合理审查义务则是基于诚信原则的尽心尽职的审查义务，这体现了第三人善意标准的认定由形式主义到实质主义的转变。第三人善意认定标准从形式主义到实质主义的扭转，也在一定程度上提高了对裁判者的专业要求，甚至会由此引发新的"同案不同判"问题。尽管对于究竟应当如何认定第三人为善意的问题，很难形成一个统一的裁判标尺，但是至少在下述几个层面可以形成初步的共识。其一，第三人善意是一种善意为交易相对方的主观心理状态，法院经审查后确信第三人在订立合同时具备该主观心理状态的才能认定其为善意第三人。换言之，在《公司法》第 28 条的语境下，第三人的善意应当是一种待证明的事实状态而非推定的事实状态。其二，第三人的善意具有差异化特质，而非千人一面。比如在公司越权担保纠纷中，作为第三人的银行的善意与普通民事主体的善意认定标准势必会有所区别，前者具备更强的专业能力和法律风险防控条件，自然其善意的认定标准要高于后者，才能体现出合理性。其三，案件标的额的大小会影响到第三人善意的认定。基于合理主义考量，标的额大的交易中，第三人要承担的审查义务应该重于标的额过小的案件，这体现了风险与责任相互匹配的裁量思维。

典型案例

Z 银行、L 网公司金融借款合同纠纷案[①]

案情简介

2016 年 7 月，Z 银行与 L 控股集团签订了《并购借款合同》，约定后者向前者借款 17.5 亿元。2016 年 8 月 L 控股集团的关联公司 L 网公司向 Z

---

① 参见最高人民法院（2019）最高法民终 1438 号民事判决书。

银行出具了函件，称：鉴于 Z 银行与 L 控股集团签订了《并购借款合同》，L 网公司确认知悉并认可该合同的全部条款和约定条件。如出现逾期或者拖欠 L 银行本息的情况，L 网公司承诺对 L 控股集团的付款义务承担差额补足义务。2017 年 8 月，因债务人 L 控股集团出现债务逾期，Z 银行向法院起诉，要求 L 控股集团偿还债务，并要求 L 网公司承担差额补足义务。

审判意见

法院经审理认为，L 网公司向 Z 银行出具的《差额补足函》具有债务加入的意思表示，L 网公司作为上市公司加入 L 控股集团的债务，应经股东会或者董事会作出相关决议，但 L 网公司并未作出此类决议。Z 银行在接收该函件时，并未审查 L 网公司同意该事项的决议，也未审查该公司公开披露的信息。因此，该函件对 L 网公司不产生拘束力。

点评

该案是近年的热点案件，在相关商事领域引起较大反响。理论界和实务界对本案关注的焦点主要集中在案涉《差额补足函》的法律性质界定。尽管实践中针对差额补足协议的性质有所争议，存在不同的裁判结论，但是 Z 银行作为专业的金融机构，本身拥有专业的法务团队，其法务团队当然应当知道差额补足协议可能会被认定为保证或者债务加入，基于谨慎和诚信考虑，应当要求 L 网公司提供公司有权机关作出的决议文件，很遗憾 Z 银行没有做到这一点，因此法院认定其并非善意相对人，该裁判结论相当合理。

通过这个案件可知，在公司作为交易方的商事交易、商事合同中，相对人的善意认定标准会更高、更具体。原因有二：其一，公司的意思形成与表示过程不同于自然人，内心意思与表示意思不一致的情况极易出现，相对方应充分考虑到这一点，并通过审查义务的履行降低交易风险，这一点前面已经提及；其二，在公司作为交易方的商事交易、商事合同中，相对方通常也是公司或者金融机构，相较于普通自然人，此时的相对方拥有更高的风险辨识能力，所以法律应当赋予其更高的交易审慎义务。因此，"善恶二分制"适用于公司决议外部效力，关键在于如何把握"善意"认定标准的高低问题。

结　语

　　私法分个人法、团体法两大板块，单方法律行为、合同等是个人法上的私法自治工具，公司决议、业主大会决议、农村集体经济组织决议等是团体法上的私法自治工具。《民法典》总则编中的法律行为制度及其理论基本系以合同为"蓝本"抽象提取得来，某种程度上甚至可以说既有法律行为制度及其理论是"披着法律行为外衣的合同"。某些时候，我们之所以会认为公司决议望之不似法律行为，其实潜意识里不过是因为公司决议不似合同而已。公司法学界，不乏学者主张公司决议并非法律行为，试图将其从民法的荫蔽中抽离出来。然而，公司决议可撤销、成立、无效其实都是法律行为理论中的效力状态，长期被公司决议"拿来主义"地使用，公司决议显然不能一边理所当然地适用法律行为理论的效力规则，一边理直气壮地宣称自己不是法律行为。

　　公司决议回归法律行为"大家庭"以后，一方面，法律行为制度上的诸种一般法规则得以贯通适用于公司决议，填补公司决议规则的法律漏洞；另一方面，公司决议作为"新成员"加入，促使法律行为制度得以深刻反思其对各类法律行为的兼容性，借助公司决议重新提取一次"公因式"，进而"老树开新花"，获得新的制度增长点。这两个层面的作用力通常是同时且交互发生的。比如，既往公司法学界主张公司决议并非法律行为的观点，其关键性依据是法律行为制度的代表性规则——意思表示瑕疵规则无法适用于公司决议，理由是在合同法上，当事人意思表示存在瑕疵则可以撤销整个合同，而在公司决议中，单个股东意思表示存在瑕疵却不能撤销整个决议。然而，当我们将公司决议、合同、单方法律行为归纳在

220

一起，重新为意思表示瑕疵规则提取一次"公因式"，会发现所谓意思表示瑕疵规则应当是意思表示的撤销而非法律行为的撤销。按照这个逻辑，更新的意思表示瑕疵规则就可以贯通适用于公司决议、合同等各类法律行为。在这个过程中，公司决议规则中的表决权瑕疵规则之漏洞被填补，《民法典》总则编中的意思表示瑕疵规则也得以更新。又如公司决议注重程序，程序瑕疵会导致决议效力瑕疵。而法律行为理论几乎不讲程序，公司决议被纳入法律行为体系后，决议程序如何在法律行为理论体系中"寻根"成为一个无法回避的命题。于是，我们再一次将公司决议、合同、单方法律行为等归纳放置在一起考量，结果发现公司决议之程序，其实与法律行为之形式一脉相承，程序是形式的高级形态，是由形式发展演变而来，二者合并可以成为法律行为的"程式"。程序瑕疵对公司决议效力的影响已经具有高度确定性，这可以为形式瑕疵法律行为效力判定提供参考。进而言之，程序既在法律行为体系中找寻到其根源所在，又可以"反哺"法律行为制度，这个过程是同时且交互发生的。

公司决议的法律行为定性是其深入《民法典》总则编的路径通道，借助这个通道，《民法典》总则编中的法律行为制度、代理制度、民事主体制度、民事权利义务等便可以广泛深入地影响公司决议，为公司决议纠纷的法律适用提供更多层次的法源选择空间。《民法典》总则编与公司决议制度的适用对接，既是民法作为"母法"对公司决议制度的"法源给养"过程，也是公司决议制度作为特别法规则对民法制度的"反哺"过程。

参考文献

一　中文类参考文献

（一）国内著作类

1. 陈醇：《商法原理重述》，法律出版社 2010 年版。

2. 陈醇：《金融法违约预防与违约处置制度研究》，法律出版社 2019 年版。

3. 陈聪富主编《民商法发展新议题》，清华大学出版社 2012 年版。

4. 陈甦主编《民法总则评注》（下册），法律出版社 2017 年版。

5. 董安生：《民事法律行为》，中国人民大学出版社 2002 年版。

6. 窦海阳：《论法律行为的概念》，社会科学文献出版社 2013 年版。

7. 杜万华主编《最高人民法院公司法司法解释（四）理解与适用》，人民
   法院出版社 2017 年版。

8. 黄立：《民法总则》，中国政法大学出版社 2002 年版。

9. 黄茂荣：《法学方法与现代民法》，法律出版社 2007 年版。

10. 黄右昌：《罗马法与现代》，何佳馨点校，中国方正出版社 2006 年版。

11. 黄忠：《违法合同效力论》，法律出版社 2010 年版。

12. 江平、米健：《罗马法基础》，中国政法大学出版社 1991 年版。

13. 蒋大兴：《公司法的展开与评判：方法·判例·制度》，法律出版社，
    2001 年版。

14. 柯芳枝：《公司法论》，台湾三民书局 2002 年版。

15. 孔令政：《公司分配法律制度研究》，法律出版社 2021 年版。

16. 赖源河主编《商事法实例问题分析》，台湾五南图书出版公司 2000

年版。

17. 李铁映：《论民主》，人民出版社、中国社会科学出版社 2001 年版。

18. 李宜琛：《民法总则》，中国方正出版社 2004 年版。

19. 李宇：《民法总则要义》，法律出版社 2017 年版。

20. 李志刚：《公司股东大会决议问题研究：团体法的视角》，中国法制出版社 2012 年版。

21. 梁上上：《利益衡量论》，法律出版社 2013 年版。

22. 刘得宽：《民法总则》（增订四版），中国政法大学出版社 2006 年版。

23. 刘俊海：《股份有限公司股东权的保护》，法律出版社 2004 年版。

24. 刘渝生：《公司法制之再造——与德国公司法之比较研究》，台湾新学林出版股份有限公司 2005 年版。

25. 龙卫球：《民法总论》（第二版），中国法制出版社 2002 年版。

26. 罗芳：《股东协议制度研究》，中国政法大学出版社 2014 年版。

27. 罗培新：《公司法的合同解释》，北京大学出版社 2004 年版。

28. 钱玉林：《股东大会决议瑕疵研究》，法律出版社 2005 年版。

29. 施天涛：《公司法论》（第三版），法律出版社 2014 年版。

30. 史尚宽：《民法总论》，中国政法大学出版社 2000 年版。

31. 宋智慧：《资本多数决：异化与回归》，中国社会科学出版社 2011 年版。

32. 谭安奎编《公共理性》，浙江大学出版社 2011 年版。

33. 谭安奎：《公共理性与民主思想》，生活·读书·新知三联书店 2016 年版。

34. 唐青林、李舒主编《公司法司法解释四裁判综述及诉讼指南》，中国法制出版社 2017 年版。

35. 王军：《中国公司法》，高等教育出版社 2015 年版。

36. 王军：《公司资本制度》，北京大学出版社 2022 年版。

37. 王利明等主编《中国民法典基本评论问题研究》，人民法院出版社 2004 年版。

38. 王利明：《民法总则研究》（第二版），中国人民大学出版社 2012 年版。

39. 王泽鉴：《民法总则》，北京大学出版社 2009 年版。

40. 吴飞飞：《公司章程司法裁判问题研究》，商务印书馆 2020 年版。

41. 谢怀栻：《民法总则讲要》，北京大学出版社 2007 年版。

42. 俞可平：《社群主义》，东方出版社 2015 年版。

43. 曾宛如：《公司管理与资本市场法制专论》，元照出版社 2007 年版。

44. 张开平：《英美公司董事法律制度研究》，法律出版社 1998 年版。

45. 张明澍：《英国公司法经典案例》，法律出版社 1998 年版。

46. 张维迎：《产权、激励与公司治理》，经济科学出版社 2005 年版。

47. 张雪娥：《公司股东大会决议效力研究》，法律出版社 2018 年版。

48. 赵汀阳：《每个人的政治》，社会科学文献出版社 2010 年版。

49. 赵旭东主编《公司法学》（第二版），高等教育出版社 2006 年版。

50. 周游：《公司法的功能嬗变：从填空到选择》，法律出版社 2022 年版。

51. 朱锦清：《公司法学》（修订本），清华大学出版社 2019 年版。

52. 朱庆育：《民法总论》，北京大学出版社 2013 年版。

53. 最高人民法院民事审判第二庭编著《〈全国法院民商事审判工作会议纪要〉理解与适用》，人民法院出版社 2019 年版。

（二）国外著作类

54. 〔奥〕卡尔·伦纳：《私法的制度及其社会功能》，王家国译，法律出版社 2013 年版。

55. 〔德〕《德国民法典》（第 5 版），陈卫佐译注，法律出版社 2020 年版。

56. 〔德〕《德国商事公司法》，胡晓静、杨代雄译，法律出版社 2014 年版。

57. 〔德〕迪特尔·梅迪库斯：《德国民法总论》，邵建东译，法律出版社 2000 年版。

58. 〔德〕迪特尔·施瓦布：《民法导论》，郑冲译，法律出版社 2006 年版。

59. 〔德〕弗朗茨·维亚克尔：《近代私法史——以德意志的发展为观察重点》（下册），陈爱娥、黄建辉译，上海三联书店 2006 年版。

60. 〔德〕哈贝马斯：《在事实与规范之间——关于法律和民主法治国的商谈理论》，童世骏译，生活·读书·新知三联书店 2003 年版。

61. 〔德〕汉斯·布洛克斯、沃尔夫·迪特里希·瓦尔克：《德国民法总论》（第 41 版），张艳译，中国人民大学出版社 2019 年版。

62. 〔德〕卡尔·拉伦茨：《德国民法通论》（下册），王晓晔等译，法律出版社 2013 年版。

63. 〔德〕托马斯·莱塞尔、吕迪格·法伊尔：《德国资合公司法》（第 3 版），高旭军等译，法律出版社 2005 年版。

64. 〔德〕维尔纳·弗卢梅：《法律行为论》，迟颖译，法律出版社 2013 年版。

65. 〔法〕卢梭：《社会契约论》，钟书峰译，法律出版社 2012 年版。

66. 〔古希腊〕亚里士多德：《政治学》，吴寿彭译，商务印书馆 2009 年版。

67. 〔韩〕李哲松：《韩国公司法》，吴日焕译，中国政法大学出版社 2000 年版。

68. 〔马来西亚〕罗修章、王鸣峰：《公司法：权力与责任》，杨飞等译，法律出版社 2005 年版。

69. 〔美〕奥利弗·E. 威廉姆斯、西德尼·G. 温特编：《企业的性质：起源、演变和发展》，姚海鑫、邢源源译，商务印书馆 2008 年版。

70. 〔美〕弗兰克·伊斯特布鲁克、丹尼尔·费希尔：《公司法的经济结构》，张建伟、罗培新译，北京大学出版社 2005 年版。

71. 〔美〕亨利·罗伯特：《罗伯特议事规则》（第 10 版），袁天鹏、孙涤译，格致出版社、上海人民出版社 2008 年版。

72. 〔美〕科恩：《论民主》，聂崇信、朱秀贤译，商务印书馆 1988 年版。

73. 〔美〕理查德·H. 霍尔：《组织：结构、过程及结果》（第 8 版），张友星等译，上海财经大学出版社 2003 年版。

74. 〔美〕罗伯特·A. 达尔：《论民主》，李风华译，中国人民大学出版社 2012 年版。

75. 〔美〕罗伯特·A. 希尔曼：《合同法的丰富性：当代合同法理论的分析与批判》，郑云端译，北京大学出版社 2005 年版。

76. 〔美〕罗纳德·哈里·科斯：《企业、市场与法律》，盛洪、陈郁译校，格致出版社、上海三联书店、上海人民出版社 2009 年版。

77. 〔美〕玛丽·奥沙利文：《公司治理百年——美国和德国公司治理演变》，黄一义等译，人民邮电出版社 2007 年版。

78. 〔美〕所罗门、帕尔米特：《公司法》（注译本），任志毅、张炎注，中国方正出版社 2004 年版。

79. 《特拉华州普通公司法》（最新全译本），徐文彬等译，中国法制出版社 2010 年版。

80. 〔美〕约翰·罗尔斯：《正义论》，何怀宏等译，中国社会科学出版社 1988 年版。

81. 〔美〕詹姆斯·戈德雷：《现代合同理论的哲学起源》，张家勇译，法律出版社 2006 年版。

82. 〔美〕詹姆斯·M. 布坎南、戈登·图洛克：《同意的计算：立宪民主的逻辑基础》，陈光金译，上海人民出版社 2017 年版。

83. 〔日〕大隅健一郎：《公司法论》（中），有斐阁 1992 年版。

84. 〔日〕大隅健一郎、大森忠夫：《逐条改正会社法解说》，有斐阁 1951 年版。

85. 〔日〕江头宪治郎：《株式会社法》，有斐阁 2008 年版。

86. 〔日〕近江幸治：《民法讲义 I·民法总则》（第 6 版补订），渠涛等译，北京大学出版社 2015 年版。

87. 〔日〕前田庸：《公司法入门》（第 12 版），王作全译，北京大学出版社 2012 年版。

88. 《日本公司法：附经典判例》，吴建斌编译，法律出版社 2017 年版。

89. 〔日〕山本敬三：《民法讲义 I·总则》（第 3 版），解亘译，北京大学出版社 2012 年版。

90. 〔英〕克里斯蒂安·冯·巴尔、埃里克·克莱夫主编《欧洲私法的原则、定义与示范规则：欧洲示范民法典草案》（全译本）（第 1、2、3 卷），高圣平等译，法律出版社 2014 年版。

91. 〔英〕罗纳德·拉尔夫·费尔摩里：《现代公司之历史渊源》，虞政平译，法律出版社 2007 年版。

92. 《英国 2006 年公司法》（2012 年修订译本），葛伟军译，法律出版社

2012 年版。

（三）论文类

93. 包晓丽：《民法规范论在公司法中的适用》，《河南财经政法大学学报》
2018 年第 2 期。

94. 蔡崇信：《阿里巴巴为什么推出合伙人制度》，《创业家》2013 年第
10 期。

95. 陈醇：《意思形成与意思表示的区别：决议的独立性初探》，《比较法
研究》2008 年第 6 期。

96. 陈醇：《论单方法律行为、合同和决议之间的区别——以意思互动为视
角》，《环球法律评论》2010 年第 1 期。

97. 陈醇：《金融系统性风险的合同之源》，《法律科学》2015 年第 6 期。

98. 陈华彬：《19、20 世纪的德国民法学》，《法治研究》2011 年第 6 期。

99. 陈群峰：《认真对待公司法：基于股东间协议的司法实践的考察》，
《中外法学》2013 年第 4 期。

100. 陈雪萍：《程序正义视阈下公司决议规则优化之路径》，《法商研究》
2019 年第 1 期。

101. 戴建庭、白明刚：《单方法律行为、合同、决议的瑕疵分析和责任比
较》，《东方法学》2012 年第 4 期。

102. 邓峰：《作为社团的法人：重构公司理论的一个框架》，《中外法学》
2004 年第 6 期。

103. 邓江源：《股东压制视野中的股东会决议效力》，《人民司法》2014 年
第 15 期。

104. 丁绍宽：《股东会瑕疵决议的效力研究》，《法学》2009 年第 6 期。

105. 丁勇：《公司决议瑕疵诉讼制度若干问题反思及立法完善》，载黄红
元、徐明主编《证券法苑》（第十一卷），法律出版社 2014 年版。

106. 丁勇：《组织法的诉讼构造：公司决议纠纷诉讼规则重构》，《中国法
学》2019 年第 5 期。

107. 丁勇：《公司决议瑕疵立法的范式转换与体系重构》，《法学研究》
2020 年第 3 期。

108. 房绍坤、张泽嵩：《农村集体经济组织决议效力之认定》，《法学论坛》2021 年第 5 期。

109. 房绍坤、张泽嵩：《决议行为效力瑕疵的分类与认定》，《济南大学学报》（社会科学版）2022 年第 3 期。

110. 冯果：《股东异质化视角下的双层股权结构》，《政法论坛》2016 年第 4 期。

111. 凤建军：《公司股东的"除名"与"失权"：从概念到规范》，《法律科学》2013 年第 2 期。

112. 韩长印：《共同法律行为理论的初步构建——以公司设立为分析对象》，《中国法学》2009 年第 3 期。

113. 何耀琛：《论股份有限公司股东会、董事会决议之瑕疵及其效力》，《东吴法律学报》2003 年第 2 期。

114. 洪秀芬：《未经合法召集而全体股东出席之股东会决议效力》，《月旦法学教室》2007 年第 51 期。

115. 胡晓静：《德国学理及司法实践中的股东会决议不成立——兼评〈公司法司法解释（四）〉第 5 条》，《山东大学学报》（哲学社会科学版）2018 年第 3 期。

116. 〔美〕J·B. 希顿：《公司治理与代理崇拜》，林少伟、许瀛彪译，《交大法学》2018 年第 4 期。

117. 姜山：《公司机关决议瑕疵诉讼若干法律问题探析》，《法律适用》2011 年第 8 期。

118. 蒋大兴：《公司法中的合同空间——从契约法到组织法的逻辑》，《法学》2017 年第 4 期。

119. 蒋大兴：《重思公司共同决议行为之功能》，《清华法学》2019 年第 6 期。

120. 蒋大兴：《公司组织意思表示之特殊构造——不完全代表/代理与公司内部决议之外部效力》，《比较法研究》2020 年第 3 期。

121. 金文芳：《股东会召集程序瑕疵并不必然导致决议被撤销》，《人民司法》2008 年第 12 期。

122. 柯勇敏：《公司决议不成立的质疑与二分法的回归》，《法律科学》2020 年第 5 期。

123. 〔德〕克劳斯-威尔海姆·卡纳里斯：《基本权利与私法》，曾韬、曹昱晨译，《比较法研究》2015 年第 1 期。

124. 孔洁琼：《决议行为法律性质辨——兼评〈民法总则〉第 134 条第 2 款》，载解亘主编《南京大学法律评论》（2019 年春季卷），南京大学出版社，2019。

125. 雷兴虎、薛波：《决议行为：我国〈民法总则〉应当的立法安排》，《中国商法年刊》2015 年第 1 期。

126. 李建伟：《公司决议无效的类型化研究》，《法学杂志》2022 年第 7 期。

127. 李建伟：《决议的法律行为属性论争与证成——民法典第 134 条第 2 款的法教义学分析》，《政法论坛》2022 年第 2 期。

128. 李建伟、王力一：《公司决议不成立之诉实证研究——〈公司法解释四〉出台前审判创新实践的价值发现》，《经贸法律评论》2020 年第 3 期。

129. 李建伟：《公司决议的外部效力研究——〈民法典〉第 85 条法教义学分析》，《法学评论》2020 年第 4 期。

130. 李磊：《公司决议瑕疵救济制度的功能反思与规则重构》，《社会科学》2021 年第 8 期。

131. 李良栋：《论民主的内涵与外延》，《政治学研究》2016 年第 6 期。

132. 李永军：《从〈民法总则〉第 143 条评我国法律行为规范体系的缺失》，《比较法研究》2019 年第 1 期。

133. 李宇：《基础回填：民法总则中的意思表示与法律行为一般规则》，《华东政法大学学报》2017 年第 3 期。

134. 栗鹏飞：《股东会决议瑕疵法律问题探析——公司决议中冒名（伪造签名）案件的实证分析》，《中国政法大学学报》2019 年第 1 期。

135. 林国全：《诉请撤销程序瑕疵之股东会决议》，《月旦法学杂志》2001 年第 79 期。

136. 林国全：《法院驳回撤销瑕疵股东会决议请求之裁量权》，《台湾法学杂志》2010 年第 153 期。

137. 林少伟：《程序型公司法的证成与实现》，《当代法学》2022 年第 1 期。

138. 刘成墉：《再论股东（大）会决议性质："团体意思形成的成果"观点下之探析》，载张卫平、齐树洁主编《司法改革论评》（第二十辑），厦门大学出版社，2016。

139. 刘新熙：《对我国现行民事立法关于法律行为的特别成立要件规定的反思》，《法学》2007 年第 6 期。

140. 刘云升：《意思表示理论对法人本质学说的检验——以法人受胁迫为例》，《河北学刊》2010 年第 3 期。

141. 刘哲伟：《确认之诉的限缩及其路径》，《法学研究》2018 年第 1 期。

142. 刘志刚：《基本权利对民事法律行为效力的影响及其限度》，《中国法学》2017 年第 2 期。

143. 柳经纬：《意思自治与法律行为制度》，《华东政法学院学报》2006 年第 5 期。

144. 龙涓：《公司决议签名被仿冒的法律对策——兼议公司瑕疵决议的效力评价体系》，载张仁善主编《南京大学法律评论》（2016 年春季卷），法律出版社，2016。

145. 罗昆：《缔约方式发展与民法典缔约制度完善》，《清华法学》2018 年第 6 期。

146. 罗培新：《公司法的合同路径与公司法规则的正当性》，《法学研究》2004 年第 2 期。

147. 罗培新：《公司担保法律规则的价值冲突与司法考量》，《中外法学》2012 年第 6 期。

148. 吕力：《论股东大会决议瑕疵的法理基础及其完善》，《太原师范学院学报》（社会科学版）2014 年第 1 期。

149. 马强：《论决议行为适用意思表示瑕疵的规则——以公司决议中表决人意思表示瑕疵为考察重点》，《华东政法大学学报》2021 年第 1 期。

150. 马新彦、李国强：《形式要件与法律行为的效力——民法典关于法律行为形式要件及其功能的应然设计》，《法制与社会发展》2003 年第

6 期。

151. 毛快：《对股东大会决议可撤销之诉效力规则的检讨》，《中国政法大学学报》2019 年第 2 期。

152. 梅景辉：《"公共理性"的现代性反思与构建》，《江海学刊》2015 年第 5 期。

153. 米健：《法律交易论》，《中国法学》2004 年第 2 期。

154. 潘林：《重新认识"合同"与"公司"：基于"对赌协议"类案的中美比较研究》，《中外法学》2017 年第 1 期。

155. 钱玉林：《公司章程对股权转让限制的效力》，《法学》2012 年第 10 期。

156. 瞿灵敏：《民法典编纂中的决议：法律属性、类型归属与立法评析》，《法学论坛》2017 年第 4 期。

157. 单单：《公司决议不成立之诉的除斥期间》，《人民司法》2020 年第 22 期。

158. 尚连杰：《表意瑕疵视角下除斥期间规则的构建与适用——以〈民法总则〉第 152 条为中心》，《现代法学》2019 年第 4 期。

159. 隋彭生：《合同法律关系成立新探——从"法律事实"出发的理论分析》，《政治与法律》2012 年第 7 期。

160. 唐晓晴：《论法律的形式——罗马法的传统与近代民法的演变》，《法学家》2016 年第 3 期。

161. 王春梅：《现代契约精神的异化与回归》，《江汉论坛》2014 年第 1 期。

162. 王雷：《论民法中的决议行为——从农民集体决议、业主管理规约到公司决议》，《中外法学》2015 年第 1 期。

163. 王雷：《我国民法典编纂中的团体法思维》，《当代法学》2015 年第 4 期。

164. 王雷：《公司决议行为瑕疵制度的解释与完善——兼评公司法司法解释四（征求意见稿）第 4~9 条规定》，《清华法学》2016 年第 5 期。

165. 王雷：《论我国民法典中决议行为与合同行为的区分》，《法商研究》2018 年第 5 期。

166. 王雷：《〈民法总则〉中决议行为法律制度的力量与弱点》，《当代法学》2018 年第 5 期。

167. 王利明：《法律行为制度的若干问题探讨》，《中国法学》2003 年第 5 期。

168. 王利明：《论民法典代理制度中的授权行为》，《甘肃政法大学学报》2020 年第 5 期。

169. 王琦：《德国法上意思表示和法律行为理论的新发展——兼论对中国民法总则立法的启示》，《清华法学》2016 年第 6 期。

170. 王天凡：《"错误的表示无害"原则及要式法律行为之效力》，《比较法研究》2011 年第 6 期。

171. 王文宇：《闭锁性公司之立法政策与建议》，《法令月刊》2003 年第 6 期。

172. 王延川：《伪造股东签名的股东会决议效力分析》，《当代法学》2019 年第 3 期。

173. 王滢：《公司决议行为的双阶构造及其效力评价模式》，《当代法学》2021 年第 5 期。

174. 王涌：《法人应如何分类——评〈民法总则〉的选择》，《中外法学》2017 年第 3 期。

175. 王毓莹：《公司法规范变革的六大重要视角》，《中国法律评论》2020 年第 3 期。

176. 王毓莹：《公司担保规则的演进与发展》，《法律适用》2021 年第 3 期。

177. 吴飞飞：《公司决议无效事由的扩大解释与限缩澄清》，《社会科学》2022 年第 1 期。

178. 吴飞飞：《决议行为"意思形成说"反思——兼论决议行为作为法律行为之实益》，《比较法研究》2022 年第 2 期。

179. 吴飞飞：《决议行为归属与团体法"私法评价体系"构建研究》，《政治与法律》2016 年第 6 期。

180. 吴飞飞：《伪造股东签名决议效力之判别——兼论意思表示瑕疵规则

与公司决议瑕疵规则的适用对接》,《南大法学》2020 年第 3 期。

181. 吴飞飞:《论决议对法律行为理论的冲击及法律行为理论的回应》,《当代法学》2021 年第 4 期。

182. 吴飞飞:《〈公司法〉修订背景下公司决议规则重点立法问题探讨》,《经贸法律评论》2021 年第 5 期。

183. 吴高臣:《论股东大会决议的性质》,《首都师范大学学报》(社会科学版) 2014 年第 6 期。

184. 吴建斌:《合意原则何以对接多数决——公司合同理论本土化迷思解析》,《法学》2011 年第 2 期。

185. 习剑平:《代议制下精英民主理论之再述》,《社会科学论坛》2014 年第 11 期。

186. 夏小雄:《公司法现代化:制度改革、体系再造与精神重塑》,《北方法学》2019 年第 4 期。

187. 谢鸿飞:《论民法典法人性质的定位:法律历史社会学与法教义学分析》,《中外法学》2015 年第 6 期。

188. 熊丙万:《私法的基础:从个人主义走向合作主义》,《中国法学》2014 年第 3 期。

189. 薛波:《我国未来〈民法总则〉决议行为的立法安排》,《湖北社会科学》2016 年第 2 期。

190. 薛军:《法律行为理论:影响民法典立法模式的重要因素》,《法商研究》2006 年第 3 期。

191. 薛军:《意思自治与法律行为涉他效力的模式选择》,《上海财经大学学报》2008 年第 5 期。

192. 徐涤宇、潘泊:《私法自治的变迁与民法中"人"的深化》,《华东政法学院学报》2003 年第 6 期。

193. 徐银波:《决议行为效力规则之构造》,《法学研究》2015 年第 4 期。

194. 徐银波:《〈民法总则〉决议行为规则之解释适用》,载陈小君主编《私法研究》(第 22 卷),法律出版社 2018 年版。

195. 徐银波:《法人依瑕疵决议所为行为之效力》,《法学研究》2020 年第

2 期。

196. 许德风：《组织规则的本质与界限——以成员合同与商事组织的关系为重点》，《法学研究》2011 年第 3 期。

197. 许中缘：《论意思表示瑕疵的共同法律行为——以社团决议撤销为研究视角》，《中国法学》2013 年第 6 期。

198. 杨代雄：《合同的形式瑕疵及其补正——〈合同法〉第 36 条的解释与完善》，《上海财经大学学报》2011 年第 6 期。

199. 杨建华：《浅谈公司股东会决议之无效与撤销》，《辅仁法学》1983 年第 2 期。

200. 杨姗：《新型商事合同效力认定的裁判思维——以融资合同为中心》，《法学》2017 年第 8 期。

201. 姚瑶：《国家治理体系下的公司治理：从资本民主到社会民主》，《理论月刊》2015 年第 12 期。

202. 叶林：《私法权利的转型——一个团体法视角的观察》，《法学家》2010 年第 4 期。

203. 叶林：《股东会会议决议形成制度》，《法学杂志》2011 年第 10 期。

204. 叶林：《股东会决议无效的公司法解释》，《法学研究》2020 年第 3 期。

205. 易军：《法律行为制度的伦理基础》，《中国社会科学》2004 年第 6 期。

206. 易军：《对民事法律行为成立"事实判断说"的质疑》，《法学》2004 年第 9 期。

207. 易军：《法律行为生效要件体系的构造》，《中国法学》2012 年第 3 期。

208. 殷秋实：《法律行为视角下的决议不成立》，《中外法学》2019 年第 1 期。

209. 尹飞：《合同成立与生效区分的再探讨》，《法学家》2003 年第 3 期。

210. 袁辉根：《伪造公司决议的效力认定》，《人民司法》2010 年第 6 期。

211. 张谷：《对当前民法典编纂的反思》，《华东政法大学学报》2016 年第 1 期。

212. 张红：《论基本权利作为法律行为无效的判断标准——最高法院 1988 年"工伤概不负责"案〈批复〉之检讨》，《法学家》2009 年第 6 期。

213. 张文显：《法律行为的结构分析》，《社会科学》1992 年第 12 期。

214. 张旭荣：《法律行为视角下公司会议决议效力形态分析》，《比较法研究》2013 年第 6 期。

215. 张学文：《股东协议制度初论》，《法商研究》2010 年第 6 期。

216. 张雪慧：《国际组织中的加权表决制浅论》，《中外法学》1997 年第 1 期。

217. 章程：《从基本权理论看法律行为之阻却生效要件——一个跨法域释义学的尝试》，《法学研究》2019 年第 2 期。

218. 赵万一：《论民法的伦理性价值》，《法商研究》2003 年第 6 期。

219. 赵万一、汪青松：《股份公司内部权力配置的结构性变革——以股东"同质化"假定到"异质化"现实的演进为视角》，《现代法学》2011 年第 3 期。

220. 赵心泽：《股东会决议效力的判断标准与判断原则》，《政法论坛》2016 年第 1 期。

221. 仲崇玉：《论萨维尼法人拟制说的政治旨趣》，《华东政法大学学报》2011 年第 5 期。

222. 仲崇玉：《论基尔克法人有机体说的法理内涵和政治旨趣》，《现代法学》2013 年第 2 期。

223. 周淳：《组织法视阈中的公司决议及其法律适用》，《中国法学》2019 年第 6 期。

224. 周晓莉：《瑕疵股东会决议并非当然无效——北京二中院判决谷成满诉康弘公司公司决议效力确认纠纷案》，《人民法院报》2014 年 8 月 7 日，第 6 版。

225. 周游：《公司法上的两权分离之反思》，《中国法学》2017 年第 4 期。

226. 朱慈蕴：《公司章程两分法论——公司章程自治与他治理念的融合》，《当代法学》2006 年第 5 期。

227. 朱广新：《书面形式与合同的成立》，《法学研究》2019 年第 2 期。

228. 朱庆育：《意思表示与法律行为》，《比较法研究》2004 年第 1 期。

229. 朱庆育：《〈合同法〉第 52 条第 5 项评注》，《法学家》2016 年第 3 期。

230. 朱晓喆：《论民事法律行为的形式——〈民法总则〉第 135 条评释》，《法治现代化研究》2018 年第 2 期。

二　外文类参考文献

231. Axe Leonard H. , "Corporate Proxies", *Michigan Law Review*, vol. 41, 1942.

232. Berle Adolf A. , "Modern Functions of the Corporate System", *Columbia Law Review*, vol. 62, 1962.

233. Berle Adolf A. , "Corporate Decision-Making and Social Control", *Business Lawyer（ABA）*, vol. 24, 1968.

234. Bruni Luigino, Uelmen Amelia J. , "Religious Values and Corporate Decision Making: The Economy of Communion Project", *Fordham Journal of Corporate & Financial Law*, vol. 11, 2006.

235. Carbonnier J. , "Droit Civil", *Les Obbligation*, 1990.

236. Charny David, "The German Corporate Governance System", *Columbia Business Law Review*, vol. 145, 1998.

237. Clark Glenn A. , "Corporate Homicide: A New Assault on Corporate Decision-Making", *Notre Dame Lawyer*, vol. 54, 1979.

238. Galgano F. , "Negozio giuridico（Diritto Privato: Premesse problematiche e dottrine generali）", *Enciclopedia del Diritto*, vol. 27, 1977.

239. Griggs Lynden, Snell Rick, "Natural Justice-An Alternative Ground for Intervention in Corporate Decision Making", *Queensland University of Technology Law Journal*, vol. 10, 1994.

240. Hamann Hanjo, "Unpacking the Board: A Comparative and Empirical Perspective on Groups in Corporate Decision-Making", *Berkeley Business Law Journal*, vol. 11, 2014.

241. Kathryn et al. , "Fragmentation Nodes: A Study in Financial Innovation,

Complexity, and Systemic Risk", *Stanford Law Review*, vol. 3, 2012.

242. Metzger Michael B., Schwenk Charles R., "Decision Making Models, Devil's Advocacy, and the Control of Corporate Crime", *American Business Law Journal*, vol. 28, 1990.

243. Mirabelli G., "Negozio giuridico (Teoria del) ", *Enciclopedia del Diritto*, vol. 28, 1978.

244. Murphy Michael E., "The Nominating Process for Corporate Boards of Directors: A Decision-Making Analysis", *Berkeley Business Law Journal*, vol. 5, 2008.

245. Myers Minor, "The Decision of the Corporate Special Litigation Committees: An Empirical Investigation", *Indiana Law Journal*, vol. 84, 2009.

246. Radin Tara J., "Stakeholders and Sustainability: An Argument for Responsible Corporate Decision-Making", *William & Mary Environmental Law and Policy Review*, vol. 31, 2007.

247. Rogge Malcolm, "Humanity Constrains Loyalty: Fiduciary Duty, Human Rights, and the Corporate Decision Maker", *Fordham Journal of Corporate and Financial Law*, vol. 26, 2021.

248. Ryan Patrick J., "Calculating the Stakes for Corporate Stakeholders as Part of Business Decision-Making", *Rutgers Law Review*, vol. 44, 1992.

249. Sacco R., "Negozio giuridico (circolazione del modello) ", *Digesto delle discipline privatistiche*, vol. 12, 1995.

250. Triantis George G., "Debt Financing, Corporate Decision Making, and Security Design", *Canadian Business Law Journal*, vol. 26, 1995.

图书在版编目（CIP）数据

《民法典》时代的公司决议制度／吴飞飞著.
北京：社会科学文献出版社，2024.11.--（西南政法
大学新时代法学理论研究丛书）.--ISBN 978-7-5228
-4272-1

Ⅰ.D922.291.914

中国国家版本馆 CIP 数据核字第 2024WY6803 号

西南政法大学新时代法学理论研究丛书
《民法典》时代的公司决议制度

著　　者／吴飞飞

出 版 人／冀祥德
责任编辑／易　卉
文稿编辑／李天君
责任印制／王京美

出　　版／社会科学文献出版社·法治分社（010）59367161
　　　　　　地址：北京市北三环中路甲 29 号院华龙大厦　邮编：100029
　　　　　　网址：www.ssap.com.cn
发　　行／社会科学文献出版社（010）59367028
印　　装／三河市龙林印务有限公司

规　　格／开　本：787mm×1092mm　1/16
　　　　　　印　张：15.5　字　数：236 千字
版　　次／2024 年 11 月第 1 版　2024 年 11 月第 1 次印刷
书　　号／ISBN 978-7-5228-4272-1
定　　价／98.00 元

读者服务电话：4008918866

▲ 版权所有 翻印必究